¡Niní está viva!

Diseño de tapa: María L. de Chimondeguy / Isabel Rodrigué

PATRICIA NARVÁEZ

Con la participación especial de
Angelita Abregó

¡Niní está viva!

EDITORIAL SUDAMERICANA
BUENOS AIRES

A863 Narváez, Patricia
NAR Niní está viva. - 1ª ed. – Buenos Aires :
Sudamericana, 2003.
320 p. ; 23x16 cm.

ISBN 950-07-2349-2

I. Título. - 1. Narrativa Argentina

IMPRESO EN LA ARGENTINA

Queda hecho el depósito
que previene la ley 11.723.

Humberto I 531, Buenos Aires.

www.edsudamericana.com.ar

ISBN 950-07-2349-2

A todos aquellos que inspiraron la creación de Niní Marshall
y el nacimiento, entre otros personajes, de Cándida,
Catita,
El Mingo,
El Nicola,
La Bella Loli,
La Lupe,
Mónica,
Gladys,
Doña Pola,
Doña Caterina,
Don Cosme,
La Niña Jovita,
El loro Romeo,
Belarmina,
Giovanina Regadiera,
Fräulein Frida,
Trini, La Desgreñá, y
Miss Mac. Adam.

Prólogo

Una sensación predominante comparte este trabajo adentrado en el talento y el inconformismo creativo combinados con la cordialidad y el buen ánimo...

...¡Cuánto placer!

Cierta imagen ilustra el ejercicio. En medio de la oscura ambientación de una disco la bola de espejos refracta luz en sentidos diversos. Satélite lunático, resulta indispensablemente opaca. La obra de Niní Marshall emerge de una pequeña mujer disparadora de destellos lúdicos, amparados en el virtuosismo de su autora inquieta, sobria para demostraciones de vanidad. Los protagonistas somos caricaturas de aquello que fuimos, de cómo nos propusimos ser y en qué nos hemos quedado. Nuestras individualidades se expanden distintas entre sí, unidas por la matriz del reconocimiento mutuo que impide que nos resulten ajenas.

Simples certezas sostienen entonces los amaneramientos recreados por una mirada atenta, valiente ante lo imposible, tenaz ante lo difícil, hábil ante lo mediocre e intolerante ante lo injusto.

Este libro atraviesa los espejos y llega hasta la esencia motora, cuyos secretos desnuda. La bola espejada es ahora piñata repleta de sabrosas sorpresas.

A lo largo de una carrera que supera cinco décadas Marina Esther Traveso atesora cada recuerdo en su casa, enorme piso atestado de objetos. Suyos son los testimonios. Cartas, anotaciones, guiones, tarjetas, dibujos, pinturas, fotografías, recortes, álbumes, vestuarios, grabaciones de radio, cine y televisión con los cuales trasciende. Pocos conocen el minucioso cuidado de Niní para resguardar sus elementos marcados por la persona pública y privada. Y Angelita —única hija, soporte permanente en su trastienda— retiene lo más entrañable, aquí compartido. Su madre ha regalado algunas piezas a amigos, familiares y museos. Ella ubica otras de la misma manera.

La buena predisposición de Angelita Abregó y el aporte de testimonios válidos refuerzan el enhebrado de legados de una de las grandes artistas del siglo veinte.

Puedo contar que, apenas comenzada la producción, dudé. La duda me produjo atonía. Niní despierta unánimes opiniones elogiosas, quienes la conocen coinciden en reivindicarla por hache, por be y por zeta. Resulta común sin embargo que la gente acumule adversarios, rencores, recelos, críticas envidiosas. Yo no conocí a Niní en persona, la indagué indirectamente y no encontré rastros semejantes en su caso. O más bien uno...

Tampoco halagos carentes de sólidos argumentos. Su prédica de principios éticos y solidarios significa un respaldo para sus acciones cotidianas. De cuanta malicia encuentra a su paso va recibiendo, porque se la encuentra merecedora, una disculpa.

En consecuencia la experiencia reveladora, en tiempos saboteadores frente a lo enaltecedor, aparecía marciana.

Dos canciones acudieron a mí. Niní es una de esas sirenas con patas, metidas en el mar del danzón de Liliana Felipe, a las que sólo se les antoja amar y dar, dar, dar, dar. La voz de Liliana Vitale trae otra expresión válida: la historia de Niní fue un flash, la vida entera de Niní fue un flash.

Niní está viva porque su obra encantada posee la clave de la vigencia. Porque defiende incondicionalmente la cultura popular y culta, ofreciendo reflejos exentos de engaño, benevolencia o dramatismo pueril.

Un saludo, pues, a lo Catita: “A sus pieses, Niní. Desde hoy, una amiga más”.

PATRICIA NARVÁEZ

Maestra y compinche

Gustándome mucho escribir, me cuesta sin embargo expresar con palabras un amor profundo, una emoción intensa o una gran admiración.

Esto también me sucede cuando debo, en unas pocas frases, dar forma al sentimiento que, a muy temprana edad, me nació por Niní.

¡Qué difícil teorizar sobre lo que nos invadió por la piel y por la risa!

Teniendo mil cosas para decirle a quien había sido parte de mi formación, cuando conocí personalmente a Niní me volví súbitamente tímida e introvertida. La turbación que me producía estar frente a tan gran artista hacía que muchas veces no pudiera acudir a los "tés" que ella organizaba y a los que, generosamente, me invitaba.

Estaba siempre presente en mis pensamientos pero no podía encontrarme con ella. Me avergonzaba quedarme sin palabras y volverme tan tonta ante su presencia.

Era extraño que me sucediese eso. Como si no pudiese dejar de tratarla como un "bronce". Mi amor por Niní no se limitaba al goce que ella me producía con sus descalabros del idioma, con sus observaciones, con su deformada expresividad; con ese humor, en definitiva, que se burló del tiempo. Mi amor incluía también su lucha como mujer. Afortunadamente poco después pude relajarme y así disfrutar de encantadores momentos de privacidad con ella que me llenaron de orgullo.

Mujer, madre, actriz, escritora y cómica no eran tareas fáciles de sobrellevar en la década del '30. Aún hoy, ya en otro siglo, suele ganarnos el desaliento a quienes tratamos de llevarlas a cabo.

Hacían falta carradas de amor para poder con todo. Mil veces la imaginé repartiéndose entre las tareas domésticas y su trabajo solitario de escribir los guiones, de perseguir personajes y de espantar fantasmas. Niní nos regalaba su arte inconmensurable mientras preparaba mamaderas, secaba la ropa o ayudaba a su hija Angelita a pintar las láminas del colegio.

Estaba claro: no es el frío de los bronces lo que nos entibia el corazón a diario, sino la humanidad de los grandes. Ésa es la Niní que llevo amorosamente conmigo.

La Niní eterna.

La que nos abrió las puertas. Y las ventanas. La que nos mostró la luz que nos hizo atrevernos. La que puso el cuerpo primero.

Niní. Nuestra maestra y nuestra mamá.

Nuestra compinche y nuestra compañera del alma.

CECILIA ROSSETTO

Llegaron de los barcos

REPRODUCCIÓN DE VERÓNICA IGLESIA / MUSEO DEL CINE

Cándida filmada en el Hotel de Inmigrantes. La gallega real trabaja para la familia Traveso, oriunda de Asturias.

Yo nací en una tarde serena,
muy cerquita de Pola de Lena.
Pola de Lena, Villa Asturiana,
donde me iría de muy buena gana...

(CANCIÓN DE CUNA QUE SOLÍA CANTAR MAMÁ ÁNGELA.)

Un verdadero movimiento de masas caracteriza a la Argentina de fines del siglo dieciocho y comienzos del diecinueve. Producto de circunstancias internacionales y de medidas tomadas en el ámbito local, el país atrae grandes cifras de inmigrantes, gesta su perfil multicultural adosado a la impronta nativa. Los

ARCHIVO PERSONAL DE NINÍ

A los dos años. El toro de madera corresponde a su origen español.

Su abuela Ángela Méndez de Pérez, en Vega de Ribadeo.

economistas del mundo impulsan a los viajeros. A diferencia de teóricos anteriores contrarios a la conveniencia de la diáspora, apuestan a crear mercados, redistribuyen la población en crecimiento registrada en continentes como el europeo. Los médicos controlan mejor la mortalidad y la calidad de vida (mueren algunos menos al tiempo que nacen algunos más), pero la densidad demográfica aviva demasiadas tensiones sociales molestas porque la revolución industrial y su consecuente avance tecnológico dejan una estela de marginados. Se hace preciso desconcentrar.

Al panorama suma presencia un invento benefactor, el barco de vapor. Por su estructura resulta cómodo —comparado con la tracción a vela—, reduce a la mitad el tiempo de traslado, rebaja el precio de los pasajes y traslada a flote, en compartimientos diferenciados, la variada escala social reinante. Hay camarotes de primera y de segunda, y sótanos de cuarta para los desterrados de baja estofa.

Del noroeste de Europa parten entonces, rumbo a la América del Norte, los destinados a fortalecer el origen anglosajón. De España, Italia, Portugal —en menor medida de Polonia y Rusia—, salen grupos rumbo a la América latina. La historia registra que Brasil y la Argentina absorben, sobre todo durante las dos últimas décadas de la centuria, más de un quinto de esa corriente energética humana. Los gobiernos receptivos disponen legislaciones incentivadoras, propalan por el viejo continente bondades como la oportunidad de empleo y el espacio territorial disponible. Quienes avalan con su pluma la campaña que termina, en el desierto argentino, con gran parte de la población autóctona, indígena, unifican sus ansias. Se hace preciso poblar.

Los padres de Marina

Un muchacho español de cabello negro y ojos grises, nacido en San Tirso de Abres, Asturias, emprende la aventura. Pedro Traveso, ingeniero de profesión, en poco tiempo alcanza en Buenos Aires el bienestar propio de la clase media. Instalado en la ciudad encuentra a la joven asturiana —del pueblo Vega de Ribadeo, ubicado frente a Galicia ría de por medio— María

ARCHIVO PERSONAL DE NINÍ

Mamá Ángela con sus hijas Marinita y Ana.

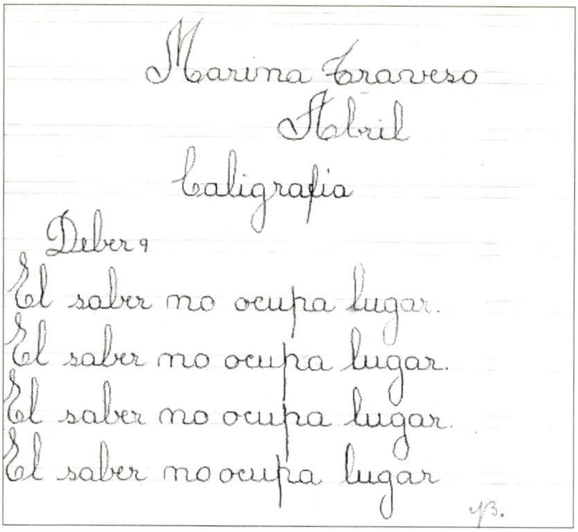

ARCHIVO PERSONAL DE NINÍ

Ejercicio de caligrafía, en su cuaderno escolar de segundo grado.

Ángela Pérez. Rubia dama de ojos negros, ha llegado después que sus hermanos mayores, algo triste porque en España deja a su madre y a su querido tío Antonio, el torero conocido como "Perecito" que viaja luego a presentar su destreza matadora sobre arenas uruguayas y porteñas.

Pedro y María Ángela intiman pronto. Los une la nostalgia asturiana y la expectativa ante el porvenir. Se casan y tienen seis hijos: Genoveva y José (Veva y Pepe), Blanca, Ángel (Pitín), Ana (Laucha) y Marina Esther, alias Maruja, Marinita, Niña Marina, Viducho, Perico, Petisa, Niní.

La última niña aparece en una casa del barrio de Caballito casi de sorpresa, anunciándose cuando no la esperan, a siete años del nacimiento de Ana y sin alcanzar a conocer a sus hermanos mayores, dos chicos a quienes asesina la difteria.

Tras los pasos de Cándida

Marina nace el 1° de junio de 1903 en una ciudad con ochocientos mil habitantes impacientes por hacerse de un futuro próspero. La modernidad marca en Buenos Aires una división

ARCHIVO PERSONAL DE NINÍ

A los 15, una mirada soñadora.

social en tres clases (obrera, media y burguesía industrial) y ofrece cabida a los inmigrantes mientras enciende la red de luz eléctrica, abre grifos de agua potable y bautiza avenidas flamantes escoltadas por edificios y paseos, entre ellos los teatros Ópera y Odeón, además de la Recova Nueva de Plaza de Mayo.

Pronto la empresa Udina, por mandato estatal, afronta la construcción cercana al puerto de Buenos Aires del Hotel de Inmigrantes, complejo —ahora Monumento Histórico Nacional— donde en pabellones se recibe, ficha, aloja y destina a los trashumantes, no sin antes vacunarlos por si las moscas. Debido a la magnitud del flujo, el flamante hotel de enormes medidas es pensado para reemplazo de su antecesor La Rotonda, que no da abasto. Marina Esther Traveso hace del recinto un símbolo de su propio origen. Como una inmigrante más y filmada en 1939 por la cámara de Luis Bayón Herrera, la gallega Cándida Loureiro Ramallada —el primer personaje público— cumple con todos los trámites de ingreso necesarios y explica al oficial argentino que la interroga: "Vengo a ganar cuarenta pesos, casa y comida y salida los domingos"... El parlamento sintetiza la máxima ambición de muchos de los extranjeros que provistos de un par de bártulos soportan apretujados miles de kilómetros antes de pisar la América.

Tertulias eran las de antes

Niní aprehende durante la infancia en el hogar materno aquellas peripecias del viaje transatlántico. Extrae de boca de los protagonistas todo tipo de anécdotas acerca del desarraigo y posterior acomodamiento dentro de la sociedad receptora. Su padre fallece cuando ella apenas cumple dos meses de existencia. A la usanza de la época, nunca le explican los detalles. Pedro muere y su hija lo conoce a través de una foto y de las buenas referencias que cada tanto sobre él hace mamá Ángela.

La mudanza a una casona de tres niveles de la calle Defensa 219 significa, para los Traveso, el inicio de una etapa diferente. Al primer piso —siempre alquilado al estudio del ingeniero Piaggio— le siguen hacia arriba el segundo, el tercero y la terraza, escenarios cotidianos para el trajín de una familia regida por el apego a la formación cultural y el confort en la medida de lo posible, que abre puertas a invitados (mayoritariamente inmigrantes) a sus particulares reuniones festivas.

ARCHIVO PERSONAL DE NINÍ

Excursión en Córdoba, de trenzas con amigos y familia (1919).

La niña Niní disfruta entonces de las llamadas "tertulias cómico-musicales" hasta el increíble extremo de quedarse quieta, de permitirse un respiro en las andanzas que la ubican como atractivo principal a la hora de las ocurrencias propias de una terrible infanta; la menor, la más mimada y porfiada, la malcriada por Francisca Pérez, su doméstica gallega.

Familiares y amigos deleitan con canciones y bailes. Mamá Ángela, casada en segundas nupcias con Eugenio Lasala, contagia la zarzuela. Esa alegría propulsa muy pronto las ganas de Niní de compartir con muchos las carcajadas que resuenan entre las paredes del cálido hogar, hoy ala del Museo de la Ciudad,

ARCHIVO PERSONAL DE NINÍ

A los 23 contrae matrimonio con Felipe Edelmann.

frente a la iglesia de San Francisco y contiguo a la droguería De la Estrella. (Por favor Gobierno de la Ciudad, la placa recordatoria debe corregirse: el apellido correcto es el galaico-portugués Traveso y no el italiano Traverso.)

Niní dibuja sus impresiones del entorno con trozos de carbonilla. Las estampa sobre el tanque de agua que corola el edificio. A la par malcría al mono tití, su primera mascota, haciéndolo dormir vestido en la cuna de las muñecas, lo cual causa tantos malestares a su madre como cuando imita a cualquiera —a Francisca más asiduamente—.

Recuerda Niní: "¡Era divertida mi casa!".

A los cinco años debuta ante el público: el presidente del Centro Asturiano, Pedro Murias, la invita a subirse al escenario de la entidad donde ella recita y baila, panderetas y castañuelas en mano. Las tertulias caseras influyen para su desenfado. Pasan décadas antes de que otras le impriman un nuevo sello a su arte.

Los Mihanovich

Al sótano de una casa de la calle Montevideo 1780 concurre como invitada hacia finales de los '40 una vecina ya muy popular. Niní Marshall vive en Barrio Norte, otra zona de la ciudad que la inspira. El sótano pertenece a su amigo el pintor Raúl Mihanovich, quien la retrata y le imparte clases de dibujo en su taller.

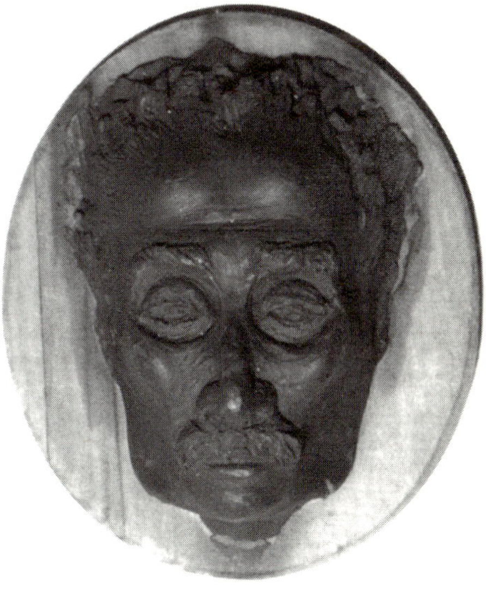

Escultura que hace con plastilina.

Este hijo de yugoslavos oficia de anfitrión en multitudinarios encuentros entre gente linda y maravillosa, por lo general descendiente de destacada alcurnia.

Pero no es ése el requisito de pertenencia: la disposición a degustar de la música, el teatro y el arte en general garantiza el buen pasar. Toda personalidad internacional que anda por Buenos Aires resulta convocada a las tertulias. Maurice Chevalier, Bing Crosby, Carmen Sevilla, algún marajá, algún príncipe, algún playboy... El joven Astor Piazzolla ensaya en su bandoneón los acordes que lo vuelven único. El actor Augusto Codecá integra elencos de obras teatrales benéficas. (En el cine, Codecá hace de Jesús López Caldeiras, marido ideal para Cándida. Otro partenaire clave, Enrique Serrano, hace del Goyena, novio ideal para Catita.)

Dos muchachitas se cuelan por ahí. Una, Sonia Mihanovich, hija de Raúl y futura figura del golf. Mónica Cahen D'Anvers a su vez se apresta para sumar el apellido de su esposo Iván —otro

ARCHIVO PERSONAL DE NINÍ

Refuerza sus conocimientos de dibujo y aprende a retratar con Raúl Mihanovich, quien la invita a sus tertulias.

hijo de Raúl—, estudiar actuación, debutar en teleteatros y terminar inclinándose por el periodismo en televisión. (En los '80 Niní participa con sus sketches dentro de su programa, compartido con Percivale, *Mónica y Andrés*.)

Del sótano surge cierta anécdota memorable. Un prestigioso hipnotizador y vidente ancla en el puerto de Buenos Aires durante el transcurso de su crucero. El hombre causa sensación pues logra su cometido con los espectadores. A Mónica por ejemplo le pide que retorne a sus tres años; para regocijo de la concurrencia, en trance la joven habla y gesticula como a la edad invocada. Del mismo modo Angelita regresa a la caligrafía de sus seis. ¿Quién es la única persona asistente a la cita y defraudadora de las intenciones del hipnotizador? Niní Marshall. No es nada fácil convencerla de algo si ella no quiere.

Sí declama acompañada en el piano por Raúl Mihanovich, quien toca de oído, dicen, muy bien. (Raúl idea el conjunto familiar *Blackbirds* dedicado a los spirituals junto a Sonia e Iván además de sus otros hermanos Alejandro, Raúl y Sergio; todos se pintan la cara de negro. Sergio Mihanovich, de manera precoz, demuestra prometedoras aptitudes hacia el piano, en especial para la composición. Su tema *Sometime ago* atrae a intérpretes de la talla de Bill Evans, Stan Getz, Gerry Mulligan, Herbie Hancock, Michael Patrucciani. Graba su primer disco *You are a mystery* junto a Jim Hall en guitarra, Gato Barbieri en saxo, Jorge López Ruiz en bajo y Pichi Mazzei en batería.) Los Mihanovich aseguran su herencia artística a través de Sandra y Vane —hijos de Iván y Mónica—, la cálida intérprete de reconocimiento internacional y el compositor de baladas y demás géneros latinos.

A esa familia Niní le dedica una hermosa tarjeta postal a la que forra con tela de seda color rosa. Por encima, la foto de una pareja de enamorados, un ramillete de flores espolvoreado con brillantinas y el marco, guarda de metal dorado en forma de lentejuelas sucesivas. ¡Precioso diseño!

ARCHIVO PERSONAL DE SONIA MIHANOVICH

A mis amigos Don Raul Mianohvis y destinguida esposa, con todos sus ijo que casi ma me se olbidan didico estos umilde berso

Berso

Rejuntados en torno a la mesa,
buyisiosa alegria gosando,
que desfruten las prosimas fiestas,
de perfeta salú rebentando.
Con un baso de Sidra a la diestra,
!Merri Crisma felises brindando,
y a la surda un pan durse del bueno,
con deleite y friccion masticando.

Les decea afetosamente
su cinsera amiga,
Catalina Pizzafrola Langanuzzo

!Merri Crisma senifica en idioma !Felis Anio Nuebo. - Bale.

Bale

Tarjeta de salutación que envía a los Mihanovich.

Catita se encarga de la escritura. Su caligrafía, ortografía y firma rutilante no dejan dudas en la esquela. La última aclaración aparece anotada a un costado de la hoja:

> *A mis amigos Don Raúl Mianohvis y destinguida esposa, con todos sus ijo que casi ma me se olbidan, didico estos umilde berso. Rejuntados en torno a la mesa, buyisiosa alegria gosando, que desfruten las prosimas fiestas, de perfeta salú rebentando. Con un baso de sidra a la diestra, !Merri Crismai felises brindando, y a la surda un pan durse del bueno, con deleite y friccion masticando,*
>
> *Les decea afetosamente su cinsera amiga.*
>
> *Catalina Pizzafrola Langanuzzo*
>
> *!Merry Crismai senifica en idioma !Felis Anio Nuevoi-Bale.*

Del sótano Niní extrae para su arte datos y amaneramientos. Según Sonia Mihanovich, el personaje de la judía Doña Pola surge a imagen y semejanza de la cocinera de su familia, una checa que apenas habla español. Puede ser, en parte; Buenos Aires está plagada de doñas como ésa.

La misma Niní menciona otras musas. Seguro, en cambio, que las damas invitadas por los Mihanovich inspiran el nacimiento de la divina pituca Mónica Bedoya Hueyo de Picos Pardos Sunsuet Crostón. Su look, su paquetería, su apellido múltiple, su nariz fruncida, su apego al chisme petulante, su conversación exclusiva de niños ricos ganados por el hastío delatan a interlocutoras que Niní encuentra durante las tertulias de Barrio Norte. Una vez que el personaje cobra notoriedad en la radio las mismas damas felicitan a la autora: "¡Fijate, che, que es igualita, igualita a una amiga mía!"...

Niní escucha, asiente y piensa: "¿Cómo puede ser que noten en otras lo que no son capaces de ver en ellas mismas?".

Toda una Ruiz Guiñazú

El 21 de abril de 1956 una joven de 21 años le escribe a Mónica Bedoya Hueyo, en clara fraternidad de códigos léxicos, la siguiente carta:

"Querida Mónica: No puedo menos que escribirte porque anoche estuviste genial. Te diré que te escucho cada vez que hablás porque, además de parecerme brutal, estoy con polio, ¿qué te parece? Y aunque ahora —¡Dieu merci!— no me queda más que hacer reposo, el día se hace bestialmente largo, ¿comprendés?

"En resumidas cuentas me prendo a la radio los martes y viernes. La hora me viene regio porque siempre jugamos al bridge, al gin rummy o a la crapette después de comer, así que no interrumpimos el game.

"Total que todos estamos chochos con vos. Hasta los Panchorena, fijate.

ARCHIVO PERSONAL DE NINÍ

Con Marcelo Salcedo, su segundo esposo, en Mar del Plata.

"El otro día me regalaron un Arpége y era falsificado. ¡Qué horror! Porque vos comprendés que eso de estar con polio está muy a la moda, pero que todavía te regalen un cache de perfume es el colmo.

"Fijate que el bruto del chino Bedoya ha dado un party y ni me ha llamado. El que yo esté en cama no tiene nada que ver. ¿Qué me decís? ¿No te parece típico? ¡Qué bestia!

"Bueno, en cuanto me levanto voy a ir a Henriette a hacerme cuatro porquerías para el invierno. Un strapless, dos tailleurs y algo de jersey bien ponible. Total, no es tan carera como las otras y vos sabés que a Mecha Larreda le hizo unas rebajas monstruo. Así que se puede ir preparando.

"Ayer vinieron a verme los Fasualdo y los Nedesma. ¡Un plomo, che! Hablando de carreras y de política todo el tiempo. ¡Son enfermantes! Les pregunté si habían ido al movie y un opio. Me contaron la vista entre los cuatro y no entendí nada.

"Mother me regaló un sweater bárbaro de cashemere. Todo esto por la polio, ¿no te parte?

"Bueno vieja, no dejés de escribirme que estoy opiada. Ya sabés que sos un amor de divertirme tanto por radio. Hasta pronto, darling, recuerdos a Charlie y a los Crostonne."

La firma pertenece a Magdalena Ruiz Guiñazú. El domicilio consignado es el de Paraguay 1428, Buenos Aires. Dos años antes de la carta, Magdalena saca carnet de periodista profesional tras su debut como traductora y escritora de cuentos e historietas, y ha dejado de lado su propósito de realizarse como bailarina o exploradora. (Justamente sus padres no ven bien a su hija entremezclada en ambientes artísticos, propicios para "esa gente" de costumbres mundanas.) Fanática de las audiciones radiales de Niní y de *El club de la amistad* —que promociona a sus figuras Mirtha y Silvia Legrand—, junto a sus hermanos participa del concurso del programa de preguntas y respuestas *El pozo Bidú,* pues sueña con los cinco mil pesos del premio.

ARCHIVO PERSONAL DE NINÍ

Sus "Tres Herculitos" en acción dramática: Luis Bragadini, Aldo Bigatti y Carlos Scolpini.

Cuando la conoce en persona, Magdalena tiene muchas oportunidades para la charla con Niní. Le cuenta tal vez relatos sobre su padre diplomático, las peripecias propias dentro del marmolado palacio de los Anchorena —los Panchorena para Mónica—, ese escenario de los festejos oficiales del centenario de la Revolución de Mayo luego transformado en edificio de la cancillería argentina donde los Ruiz Guiñazú moran en determinado momento.

De seguro las dos hablan de aquella carta escrita a máquina, corregida con tinta azul y adosada al legado de Niní.

El hall de la casona de estilo francés de la calle Guido, en la que vive la joven Niní, abre un nuevo espacio artístico. La anfitriona requiere a los elencos de obras teatrales privadas el aprendizaje de textos y el anticipado ensayo en serio, comprometido. Raúl Mihanovich aquí oficia de actor, su hija Sonia conserva el programa de una puesta armado por Niní, cuya firma aparece impresa en la portada presentando *El Folies viste sus galas! Hommage a Manolitó. Recuerdo de Folies Rasqué.* El homenaje es a Manolo Eisler, en agradecimiento a la cortesía brindada por él, en su casa de París, a Niní y Angelita. Se trata de una artesanía. Niní hace a mano las copias necesarias para los invitados. Unidas por un cordón dorado, las páginas van escritas a máquina, en tinta negra y roja. Pintados con lápices de colores, sus dibujos caricaturizan a los integrantes del elenco.

El detalle de esta "revista y requetevista parlante, musical y bailable" expone cuadros surtidos: "*Presentación* (Remembranza Parisina), *Celos* (Drama Ibérico), *En el reino de la magia* (Locerma), *Rraspranaijaroschinkaja* (Evocación eslava), *Brasileiradas* (Conde Peiçoto, etc., etc., etc.), *Un poco de cine* (Últimas novedades), *Belinda aprendió a cantar* (Por el otro médico-cantor), *Casos y cosas curiosas* (Doctor Laspiur), *De Aragón somos los cuatro* (Baturrada), *Fiorituras musicales* (Mario Clavel), *Fátima y mister Kodak* (Fenómenos mentales), *Romanza de los palomos* (Carolina Gola d'Oro-Henry Carozo)". Clásico cuadro final: "*Apoteosis por toda la compañía*".

Dos cuadros están a cargo de Los Cuatros, nombre del grupo teatral formado por Niní, Angelita, Carlos Scolpini y Luis Bragadini. La sección de anunciantes del programa, también ideada por Niní, detalla señas particulares de cada eslabón de este proyecto cooperativo:

El personaje Ana Marina, sobrina y ahijada de Niní, es en realidad entusiasta hacedora de cartas natales:

Usted es un desgraciado porque quiere. Consulte a la Madre Marina (hipnotizo serpientes, amaestro lechuzas), diplomada en Estambul College. Le vaticinará el porvenir por las plantas de los pies. Única poseedora de la verdadera Piedra Imán. ¿Quiere usted deshacerse de un enemigo? Lárguele mi piedra imán por el mate, y lo mandará al otro mundo. Curo el sonambulismo, la epilepsia, el empacho y otras pestes, tan sólo con agua y fe. Donde pongo la mano, pongo la felicidad. Por eso, cuando pongo la mano donde no da el sol, todo se ilumina.

Al personaje Angie lo hace Angelita, hija de Niní y profesora de inglés. Su madre le dibuja un cuerpo con sugestivas curvas:

Aprenda inglés en tres lecciones con Miss Angie. Acento de Oxford, de Cambridge o de Nebraska. Única pedagoga recibida con el título de "Maestra ciruela oficial". Suavidad - Paciencia - Tolerancia. Le enseñará con la sonrisa en los labios y un arrullo en la voz las lecciones a domicilio, en bicicleta. No importa que viva en la Quema o que pague una rascada. Angie todo lo agarra.

Es nutricionista y tan gordo como su hermano gemelo, el homenajeado Manolo, quien aparece retratado en el siguiente anuncio:

No se mate de hambre por adelgazar. Él le revelará el secreto de comer todo lo que quiera y cuanto quiera, sin preocuparse por los kilos. Recuerde: Dr. Mario Eisler, ejemplo viviente de la eficacia de su método. Calle Lastra, esquina Morfeo.

Rubén Gamallo, primer marido de Angelita, abogado:

Pleitos, divorcios, sucesiones, etc. No se rompa usted el meollo/ que cualquier clase de embrollo/ de pasticio o de chanchullo/ sin hacer mayor barullo/ y en menos que canta un gallo/ le arregla el doctor Gamallo.

Scolpini, arquitecto y actor frustrado. Suele acompañar a Niní sobre escenarios de obras benéficas. La ironía del programa alude a que, durante los ensayos, él levanta en andas a Niní, según prevé la obra, y accidentalmente le tuerce un brazo:

Alias: El Pibe Rompehuesos. Campeón invicto de Jiu-Jitsu. Descuartizador artístico. En pocos minutos le deja el esqueleto hecho polvo. Especialidad en torceduras de estrellas. Forcejeo con música de bolero. Carlos Scolpini, la aplanadora humana.

Mario Clavel es el cantante Mario Clavel:

Boleros merengados, sones al almíbar, rumbas en dulce, sambas al fondant. Si la vida es corta y llena/ de amargura y de pesar/ endúlcese la existencia/ oyendo a Mario Clavel cantar/ mande al diablo sus problemas/ y dejándose arrullar/ por la voz acariciante/ de este artista singular/ eche al canasto las penas/ y diga al dolor gudbay!

ARCHIVO PERSONAL DE SONIA MIHANOVICH

Portada y una página interior del programa que confecciona.

Fedora, la dentista, una de las mejores amigas de Niní:

Odontóloga indolora. Un dentista común le hace una dentadura de treinta y dos dientes, por 500 pesos. La Dra. Fedora Pozzo le hace una dentadura de sesenta y cuatro dientes, por la mitad.

Raúl Mihanovich, retratista y profesor de Niní:

Cuadros al agua, al aceite y al vinagre. Pinturas al tuco, frescos fríos, temples templados, pasteles y pastelitos. Retratos que hablan: mientras usted posa, el pintor ameniza con una canción. Prefiera el retrato metamorfósico. Creación Raúl Mihanovich actualiza el peinado, sin gasto adicional.

Bragadini, el estudiante de medicina, será un reconocido especialista en cirugía estética. Para una fiesta en la Facultad de Medicina él luce un auténtico vestido de Catita, a pesar de ser bastante más corpulento que Niní:

¿Se siente enfermo? ¿Sus vísceras lo tienen mal? ¡No las tire a la basura! Consulte al doctor Luis Bragadini, quien por una miseria se las dejará como nuevas. Reparaciones, reposiciones de toda clase de órganos y organitos. Confíe su cuerpo en manos del doctor Bragadini, y ni su madre lo reconocerá. No lo olvide. ¿Se siente enfermo? Que se mejore.

Salcedo, segundo marido de Niní, famoso por su introversión:

Don Marcelo Florián Salcedo. No es la belleza sino la gracia, la simpatía, el charme lo que atrae en la persona. Sea el imán de la sociedad. Conquiste, subyugue, domine, arrastre, electrice a las masas. Un juego de expresiones irresistible, acompañando a una oratoria florida, le enseñará este Director del Conservatorio de Mímica Nacio-

nal. Laureado en el último certamen de Elocuencia Mundial. Hable con los ojos, hable con la boca, hable con las orejas; no deje una arruga de su rostro sin funcionar.

Por supuesto Marina Traviesa es Niní, quien hace referencia en este anuncio publicitario a su hobby de revolver anticuarios y cotolengos, y a su pasión por cambiar de lugar —ella misma y con frecuencia— los muebles de su casa en Barrio Norte y de su quinta en Moreno. Lo del medio litro alude a su estatura:

El Medio Litro. Empresa de mudanzas. Atendido exclusivamente por su dueña: Marina Traviesa de Salsero, consejera y asesora técnica de la gran casa Unión Remitentes, donde siempre encontrará los mejores objetos para ser devueltos sin marearse. ¿Quiere poner su casa patas arriba? No diga "valor", diga "El medio litro", Casa Central: Guido 1551, Bs. As. Única sucursal: Agüita Clara, Moreno.

Ejemplos como los de esta iniciativa privada subrayan a una mujer ávida por la conjugación al unísono de los verbos idear, escribir, actuar, reír, compartir y amar (amor al arte, a la familia, al amigo, al divertimento). La ausencia de cualquiera de esos basamentos la deja coja, abrumada, presa fácil para la desesperación.

La que sola se ríe...

MUSEO DEL CINE

En su vida cotidiana despliega muestras de humor sarcástico, semejantes a las protagonizadas por sus personajes.

Al Mandamás del Café-Concer
Senior Pascualino Patalano
Albertensia
Te la tenemo jurada Pascualino!!!...

Ojo con reavrir ese hantro de perdisión, ese infesto tugurio que es el "Galiocojo", porque lo bas a pagar con tu peliejo, aci que bayan preparando el ganiote, bos y tus cecuaces, que a la menor infrasión, serán pazados a degüelio, y todo el gayinero terminará en un arros con balensianas, que mascaremo y deglutiremo pa perfumarlo en umanas eses, que es el fin que se merese.

Aliansa moralista de limpiesa general

(CON ESTA INTIMACIÓN CATITA LEVANTA EL ÁNIMO DEL PRODUCTOR LINO PATALANO EN LOS '70, DESPUÉS DE QUE LA TRIPLE A AMENAZA DE MUERTE A MARILINA ROSS, QUIEN ACTÚA EN EL GALLO COJO.)

La adolescente Marina se ha quedado en un metro cincuenta de estatura. Su fisonomía la ayuda a la hora de las piruetas, pero a ella no le causa la menor gracia. El inconformismo, su identidad.

Resulta desconocida una hacendosa tarea que concreta siendo alumna del Liceo de Señoritas, cuando planea convertirse, dice, en "licenciada en Domesticología" —marcando diferencia ante sus compañeras, propensas a altos estudios—. En la década del '20 la joven aparece en una publicación de manera cuasi anónima; sólo su nombre de pila firma los comentarios que envía a una revista (*¿Atlántida?*). Desahoga así sus pensamientos feministas. La sección agita el intercambio entre pretendientes; basada en reglas similares a las de un chat de Internet actual presenta a gente que busca amoríos o sólo llama la atención. Marina levanta allí una barricada ensañada contra lo que sí cabe ser denominado aquí, en el amplio sentido, el sexo opuesto. Recortados y pegados sobre las hojas de una libretilla sus mensajes lucen contrarios a la consigna amigable propiciada por la revista, que por algo encuentra atracción en los embates remitidos y los publica.

Escribe un tal Nerón el Terrible:

"A una mujer 'a la moderna' suprímale el corset, las patillas, los tacos altísimos, las alhajas, los carmines y demás artificios y ¿qué quedará? ¡Un ser insignificante y hasta ridículo!

"Día a día, comprobando el grado de inferioridad mental de la mujer, arrastrada por las circunstancias o por su sola culpa, ha perdido en absoluto su personalidad. De ser sublime encarnación de los más grandes ideales, se ha constituido en un ente que inspira pensamientos morbosos o lástima infinita.

"Por 'a' o por 'b' es el caso que la inferioridad de la mujer es un hecho, y las pruebas evidentes de ello son múltiples. Una de ellas la constituye el que para los padres es siempre motivo de alegría, alivio y felicidad que el fruto de su amor sea varón.

"La causa de que el hombre sea cada vez menos 'hombre' es que la mujer es cada vez menos 'mujer'. Es fácil probarlo."

Retruca Marina:

A Nerón el Terrible: Leo en el diccionario el significado de despecho. "Malquerencia nacida en el ánimo por desengaños sufridos en la consecución de nuestros deseos o en los empeños de nuestra vanidad". Y dime, Nerón: ¿No ves en esta definición una explicación clara de tu aversión a la mujer?

Luego, si es el despecho la razón, ¿cuál será la causa? Tú lo sabes.

Para los partidarios de Nerón el Terrible: Ustedes, dignos discípulos de tan digno maestro... Así, como la zorra de la fábula que no pudiendo alcanzar las uvas las halló verdes, para su consuelo ustedes, no logrando conquistar el codiciado corazón de una de esas que llaman muñecas frívolas, fingen desinterés y se consuelan encontrándoles mil defectos. ¡Qué poca táctica para disimular el rencor que les causa el desprecio!

A los hombres de hoy: Bien dijo Nicolet que "la indulgencia para los propios defectos y la severidad para los ajenos son un solo defecto". Y ese pensamiento, aplicado a los hombres que critican de la mujer moderna la frivolidad y coquetería (que ellos mismos fomentan) se llama en mi tierra "frescura".

Pero, ¿es que ustedes no ven que día a día están perdiendo la virilidad, física y moralmente, y que incurren en las mismas faltas que censuran, y que tienen de hombres sólo la figura?

Ustedes preguntan: —¿Dónde están ellas?

Y yo, a mi vez: —¿Dónde hay un hombre?

Otro día, un tal Zenón L:

"Para todas las mujeres: Soy un atleta, practico la mayoría de los deportes, tengo 25 años, he heredado 250 mil pesos y soy muy elegante. Con esas condiciones, si quisiera, me casaría con cualquiera de vosotras; naturalmente que lo haría con la más bonita y, al mismo tiempo, adinerada...

"Pero, no. Prefiero divertirme; no trabajo, practico todos los juegos, viajo mucho y engaño a muchas mujeres. Me divierto ampliamente y en todo sentido. Desean ustedes que me case, ¿verdad? No, tontitas, no. Tengo mucha suerte. 'Me gusta la vida por el placer de poderla derrochar', así dice Ricardo León, y así lo hago yo. ¿Casarme? ¡Jamás, ricuritas!"

ARCHIVO PERSONAL DE NINÍ/LUMITON

Película "Luna de miel en Río": altercado entre Lusiardo y Serrano (atajado por Thorry).

Retruca Marina:

Para Zenón L.: ¡Quién te diera ser el tipo que describes! ¿Verdad? ¿Y pretendes hacerte pasar por tal? Bien se conoce que has contado con las ingenuas, pero no con las chicas con criterio, para quien tu colaboración no es más que un motivo de risa, porque todas esas cualidades que has elegido para adornarte sólo las reúnen los invencibles y afortunados conquistadores de novela.

Pero felizmente, en la vida real no existen seres tan ruines y tan despreciables a quienes el destino haya favorecido tan extraordinariamente. Me permito, pues, dudar de la veracidad de tus afirmaciones.

¿Es que quieres revolucionar con tamañas insensateces a tus lectoras, para conseguir la triste fama de Nerón el Terrible?

Mirada sagaz

Infinita capacidad de divertimento apoyada en habilidad nata para la observación. Cualquier detalle no percibido por otra persona, ante sus ojos y su mente predispuestos dispara ingenio. De grande ya Niní aprovecha al máximo, por ejemplo, el balcón corrido de su casa de Guido. Hasta cuando se lo permite la popularidad husmea en la calle, entre los transeúntes. Sigue de a pie a quien despierta en ella curiosidad por vaya a saberse qué motivo. Y desaparece de ese mirador social, desde el cual descubre modelitos e imagina historias, apenas la reconocen. Ofrece cálidos saludos, tira un beso, sonríe a la par que se apena por no haber pasado inadvertida. La atención obligada hacia los admiradores le significa, de algún modo, un paro dentro de su feliz y delirante estado circunspecto. Insegura, experimenta la aceleración de su pulso, sabe de las malas pasadas a su salud que ello suele jugarle. Fuera del universo íntimo se siente tímida, tambaleante ante la exposición por más maravillosa que a otros parezca su proeza. Niní goza del privilegio de amar lo que hace;

ARCHIVO PERSONAL DE NINÍ

Cándida dialoga con la estatua de un indígena cubano.
Los dos con un habano en la nariz.

comparte genuinamente ese apego con la multitud. Por lo cual la impresión de Juan Carlos Thorry —su *partenaire* y amigo durante años— de que Niní no escribe los personajes para el público sino para sí misma resulta acertadamente sensata.

Niní reconoce como acto vergonzante el de tentarse con asiduidad de las gracias propias. Sin embargo su parecer representa el mejor test de la hilaridad que causan sus ocurrencias para el afuera. La segunda prueba con poco margen de error: el criterio de su hija. Bastan una mueca negativa, una marca de lápiz sobre los guiones o un sutil llamado de atención de la asistenta para que Niní repase lo hecho. Angelita cuenta que la enorme conexión entre ella y su madre produce coincidencia entre los reparos de cada una.

Niní. Alicia en el país de las maravillas, en versión de Marina Esther Traveso. Niní. Chaplin con faldas, revalorizado por una sapiencia que supera la creación de un único personaje, de acuerdo con la definición del actor Jorge Luz.

Empieza a hilvanar su arte cuando las mujeres anarquistas retan a duelo la tradición laboral rentada estimada como una cuestión de hombres, en los comienzos de un siglo definido en la Argentina por la crisis política y social de 1930. Este revés para el proyecto europeizante de los intelectuales de 1880 coincide con los primeros signos del poder asaltado intermitentemente a fuerza de cañones y demagógicos gobiernos de facto o democráticos de concepción autoritaria. La producción cultural presenta ensanchada la distancia entre lo popular y lo aristócrata, porque la aristocracia todavía conserva herencias que pretende perpetuar, lo cual logrará durante un tiempo. Sobre ello escriben, en publicaciones bien diferenciadas, embanderados en grupos que reflejan una y otra expresión. Son pocos los artistas intuitivos o convencidos, no por conveniencia acomodaticia, de que el salto del amateurismo a la profesión implica el aprovechamiento de los cambios experimentados año tras año por la publicidad, el

ARCHIVO PERSONAL DE NINÍ

En Mar del Plata, con su cuñado Pablo habla en alemán.

teatro, la radio a galena y el cine, novedosos medios captadores del interés masivo. Son pocos los interesados en promover la vanguardia independiente del concepto de marginalidad.

En ese sentido se entiende cuánto le cuestan a Niní más tarde las exigencias propias de la televisión. Solita sortea antes, década a década, los avatares de un ambiente cada vez más competitivo y voraz. Resuelve su sostén económico desde joven, gana espacios que la distinguen de la tilinguería de las estrellas fugaces; todo a pulmón, con un minucioso seguimiento artesano de su trabajo que, como generalidad, la televisión no respeta.

Costumbrismo particular

El dramaturgo y actor Enrique Pinti está a punto de escuchar una de las habituales jaranas de su maestra. Pisando la década del '80 el filme de Woody Allen *Annie Hall* impone moda entre las mujeres. El vestuario emulado, usado por Diane Keaton en la interpretación del papel que le reditúa un Oscar a la mejor actriz, expone chaqueta *unisex*, camisa blanca y delgada corbata enlazada con descuido. Pinti & Niní cenan junto a otro par de amigos en un restaurante. (Niní acostumbra ubicarse en un lugar de la mesa que le permite pispear a la concurrencia.) Mientras, hace su entrada una dama corpulenta, look *Annie Hall* coronado por negra melena cepillada, partida exactamente en dos y recortada en línea recta. La dama va abriéndose paso por entre la silla de Niní y la contigua, y Niní comenta en voz alta, haciendo un gesto de distraída, emitiendo un suspiro: "¡Ay! ¡Qué honor! ¡Oscar Wilde vino a este *destinguido restorante*!"... Juega sobre el límite impreciso entre la realidad disparatada y la parodia maligna; y para esta última necesita escabullirse irremediablemente detrás del léxico catitesco. Parte de su ubicuidad consiste en saber elegir el momento y el auditorio perfectos.

Existe un concepto muy extendido entre los teóricos dedicados a interpretar el costumbrismo. Sugiere —a modo de denominador común— que se trata del formato elegido por artistas fogueados en la calle, ajenos a la intelectualidad y experimentados en cuestiones de penurias y alegrías volcadas sobre su expresión sencilla, mundana, fácil. Vincula a la comicidad con individuos proclives a exorcizar su íntima tristeza. (El clown ríe ante la platea y guarda el llanto para su compungida vida privada.) Marina Esther Traveso no encuadra dentro de esos perfiles. Obsesiva lectora, estudiosa para los idiomas —su cuñado Pablo Riesenkamp, por ejemplo, habla en su alemán de origen y ella exprime tal oportunidad—, dibujante, pintora, cantante lírica, periodista, publicista, autora, directora e intérprete; consumidora crítica del arte a pesar de presentarse a sí misma, inventando un género, como ama de casa que sólo pretende hacerse la graciosa. (¡Domesticóloga al fin!)

Inmensa riqueza interior y regocijo la acompañan durante los largos momentos de soledad que se procura a fin de trabajar placenteramente. Cuando escribe sus libretos en casa permanece en la cama, por las mañanas, o cruza la calle y elige un banco de la plaza Vicente López mientras Angelita juega por ahí. Garabatea con lápiz sobre cuadernos o anotadores hasta que aprende a usar la negra máquina Royal. Nadie debe interrumpirla. Durante una o dos semanas suele apartarse del mundo, en su quinta de Moreno. A lo sumo la acompaña su cócker negro Pipón.

Para Pinti, costumbrista tampoco encasillado, el público contemporáneo no comprende la magnitud del humor negro encerrado en el mensaje de la obra de Niní, cuya producción, deseosa por atraer la atención del fresco público joven, predispone a la lectura opcional. El que quiere reírse con ganas lo hace sin obligación de profundizar demasiado. Aquél animado a la reflexión, después de haber reído, retiene detallados retratos so-

ARCHIVO PERSONAL DE NINÍ

Se aparta para leer y escribir en su quinta "Agüita clara", en Moreno.

cioculturales. Ahora a veces hay públicos —para disgusto de Niní— que no captan ni lo uno ni lo otro. Define Enrique Pinti: "Su humor sutil es mucho más feroz de lo que aparenta, de una capacidad de acidez que la gente no le atribuye porque no atiende todos los aspectos. La Catita está mostrada desde la ingenuidad y la buena leche, pero a medida que pasa el tiempo, la bruta se convierte en una reverenda hija de puta que hace quilombo y dice cualquier cosa. La misma mirada malévola se apoya sobre Mónica. De sus personajes, Cándida resulta absolutamente entrañable, de sentimientos cálidos. Pienso que la clave de Niní está en las dualidades. Como persona, tímida aunque audaz; como actriz, nerviosa y hasta arrepentida antes de los estrenos porque la obligan a exponerse, pero de increíble despliegue cuando abre el telón. Recatada y bien educada, demuestra una capacidad de maldad de la gran siete y una predisposición a reírse fuera de escena de las barbaridades que escucha de amigos como Jorge Luz o Enrique Pinti, lo cual no quita autenticidad a su pudor. Ella sabe que las puteadas verborrágicas —tan presentes en Quevedo— no significan una defensa de lo vulgar; forman parte de mi lenguaje. Rescato, además de su inteligencia intuitiva y laburada, su viveza. Nunca coloca la condición femenina por delante; total, si ya saben que ella es mujer, para qué lo va a andar diciendo. Las que ponen de pantalla que son mujeres terminan tomadas de punto dentro de la industria del cine producida en ese momento por supermachos, cuyo respeto Niní gana tratándolos con modos de una nena encantadora y trabajando como una gran señora".

Pinti enumera, incluyéndose entre los herederos de un estilo, a Jorge Luz, Antonio Gasalla, Carlos Perciavalle y a humoristas mujeres de generaciones posteriores (Henny Trailes, Haydée Padilla, Edda Díaz, Gabriela Acher, Cecilia Rossetto, Georgina Barbarossa, Las Gambas al Ajillo) que descartan hacer de "mamita cursi y pelotuda o puta reventada o suegra odiada". Él comparte con Niní la reticencia para ceder libretos propios a otros actores. Recuerda los monólogos de Pepe Arias, "sensacionales, siempre que sean dichos por Pepe Arias", es decir, sin que funcionen como textos independientes. Comprende a quienes eligen ser sastres a medida: escritores que piensan en la persona que protagonizan sus historias, lo cual sitúa a Niní y a Pinti en escritores para sí mismos. La excepción de Niní: el homenaje que, basado en sus libretos cedidos, le brinda en París y Buenos Aires Marilú Marini dirigida por Alfredo Arias. Las excepciones de Pinti: obras de teatro para chicos y cuatro monólogos escritos para la misma Marilú.

Entre las herencias de Niní, la siguiente carta:

1° de junio de 1992

Querida Niní:

Tanto te he alabado, tanto te he admirado como insuperable artista, tanta saliva he gastado para gritar a los cuatro vientos que sos una creadora genial, que me he olvidado de lo principal: decirte que te quiero mucho como persona, como ser humano cálido, inteligente, afectuoso y solidario. Nunca es tarde para recordarlo.

Con todo mi amor: ¡FELIZ CUMPLEAÑOS!

Enrique Pinti

PD: Disculpe la letra, que más que letra es letrina, pero ya lo decían mis maestros: ¡Este chico habla mejor de lo que escribe!

En la misma caja, el borrador de una carta luego pasada en limpio y enviada al destinatario:

Hay barias clases de umor; a saber:
El mal umor, o sea el mal talante o caraculosis.
El umor pedrestre que no es de piedra sino de pieses pestilentes.
El umor de la boca,con justicia liamado alitosis.
El umor que se baila al son de la balaléisque.
Y el buen umor que no tiene nada que ver con los anteriore, de la cual se jata Enrique Pinti el rey del umorismo.
Su eterna almiradora

Catalina Pizzafrola

En el diccionario *Palabra de Pinti. Los argentinos de la A a la Z* (Sudamericana, 1998), su acepción "Sueños" dice así:

"Lo único que nos salva de todo son los sueños. A mí también me salvó haber soñado con algo en mi vida. Yo fui un tarado como ciudadano y me fue como el culo. Yo fui un idiota como votante y me fue como el culo. Lo único que cuidé en mi vida, lo único en lo que no me prostituí, lo único en lo que fui íntegro, lo único a lo que dediqué todo mi esfuerzo y todo mi sueño, fue este trabajo.

"Yo sueño un mundo donde las cosas son lindas. No hay misiles, está lleno de artistas. Sí, está Chaplin como rey, como presidente o como lo que quieran. Yo soy el pibe como en aquella vieja película. Él me lleva a recorrer esos caminos mágicos en donde me encuentro con todo lo que me gusta. Don Quijote y Sancho Panza, pero fundidos en una sola silueta, luchando juntos contra la estrechez mental. Y el gordo Troilo, tocando un adagio para que baile mi amiga Nélida Lobato. Y Shakespeare condecorando a Niní Marshall. Y Edith Piaf cantando a dúo con Gardel. Y Judy Garland y María Elena Walsh tomando el té en la tetera de porcelana que no se ve. Y en una misma jaula, encerrados, con un cartel que dice 'locos peligrosos, no acercarse', a todos los que en el mundo han sido prepotentes. Pero todos, de

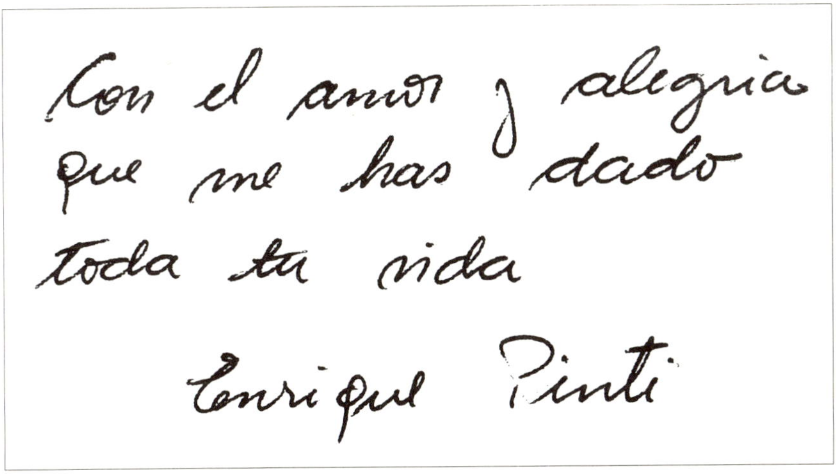
Con el amor y alegría
que me has dado
toda tu vida
Enrique Pinti

ARCHIVO PERSONAL DE NINÍ

Otro saludo que le envía su admirador.

ARCHIVO PERSONAL DE NINÍ

Pinti y Libertad en la presentación de sus "Memorias".

cualquier ideología política, cualquiera sea su vestimenta, todos aquellos que siguen apostando al lenguaje del odio, de la guerra, de la tortura, de la desaparición, de la bomba, del atentado y del terrorismo. Encerrados y custodiados. Custodiados por los espíritus santos de esta humanidad, los que no necesitan derramar una sola gota de sangre de sus semejantes para imponerles sus maravillosas ideas."

Por favor, no moleste

Pinti conoce a Niní cuando los dos trabajan bajo la producción de Lino Patalano. A Pinti y Patalano les toca ser testigos del episodio sucedido en vísperas del comienzo de la temporada veraniega de 1975. El unipersonal *Y se nos fue redepente* viaja a Punta del Este. Para el ingreso a Uruguay, Marina Esther Traveso presenta su documento pero el trámite demora más de lo previsto. Un empleado, consciente de que la portadora es nada menos que la querida Catita, explica el inconveniente al empresario que la acompaña. Patalano entonces recibe la queja: el documento en cuestión está borroso en el espacio del año de nacimiento. Conversa a solas con Niní; ella admite su culpabilidad: había derramado una gota de perfume justo justo sobre la fecha. (La exactitud de su edad, uno de sus más preciados secretos.) Finalmente todo se resuelve y el ingreso termina siendo aprobado.

Ahora bien, que Marina Esther Traveso no tiene sesenta,

ARCHIVO PERSONAL DE NINÍ

Pedro Quartucci, Zully Moreno y Francisco Álvarez en "Orquesta de señoritas".

como declaraba, sino setenta y dos, revela un dato sobre el cual se desayuna el mismísimo productor. Hasta el momento Patalano exige de ella —pensando en una mujer mayor pero de doce supuestos años menos— funciones diarias, dobletes los fines de semana y giras para un esforzado unipersonal que requiere la caracterización de ocho personajes. Dice Pinti: "Nos engrupió".

Niní gambetea la picardía poniendo cara de yo no fui. En el Palace de Punta del Este queda alojada. De aquel ámbito Pinti extrae otra anécdota que le cuentan y él reproduce a su modo: "Dentro del hotel pululan viejas, menos viejas que Niní aunque cuarteadas por el sol y adictas a la nueva onda de los regímenes alimentarios, que se le acercan para contarle cuánto la admiran desde chiquitas. La paciencia de Niní flaquea cierta tarde. Ella, con un cutis perfecto a los setenta y dos años porque no toma sol y en cambio en la playa lee bajo una sombrilla, y esas turras endilgándole que son chicas todavía cuando Niní ya alcanza la fama." Hasta que una le pregunta, tuteándola —tampoco le cae en gracia, viniendo de desconocidos—, por el secreto de su lozanía. Pinti podría jurar que la respuesta de Niní ante una situación como ésa habría sido la siguiente: "Yo no me expongo al sol, que produce erupciones y da cáncer. Le recomiendo que coma y tome mucha agua para que su piel se estire. A veces sirve también no hablar de más"...

Realismo mágico

Sobre la chispa de trastienda, transformada en juego sencillo, apunta Angelita otro relato. En medio de la filmación de *Orquesta de señoritas* de Luis César Amadori, Niní conoce al joven y muy tímido técnico Miguel Zumpano. Enseguida lo elige víctima de bromas y comienza a dirigirle sonrisitas y miradas. Las insinuantes son aquellas en las que de perfil ofrece sus pómulos de vértices marcados y entorna sus ojos cual si fuera Greta Garbo. Se trata del mismo bello gesto suyo resaltado en distintas oportunidades por la fotógrafa Annemarie Heinrich y explotado en primeros planos por el español Benito Perojo en el filme *Yo no soy la Mata Hari.*

Por supuesto el muchacho le demuestra inquietud, la situación le resulta incómoda. Ni qué decir cuando, antes de finalizar el trabajo, Niní se le acerca. En secreto susurra a su oído, haciendo un ademán melodramático: "Zumpano, por favor, tenemos que poner fin a lo nuestro. La gente se ha dado cuenta y comenta. ¡Hasta Amadori me ha llamado al orden!" Zumpano queda mudo por la sorpresa y enrojecido por la vergüenza. No entiende nada de nada. Años más tarde, aclaración mediante, en un reencuentro los dos ríen ante el recuerdo del insólito episodio.

Cabe preguntarse si el apellido de la presa —de fácil rima para ese tipo de chistes escatológicos que la púdica Niní no hace pero acepta cuando vienen de parte de amigos puntuales— despierta en ella la idea de la humorada.

Teoría y práctica

ARCHIVO PERSONAL DE NINÍ

En España filma "Yo no soy la Mata Hari".
Su creatividad aprovecha la cultura ancestral y la observación.

Gladys Minerva Pedantone, para servir a usted. Gladys, con y griega y s. Minerva con v labiodental y Pedantone tal cual se pronuncia. Las tres con mayúscula.

(PRESENTACIÓN USUAL DE GLADYS, COLEGIALA INSOPORTABLE.)

Dice la señora que a ver cómo ha amanecido, y que cómo está su familia, y que recuerdos para todos, y que disculpe las molestias, y que a ver si me presta un momentito la escalera.

(LA PELADA, DOMÉSTICA NORTEÑA QUE INSPIRA BELARMINA.)

Aunque ya no tengo dientes para comer cosas finas no es pecado relamerse delante 'e las golosinas.

(DON COSME, ESPAÑOL MUJERIEGO Y FANFARRÓN PIROPEADOR.)

Agarré un libro que decía, qué sé yo... de química, lo abrí y leí: nitrato de plata, nitrato de cobre, nitrato de cinc... y como vi que no trataba de nada lo volví a cerrar.

(EL MINGO, HERMANO VAGO Y ATORRANTE DE CATITA.)

La guionista norteamericana Linda Seger crea una consultora y no le va tan mal. Escritores, directores y productores de todo el mundo la buscan para pulir ideas y textos. El prestigioso Sundance Institute, fomento del cine independiente, y el escritor Ray Bradbury figuran entre sus asesorados. Con ese aval en su libro *Cómo crear personajes inolvidables* (Paidós, 1999) explica una serie de consignas que, sin teorías a mano, a pura intuición, son respetadas por Niní cuando compone a partir de los años 30 su galería de creaciones.

Seger suelta la primera regla: el escritor aborda historias sobre lo que ya sabe o conoce, sobre lo que tiene a mano. Una vez elegidas, a sabiendas de que intenta una apuesta original, cabe la misión de investigar generalidades y detalles sobre el contexto, la temática y los protagonistas. Un ejemplo citado es el de John Patrick Shanley, guionista del filme *Moonstruck (Hechizo de luna,* 1987) de Norman Jewison. La comedia desarrollada en medio de una comunidad italiana radicada en los Estados Unidos describe el amor entre la viuda Loretta Castorini (Cher) y el joven Ronny Cammareri (Nicolas Cage). Cuenta el autor Shanley que él crece en el seno de una familia irlandesa-americana pero que siempre observa a sus vecinos italianos al otro lado de la calle. "Comen mejor que nosotros y le dan mucha más importancia al cuerpo. Cuando hablan, lo hacen con todo su ser. También hay cosas de los irlandeses que me gustan. Pueden hablar más que los italianos y tienen un encanto diferente. Así que me quedé con lo mejor de ambas familias para utilizarlo tanto en mi vida privada como en mis obras." Exprime entonces esa impresión de la infancia, volcándola a su historia rodada.

La etnia, insiste Seger, marca presencia de manera graduada. Si el escritor pertenece a la tercera generación, posiblemente la influencia es mínima. Si en cambio pertenece a la primera o segunda, la etnia condiciona su comportamiento, actitud y filosofía y la emoción con que se expresa. Las fuentes vivenciales de Marina Esther Traveso —segunda generación de inmigrantes asturianos— las nutren fundamentalmente dos vertientes: la cultura multifacética de una sociedad argentina de diversos orígenes, a la que conoce durante su infancia y adolescencia, y la especificidad de los habitantes de clase media acomodada del Barrio Norte porteño, donde mora durante la segunda mitad de su vida. Todo ello complementado con el fruto de la formación en distintos idiomas, las clases de canto y pintura y el aliento familiar para que sacie sus

ARCHIVO PERSONAL DE NINÍ

Afiche español de "Cándida Millonaria".

inclinaciones. Marina enriquece esas fuentes teniendo como hilo conductor la defensa de ciertos principios filosóficos. La actriz Susy Kent comenta, en el documental *Historias con aplausos* de Clara Zappettini, sobre la afirmación de que los artistas deben parecerse a su obra: "Le cabe perfecta a Niní. Desgraciadamente son muchos aquellos que generan una obra fantástica pero como personas dejan mucho que desear." Kent la conoce apenas empieza en la radio colaborando en *El chalet de Pipita*. Pronto entabla amistad y participa, junto a Luisa Vehil, Virginia Ginés e Irma Córdoba de los tés que distinguen a Niní, quien de vez en cuando agasaja con una mesa preparada con idéntico esmero que sus sketches. No se trata del valor específico de los manteles chinos, las porcelanas antiguas o la platería —"Todas de juegos diferentes porque mami las compraba en casas de antigüedades, no importaba si conseguía sólo unas piezas", dice Angelita—. Sólo cuenta el placer producido por generar una demostración atenta y galante hacia los invitados.

En la línea de los aprendizajes a conciencia, un cuadernito de tapas blandas y veinte hojas lisas, forrado prolijamente con papel madera, representa otro documento revelador de la materia prima utilizada. Sin anotaciones al pie exhibe sucesivos recortes pegados. Son noticias publicadas por los diarios, casos policiales atrayentes debido a la particularidad de la anécdota, la truculencia amarillenta de las crónicas o el nombre o apellido de sus protagonistas. Es de imaginar la carcajada sonora de esta lectora vivaz en el momento del hallazgo y posterior archivo, el cual termina durante sus años en México. Resulta pertinente el respeto de la transcripción de algunos de ellos para entender la animosidad coleccionista.

Recorte número uno:

"**Murió una mujer que fue confundida con la piñata.** Pese a todo cuanto hicieron los médicos, ayer dejó de existir en el

Hospital General, Carmen Reyes Velázquez, de 37 años de edad, quien se encontraba encamada desde el día 24 de diciembre. Presentaba tremendas heridas en el cráneo; golpes que, según se sabe, recibió durante una alegre posada. El cuerpo de la infortunada mujer fue identificado judicialmente por el pintor Juan García Martínez, de la Colonia Aviación Civil, quien con lágrimas en los ojos explicó que tenía tres años de estar viviendo con la hoy occisa.

"Con relación a lo ocurrido y ante las autoridades, Juan relató que el 24 de diciembre, para celebrar la Navidad, organizó en su domicilio una alegre posada a la que asistieron casi todos los vecinos del barrio. Para el baile, contrató un tocadiscos. Después de cantar la letanía, como lo manda la tradición, le llegó el turno a la piñata. Uno de los invitados, que al parecer estaba algo borracho, se ofreció a ser el primero en atizar de garrotazos a la piñata y, para que no armara escándalo, se consistió en ello.

"Pero es el caso que a las primeras de cambio, el citado individuo equivocó el rumbo y apaleó brutalmente a la mujer del declarante, quien a los pocos minutos abortó, pues estaba en estado grávido. Aprovechando la confusión, el borrachín desapareció."

Recorte número dos:

"**No pudo denunciarlo con claridad, pues le robaron la dentadura.** (Tucumán) Balbuceando apenas palabras que costaba mucho entender, Juan Ernesto Heredia, argentino, de 35 años, se presentó en la seccional 5° para denunciar un insólito robo. Al preguntársele si la emoción le impedía hablar claramente, contestó que no, que la causa era solamente la falta de su dentadura, que se la acababan de sustraer.

"Luego, como pudo, explicó que había concurrido a un casamiento que se realizó en la calle Rivadavia 2435, donde tras apurar 'algunas' copas, se quedó dormido. Seguramente debió hacerlo con la boca abierta, pues, cuando despertó, advirtió que le habían sacado la dentadura de oro, que valuó en 2.500 pesos. Agregó el denunciante que sólo lamenta el valor intrínseco de la pérdida, pues, como están las cosas, la dentadura cada vez la usaba menos."

Recorte número tres:

"**El muerto estaba ebrio y hubo pánico al despertar.** (Santiago del Estero) La doctora Yolanda Thedy, conocida médica de esta ciudad, se vio de pronto frente a una tarea profesional ímproba, cuando en las proximidades de su domicilio se desató una ola de pánico mayúsculo, con corridas, desmayos, crisis nerviosas, caídas, y mujeres, niños y ancianos derribados y pisoteados, etcétera. Lo que había sucedido se lo explicaron después, cuando con la ayuda de otros médicos, enfermeros y personal policial, pudo dar 'de alta' a tantos pacientes.

"Resulta que en uno de los domicilios de la vecindad había fallecido su morador y esperaban el servicio fúnebre. Cuando llegó el furgón y los empleados de la cochería, Roberto Vázquez y Ángel Pasarella, descargaban el féretro ante los vecinos congregados sobre la acera para asistir al velatorio, lentamente empezó a alzarse la tapa de la fúnebre caja y tras ella la cabeza de un hombre de aspecto cadavérico, con los ojos entornados y espuma en la boca... 'Ánimas benditas' —se oyó gritar en tétrico coro y hasta los empleados de la pompa fúnebre dispararon...

"El equívoco fue más tarde aclarado. Don Juan Pignata, ebrio hasta la médula, habría sentido frío la noche anterior, a pesar de la borrachera y sin que lo advirtieran, se introdujo en la cochería para acostarse en el ataúd y quedar a poco profundamente dormido."

ARCHIVO PERSONAL DE NINÍ

Exhibidos para una muestra, elementos del vestuario. Saltan los ojos del zorro apolillado que usa Catita.

Probablemente el caso del muerto en vida promueve o coincide luego con la catalepsia sufrida por Catita ante la prohibición radial de 1943, idea volcada después para la resolución del final de *Y se nos fue redepente,* exitoso velatorio escrito, dirigido y protagonizado por ella durante más de mil quinientas funciones desde enero de 1973, en las que se encarga, aparte, del vestuario y maquillaje. El telón no cae antes del sorpresivo feliz epílogo: el finado Don Pascual no está tan muerto como todo el barrio cree. Frente al féretro, dándole el pésame a Doña Electra desfilan Cándida, Catita, La Niña Jovita, Mónica, Doña Caterina, Doña Pola. A la par, en *off* se trenzan El Mingo y El Nicola, hermanos de Catita. En un pasaje Cándida explica que su creencia en la reencarnación predica el caso verídico, científicamente comprobado, de un chancho reencarnado en chorizo… Mientras marca un número telefónico (Niní es precursora de ese artilugio de un interlocutor no presente para los monólogos) elige cierto tema gallego. Quiere levantarle el ánimo a la parentela del finado. Canta Cándida:

Cuando vaia al camposanto
A postrarme ante tus güesos
No los rociaré con llanto
Sino con nejro veneno
Veneno nejro y amarjo
Que haja temblar tu esqueleto
Cuando vaia al camposanto
A postrarme ante tus güeso-o-o-os!

Musas y *musos*

Retomando la teoría: para la experta en guiones Linda Seger tampoco los personajes existen en el vacío. Al origen étnico del entorno en el que el autor los hace nacer se suman lo so-

ARCHIVO PERSONAL DE NINÍ

Tarjeta personal de Catita, profesora de corte y confesión.

cial, religioso y educativo, aspectos culturales influyentes para su carácter y determinantes para modos del pensamiento, el lenguaje, los valores y las inquietudes. Niní traslada a los personajes su memoria emotiva. Eso está en la gallega Cándida Loureiro Ramallada de López Caldeiras, en la judía Doña Pola Slotzkyn de Kohan y en la italiana Doña Caterina Gambastorta de Langanuzzo. Y de sus alrededores posteriores pesca la coquetería para adaptarla a las historias de la solterona —muy creyente— Jovita de las Nieves Leiva Peña y Obes, y de la petulante Mónica Bedoya Hueyo de Picos Pardos Sunsuet Crostón. Luego del contexto general, en la concreción del trabajo pesan las señas particulares. El escritor carga su memoria por medio de una investigación indirecta (ósmosis), disponiéndose a identificar el punto a enfatizar.

La obra de Niní es producto de una mixtura: respeto por la cultura absorbida, antenas en alto en actitud curiosa y certera elección de un modismo de entre el tumulto. Un método aplicable a su empleada Francisca, oriunda de Mataluenga del Bierzo, pueblito de la provincia de León que pertenecía a las provincias Galegas. Su caricatura Cándida, a pesar del nombre y de su inmenso corazón, resulta igual de indomable, retobona y empecinada. Eso sí, logra que sus impertinencias le sean perdonadas. Francisca, metereta con mamá Ángela, contraría órdenes hasta hacerla enojar. Varias veces soporta reprimendas porque le lleva el apunte a su protegida, "la Niña Marina", cocinándole huevos fritos antes de la cena o aceptando que duerma en su cama, acurrucada junto a ella. Su regreso a España produce dolor profundo en toda la familia, que nunca más recibe noticias de ella.

De la misma época de la niñez aparece rescatada, gracias a recuerdos de la escuela primaria, la insoportable alumna modelo y "succiona calcetines" Gladys Minerva Pedantone. El comportamiento tacaño de Doña Pola a su vez recrea con exageraciones a la madre de una (o varias) compañera del Liceo.

Una segunda empleada doméstica atrae a Niní. La Pelada exhibe el mote y apariencia de aquella muchachita norteña y parsimoniosa que trabaja para la familia vecina de uno de los hogares de provincia que Niní habita junto a su primer esposo, Felipe Edelmann. La Pelada proviene de un asilo donde la rapan —costumbre "muy fea y poco democrática, por más higiénica que parezca", opina Niní—. Y recibe un trato despreciable de parte de unos patrones en paz consigo mismos porque consideran que la crían como Dios manda. En la ficción Belarmina Cueio tiene la piel oscura, trabaja al servicio de La Niña Jovita y cuida al loro Romeo. Menos tonta de lo que aparenta, se toma pequeñas venganzas por tanta injusticia sufrida. El cuidado retrato nunca expone a Belarmina y a su colega Cándida a la falta de comprensión, reivindica la mordacidad de los más débiles. En las fechorías de las domésticas la autora hace recaer su ímpetu a favor de la defensa personal y la lucha contra la desigualdad.

No en vano Niní admite haberse inspirado en Mark Twain. La sola mención del novelista y ensayista norteamericano entre sus lecturas preferidas aporta conceptos válidos para comprender una suerte de paralelismo entre dos autores. Samuel Langhorne Clemens (1835-1910), verdadera identidad de Mark Twain, está considerado como precursor de la literatura regional de su país a través de *Las aventuras de Tom Sawyer*. Su prosa logra trascendencia universal gracias al aprovechamiento que hace de las estéticas locales, aun cuando escribe relatos de viajes o sitúa sus historias en distintos continentes, como lo es el caso de *Príncipe y mendigo* en la Inglaterra del Enrique VIII. Lo mismo ocurre con Cándida, a quien el cine pasea por México y La Habana. Cándida y Belarmina son domésticas representativas de lo regional. Cándida muestra la influencia exterior, gallega; Belarmina la interior, norteña. Las dos recalan en el corazón de las grandes urbes cuando la modernidad acentúa diferencias de formación y oportunidades. Niní expone su tendencia imaginativa "a partir de un territorio" (en palabras del propio Twain) muy complejo para ser descripto sin caer en hipótesis académicas. La jactancia marshalliana, lejos de restarle virtudes a dichos, modismos y acciones de Cándida y de Belarmina, los remarca, colocándolos al mismo nivel de exposición que los de sus patronas. El público asiste, no a la puja entre la fortaleza interpretativa impresa sobre cada personaje, sino al duelo entre culturas, intereses y desigualdades característico de la sociedad a la que Niní pertenece. Al proceso de ósmosis, que avala el conocimiento íntimo del autor acerca de una cultura determinada, Twain lo describe según los siguientes conceptos:

"El artista de éxito tiene que ser un especialista regional, uno que ha experimentado años y años de absorción inconsciente; años y años de relación con la vida objeto de su interés; de vivirla, de hecho, compartiendo personalmente sus oprobios y orgullos, sus alegrías y dolores, sus amores y odios, sus prosperidades y reveses, sus ostentaciones y andrajos, sus profundos patriotismos, sus torbellinos de pasión política, sus adoraciones —de bandera, y muertos heroicos, y la gloria del nombre nacional—.

"Aunque el escritor extranjero puede registrar y describir escenas y acontecimientos externos, tiene todo en contra. Sólo el novelista nativo ofrece una representación exacta de la experien-

VERÓNICA IGLESIA / MUSEO DE CINE

El artista Luis Benedit logra un acertado molde de Cándida.

cia íntima del país, su alma, su vida, su habla, su pensamiento. La creatividad literaria depende de la acumulación inconsciente del conocimiento local, ya que el escritor es, a fin de cuentas, menos un creador que un observador de gente."

De igual modo, la historia literaria acopia vastos ejemplos sobre escritores foráneos de nacimiento a la región y cultura que describen o analizan y que, insertados dentro de temáticas locales, enriquecen la visión localista a partir del descubrimiento consciente de similitudes y diferencias cautivantes que ésta guarda con la cultura nativa del autor. Basta con, además de la sapiencia, el acortamiento de las distancias, el involucramiento desprejuiciado. En México, la francesa de ascendencia polaca Elena Poniatowska ha sabido trasladar a sus textos la pasión por el mundo nuevo que la cautiva. Resulta tan fuerte su enamoramiento ante lo nuevo, que se rebela ante la autoridad familiar aristócrata —la cual le imponía la comunicación en francés y la aislaba del español— y se escapa a las calles para absorber todito y regresar a casa empapada de múltiples sonidos de la vida mexicana. Poniatowska es la voz de mexicanos que no tienen voz.

Siguen las firmas

Niní añade más y más personajes que la colocan en el camino del conocimiento nato de ciertas idiosincrasias. La inquietan por ejemplo unas muchachitas, usualmente empleadas en las fábricas, apostadas a la salida de la radio, a la espera de autógrafos del galán Juan Carlos Thorry. Según la partida de nacimiento de la pendenciera e inoportuna Catalina Pizzafrola, el mismo Thorry, que conoce de antemano las primeras caracterizaciones de su compañera de micrófono, recomienda el nuevo personaje al señor Córdoba, dueño de La Piedad, para que esa tienda patrocine un nuevo espacio radial. Al empresario le atrae la idea, pero le encuentra un reparo, un riesgo: los modismos de Catita se parecen demasiado a los de sus clientas. Menos mal que finalmente encara el proyecto y, en vez de repudios, surgen aplausos. En uno de sus últimos reportajes, concedido al periodista Rodolfo Braceli, Niní comenta la causa del léxico elegido:

> *Los chistes de mis personajes son intransferibles. A Catita la encontré entre la gente que esperaba a los actores en el vestíbulo de la radio. Recuerdo el caso de una señora y su hija. Catita las dos, pedían una prueba para cantar en radio cuando la madre advirtió: "Pero cantar ahora no puede cantar porque tiene 'las amígalas flemonadas".*

Otro día concurre junto a su segundo marido, Marcelo Salcedo, al cumpleaños de una tía de él. La sensación experimentada, por la cual se tira el pelo durante la fiesta para disimular su tentación, le regala a La Niña Jovita. "Jamás vi tantos años juntos ni personajes tan especiales. Jamás escuché nombrar a tantos próceres de la 'conquista del desierto' entre parientes, conocidos y amigos de la tía y sus amigas, 'las chicas'. Jamás vi tantos sombreros pasados de moda, algunos con cola de tul, ni tantas capas negras abrochadas con camafeos de marfil."

Del ámbito mexicano Niní extrae a Miss Bárbara Mac. Adam, poco conocida en la Argentina y reflejo de las turistas (gringas) o estadounidenses de vestir extravagante que pasean por los monumentos aztecas haciendo preguntas insólitas sobre lo que fotografían hasta el hartazgo y escandalizándose ante la exótica pobreza. Mexicana es, además, La Lupe, basada esta vez en Consuelo, quien trabaja para Niní durante su exilio. Esta tercera mucama es una mujer golpeada por su marido y exhibe el discurso de una víctima que se siente culpable y hasta merecedora de aporreos.

Como si hubiera respetado al pie de la letra los consejos de la asesora en guiones Linda Seger, Niní construye para cada personaje una historia de familia que, por presencia o ausencia, integra los libretos. Cándida, casada con *Guesús*, ha dejado a los suyos en España, aunque en Buenos Aires encuentra a una prima, Vitamina C. de Zoucas, y a Paco, hijo de ésta. Catita novia con el *coletivero Odulio* y tiene trece hermanos —"Doce vivos y uno finado, pa descanse"—, entre ellos El Mingo, El Nicola, El Cayetano, La Yolanda, El Américo, El Ulises, El Pedrito y *El Prisidente*. Su abuela, Doña Caterina, el más asiduo personaje en la televisión, es una nostálgica italiana que con más de setenta años de vida en la Argentina no aprende el idioma local ni alcanza a adaptarse. La Niña Jovita tiene a su hermana María de los Remedios (Reme), madrina Misia Jerónima y al loro Romeo. La mascota de la alemana Fräulein Frida en cambio es un salchicha que habla... bah, ladra, pero en la radio Frida traduce una gama increíble de ladridos que el público escucha gracias a que el actor Carlos Ginés hace del perro llamado Frankfurter. Margarito, marido haragán, borracho y pelionero (peleador), le pega a La Lupe. "Palos de amor no lastiman."

VERÓNICA IGLESIA / MUSEO DEL CINE

Benedit y Di Girolamo recrean a una Cándida muñeira.

"Onde hay palos, hay cariño." Ella habla así de su cuate, amparándolo como cualquier mujer golpeada en su estado de confusión lo hace. En última instancia, la salvará su creencia religiosa:

ANIMADOR: ¡Buena banana es su Margarito!

LUPE: Y qué buen padre, pa mis ocho chamacos!... ¡Sacreficado!... Mire nomás, cuando tuvimos el mayor tan malo, nos fuimos a la Basílica, allá en Tepeyac y allí mi marido, postrado de hinojos, llorando le dijo a la Virgen: —"Madrecita de Guadalupe: si me salvas al chamaco, te ofrezco lo mejor de mis frijoles, y la vaca más gorda, y el puerco más tierno, y mi..."

ANIMADOR: ¡Qué generoso!... ¡Toda su hacienda a la Virgen!

LUPE: Eso le dije: —"Ya hombre, ya!... Que le vas a dar todo!..." —Y me dice: "Cállate tonta!... Si nomás estoy simulando!..."

Así, cada cual con sus historias a cuestas.

Vedette de 1910 ha sido La Bella Loli, ahora una tonadillera demodé. Su gordura está simulada con piernas y caderas rellenas, hechas de tela por Niní, de una perfección que supera con creces las de goma espuma utilizadas hoy en los escenarios.

A Loli (alias La Mata Púgiles) la asedian pretendientes de lo más diversos. Por ello luce joyas que son regalo de "condeses, duqueses y dinamarqueses".

Su anatomía inspira, por ejemplo, al famoso poeta Serapio Joso. A continuación, el poema "¡Olé tu grasa!":

La abundancia de tus carnes,
me enloquece hasta el delirio,
las curvas de tus hechuras,
son mi cruz y mi martirio.

Tu cuerpo lleno de rollos,
me persigue hasta dormido,

y cuando sueño con vacas,
es que en ti, Loli, me inspiro.

¡Me muero por tus pedazos!
¡Me perezco por tus kilos!
¡Hazme un collar con tus brazos,
que en ellos morir ansío!

La Bella Loli cuenta que le da el gusto a Serapio Joso, dejándolo hundirse en la inmensidad de sus curvas. Él las aprecia al instante —"¡Esto es carne, y no lo que mi mujer echa al puchero!"—, pero muere, pobrecito, *estrangulao* por el objeto de su deseo. Ahora, ¿por qué le dicen a ella La Mata Púgiles? Motivos, como carnes, hay de sobra. Ocurre también otro desgraciado suceso, el de aquel boxeador que la levanta en andas y cae desplomado, inerte. La Bella Loli se ufana:

> *¡Mira tú qué brazos! Pa'amasar pan... ¡Mira tú qué piernas! Pa' pisar uvas... ¡Mira tú qué torso! ¡Olé el matambre arrollado!... ¡Y mira tú qué escote! ¡Olé los globos cautivos!... ¿Verdá que estoy de buen ver?*

Entre los personajes de tránsito fugaz figura Don Cosme, viejo español, fanfarrón y mujeriego. Cazador de leones, muere en las garras de un gato de albañal cuando, debido a una prescripción médica, Niní deja de interpretarlo. Es que hasta ese momento fuerza demasiado sus cuerdas vocales para mantener la voz grave requerida para Don Cosme. Giovanina Regadiera, en cambio, exenta de problemas semejantes ofrece un impecable DO de pecho; al darse una vuelta, remata con un DO de espalda. Esta soprano explota las cualidades para el canto y el conocimiento del italiano de su autora, otrora cantante internacional en la radio, quien la eterniza en el filme *Orquesta de señoritas.* Trini, La Desgreñá, recitadora flamenca, acompañada por guitarras aprovecha el delicioso ardid de Niní de plagiar al poeta español Federico García Lorca. Cabe un paralelismo de dos versiones de *La casada infiel,* perteneciente al *Romancero gitano.* Una de ellas —el atento lector sabrá apreciarla— no es la original y despierta la felicitación a Niní de parte de un diplomático español presente en el sótano de Raúl Mihanovich la noche del debut del texto: "Son los mejores versos de García Lorca que yo jamás escuché".

Versión I:

Y que yo me la llevé al río/ creyendo que era mozuela,/ pero tenía marido./ Fue la noche de Santiago/ y casi por compromiso./ Se apagaron los faroles/ y se encendieron los grillos./ En las últimas esquinas/ toqué sus pechos dormidos,/ y se me abrieron de pronto/ como ramos de jacintos./ El almidón de su enagua/ me

ARCHIVO PERSONAL DE NINÍ

Afiche español de "Una gallega baila mambo".

sonaba en el oído,/ como una pieza de seda/ rasgada por diez cuchillos./ Sin luz de plata en sus copas/ los árboles han crecido,/ y un horizonte de perros/ ladra muy lejos del río./ Pasadas las zarzamoras,/ los juncos y los espinos,/ bajo su mata de pelo/ hice un hoyo sobre el limo./ Yo me quité la corbata./ Ella se quitó el vestido./ Yo el cinturón con revólver./ Ella sus cuatro corpiños./ Ni nardos ni caracolas/ tienen el cutis tan fino,/ ni los cristales con luna/ relumbran con ese brillo./ Sus muslos se me escapaban/ como peces sorprendidos,/ la mitad llenos de lumbre,/ la mitad llenos de frío./ Aquella noche corrí/ el mejor de los caminos,/ montado en potra de nácar/ sin bridas y sin estribos./ No quiero decir, por hombre,/ las cosas que ella me dijo./ La luz del entendimiento/ me hace ser muy comedido./ Sucia de besos y arena/ yo me la llevé al río./ Con el aire se batían/ las espadas de los lirios./ Me porté como quien soy./ Como un gitano legítimo./ Le regalé un costurero/ grande, de raso pajizo,/ y no quise enamorarme/ porque teniendo marido/ me dijo que era mozuela/ cuando la llevé al río.

Versión II:

Y que yo me lo llevé al río/ porque siendo su mujer,/ me engañó como un coshino./ Y que yo me lo llevé al río,/ pa' encajarle una paliza/ de pare y muy señor mío,/ que así lo estila mi raza/ cuando es traidor el marío./ Por la senda der Mochuelo,/ que cantando llega al río,/ a patadas empujélo,/ hasta tumbarlo de hocicos./ Quité sus siete chalecos,/ la camiseta y er cinto,/ dejando al aire er pellejo,/ pa' marcarlo en cueros vivos./ Sólo le quedó una prenda,/ porque hacía frío en er río/ (prenda a rayas, que bajando/ de la cintura ar tobillo,/ en er tobillo se amarra)/ Más no hé de decir su nombre,/ por no decí carzoncillo./ Y enarbolando un zapato/ sobre su torso fornío,/ le di tantos zapatazos/ con tal furia y tales bríos,/ que le dejé hecho un pingajo/ escrachao junto al río./ —Toma infiel en las paletas/ las costillas y er vacío!!/ —Toma en er cuadril der medio/ y en er lomo voto a bríos!!!/ —Aguanta ésta en er pesheto/ y en los bifes de chorizo!!!/ —Y estrota en la carnaza,/ que he de hacerte picaíllo!!!/ De la arena levantóse/ coshambroso y dolorío,/ como un toro que en la lidia/ perdiera los intestinos./ Espié sus tambaleos/ y antes que se hubiera erguío/ le dí er sopapo de gracia/ que resonó como un tiro!!!/ —Por ahí te pudras, Heredia!!!/ —Aquí tienes mal marío!!!/ Con la cara verde luna/ y los labios amarillos,/ con los pelos erizaos/ y con los ojos torcíos./ —So infiel so adulterao,/ ya te e dar yo amoríos!!!/ Gitana soy, sí señores./ Y si a gorpes lo he molío/ es que siendo su mujé/ me engañó como un coshino.

Última referencia al libro sobre guiones de la norteamericana Linda Seger: un personaje se vuelve mítico —o clásico— si tanto él como la historia en la que se encuentra inmerso encastran con la complicidad del público. Lo visto en el cine y el teatro o lo leído en los libros se olvida rápidamente si el espectador no proyecta su historia personal, identificándose por coincidencia o contrapunto. El personaje mítico de Niní es Catita. Más allá del gusto despertado por el resto del elenco, Catita pasa la barrera de la ficción con mayor facilidad y su nombre queda en la memoria popular convertido en sustantivo. La catita parlanchina, metereta y chusma del barrio nunca acepta los límites de su conocimiento, abunda en pronunciamientos, desconoce las bondades del silencio.

Carta natal

En 1947 se estrenan los filmes *Una mujer sin cabeza* de Luis César Amadori, *Navidad de los pobres* de Manuel Romero y *Buenos Aires canta* de Antonio Solano; este último reúne las voces de Hugo del Carril, Azucena Maizani y La Bella Loli. (¡Qué oportunidad para una artista en decadencia!). La Asociación de Cronistas Cinematográficos de la Argentina otorga a Niní, por segunda vez, el premio a la mejor actriz cómica. Pero la alegría ante el reconocimiento queda empañada, en lo personal para Traveso, por la muerte de su hermana Ana, a quien apodaban Laucha. Huérfana de madre queda entonces la pequeña Ana Marina —Nigui o Niguina—. Su tía madrina Niní la ampara, llevándola a vivir con ella. Angelita encuentra de ese modo una hermana postiza que la acompaña durante una década signada por momentos difíciles. Las dos jóvenes pasan en Buenos Aires la penuria del exilio de Niní en México, desde donde reciben correspondencia asidua sobre pormenores de ese duro desarraigo no deseado que significa, para la artista, nuevas posibilidades de trabajo. Nigui estudia Bellas Artes y a la vez aprende los secretos de la astrología profesional. Confecciona, tomando como eje el momento y el lugar de nacimiento, la carta natal de su tía, a quien convence poco a poco de que le otorgue el permiso y los datos. El trabajo se concreta aproximadamente en 1950 y las conclusiones acerca de la influencia planetaria en la personalidad y el destino estudiado quedan anotadas, con lápiz negro, en un par de hojas de cuaderno pequeño:

"Tía Marina: nacida el 1° de junio de 1903, a las 9 horas.

"Gobernante: la Luna. Piedra correspondiente: la esmeralda.

"Mente clara y gran imaginación. Carácter tímido. Naturaleza en extremo sensible. Vida llena de sucesos y cambios. Mucha curiosidad por el arte. Prestigio por el público. Favorable posición para el dinero. Beneficios y ganancias. Carácter generoso y tendencia a gastar. Actividad mental y carácter estudioso.

"Numerosos viajes y éxito en ellos. Ansiedad y preocupación por los asuntos de la familia.

"Buenos amigos. Ganancia por ello y ayuda de su parte. Popularidad. Asuntos de amor agitados y atracciones repentinas. Mucho ardor emocional. Querellas amorosas. Inclinación por el placer.

Con Ana Marina o Nigui, su sobrina y ahijada.

"Buena salud general, aunque peligro de afecciones del hígado. Muerte por dolencia crónica. Larga vida y muerte en avanzada edad.

"Carácter reservado y tímido. Desconfiado ante quien no conoce e influenciado por quien ama. Paciente y perseverante. Activa en cuerpo y mente. Vida movida y llena de cambios.

"Ardientes y sinceros afectos. Andante, bondadosa y generosa. Sincera y poco selectiva. Prefiere arreglos francos. Confiada, cree a todos buenos. Combina lo real con lo ideal, lo práctico con lo filosófico. Dignidad.

"Instinto casero, atracción por el hogar. Habilidad mímica para expresar afectos, pensamientos o emociones.

"La luna es el segundo luminar. Gobierna lo que se llama 'personalidad'. Indica el espíritu maternal y además el público en general, relacionando con él a los influenciados por su signo."

Notoria presencia femenina en la trastienda del trabajo de Niní. Durante los últimos veinticuatro años su ama de llaves Sara Canal Echeverría convive con ella y la acompaña en las giras, ayudándola en asuntos del vestuario artístico. Detrás del telón del teatro y en los ensayos en casa, cuenta con la asistencia permanente de Angelita. La llegada de la ahijada Nigui al hogar de Niní impone apodos domésticos. Nigui es morocha, por lo cual es "la hija negra", y Angelita, "la hija blanca". Aparece una tercera de cabellos rojizos, "la hija colada" (apócope de colorada) Marta Rietti, compañera de colegio de Nigui. Marta se recibe en el Bellas Artes y su segunda madre la alienta a encarar tareas escénicas cuando hace el ciclo *Teatralerías* en Canal 9, incorporándola como vestuarista.

Exiliada en México, Niní se entera del fallecimiento de otra de sus colaboradoras, Lilian Lilianne, secretaria suya a partir de un episodio que la conmueve. Entre la parva de cartas que debido a su popularidad recibe, en 1939 halla, según comenta, una escrita con letra "caligráfica y serena", enviada por cierta joven francesa que atraviesa seria crisis económica y acaba de perder una pierna en un accidente. Niní resuelve tomarla para responder la correspondencia típica —autógrafos, requerimientos solidarios—. Todos conocen su buena predisposición. Por lo cual Lilian apunta las necesidades: ropa, medicamentos, actuaciones a beneficio para hogares de ancianos, niños, indigentes, ciegos, leprosos y enfermos mentales son solicitudes recurrentes.

Dos tareas complementarias para Lilian. Ayuda a Angelita con su álbum de estampillas y mantiene el archivo de Niní. La escrupulosa pegatina en álbumes marrones incluye notas, críticas, afiches, programas y fotografías desde el día en que cobra relevancia una cantante internacional apodada Ivonne D'Arcy. En uno de esos volúmenes figura el artículo del 10 de agosto de 1939, realizado por Yago Blass para la revista *Cine argentino*. A partir de manuscritos que le confían, analiza a la por entonces ya madre de Cándida y Catita. El estudio grafológico, en casos como el de Niní Marshall, implica el subrayado, el análisis de su habilidad para hacer dibujos de letras y firmas diferentes. Catita, Cándida y La Niña Jovita, por ejemplo, escriben tal cual hablan. No sólo las distingue el léxico; predomina en ellas la herencia de culturas, saberes y estilos que imprimen trazos singulares a simple vista. Entonces, cuando el periodista hace referencia a la personalidad transparentada en la letra de Niní, sólo invoca a la de Marina Esther Traveso. Bajo el título "Había una vez tres personas...", la nota describe que el periodista primero integra el auditorio de Catita en radio El Mundo; luego ingresa a los estudios E.F.A., donde el Hotel de Inmigrantes está reconstruido en celotex y madera ter-

ARCHIVO PERSONAL DE NINÍ

Sus hijas, dos de ellas postizas: la colada, la blanca y la negra, Marta, Angelita y Nigui.

ciada para el filme *Cándida* —debut de la gallega en el cine—. (El periodista comenta que encuentra a la "segunda persona" en momentos en que se esfuerza por encaramarse a una cucheta muy alta, utilizando para ello, a modo de escalón, el cuerpo agachado de una mujer que hace de extra.) Finalmente esa noche se topa con Niní Marshall en su departamento "elegante y sobrio" de Barrio Norte. "Debo confesar —dice Yago Blass— que desconocía por completo la verdadera personalidad de Niní; sabía de ella exactamente lo mismo que conocen los oyentes de este país. Después de una brevísima entrevista —sólo lo estrictamente necesario como para que ella me hiciera entrega de algunos dibujos y manuscritos—, y ya en la mesa de trabajo, comienza entonces a surgir ante mí la personalidad vigorosa." El periodista apunta lo relevante de su observación:

"(...) El grafismo de Niní Marshall presenta rasgos inconfundibles y característicos: letras grandes y espaciadas, inclinadas hacia la derecha. Generosidad, generosidad al cien por cien. Mayúsculas de grandes dimensiones, escritura ornamentada y elegantemente artificiosa: inequívoco gesto de coquetería y deseo de agradar; un rasgo, por otra parte, típico del bello sexo.

"Trazos curvos y desligados: facilidad de expresión de ideas y de sentimientos. Intuición. Esta señal, sobre todo, se destaca nítida en su grafismo, y lo confirma ampliamente su conocida labor. Sin la poderosa intuición que posee Niní Marshall, sus personajes, a pesar de haber sido extraídos hábilmente de la vida real, no hubieran logrado los caracteres vigorosos que son del dominio público.

"Escritura firme y crasa; energía de carácter, consigue siempre lo que se propone. Su letra evidencia gustos estéticos que van más allá de la creación literaria de tipos, para encontrar en el dibujo otra de sus válvulas de escape indispensables a su inquietud irrefrenable. Si Niní Marshall no hubiera triunfado en la *machietta* radiofónica, le hubiera bastado la caricatura para ocupar un destacado lugar entre nuestros artistas plásticos.

"Letras 'a' abiertas por la parte superior: franqueza. Letras 't' unidas por el pie de la letra contigua hacen más evidentes los signos de tenacidad y de energía de carácter, y las grandes curvas en ciertos trazos, que denotan su viva imaginación y su cultura refinada, completan el análisis grafológico, robustecido por un sentido cabal del ridículo que ella sabe explotar en la forma amplia que le conocemos.

"Letras de la firma bastante mayores que las del cuerpo de la escritura y apoyadas en un trazo vigoroso y resuelto: orgullo y satisfacción del propio yo. Catita está satisfecha con Niní Marshall o viceversa.

"Conviene aclarar que el orgullo es el sentimiento, legítimo o no, de la propia superioridad. No debe confundirse en ningún caso con la vanidad, sentimiento que consiste, no en la propia estimación, sino en el afán del aplauso ajeno.

"¿Y el secreto? Niní Marshall tiene no sólo un secreto, sino varios, muchos posiblemente. Pero el que más debe interesar conocer al público es lo que piensa Niní de Catita y de Cándida. Evidentemente se encuentra satisfecha con ambas hijas, y tanto que, como les ocurre a todas las madres, no sabe con cuál de las dos quedarse. Pero a pesar de todo preferiría —y he aquí el secreto— no tener nada que ver con ellas. Que Catita y Cándida vivieran su vida de aplausos y de popularidad encantada, y ¡allá ellas!, pero que dejaran tranquila a Niní Marshall en la calidez apacible de su hogar, con sus pinceles, sus libros y sus sueños"...

La misma prensa inventa parodias sobre el arte de escudriñar identidades.

En la sección "Quirosóficas" de su revista, Patoruzú lee el destino de personas conocidas de acuerdo con las marcas de la planta de los pies. En agosto de 1937, el cómic de Dante Quinterno hace referencia a las de Catita:

“Estaba esperando tu envío, Catita, porque no hay gurisa 'e barrio que no quiera conocer su destino.

”El tuyo está *marcao* clarito. Te vas a casar pronto, porque ya estás en *eda* de merecer, y vas a tener tantos *gurises* como hermanos *tenís áura*.

”Desconfiá siempre de Cándida y de las que viven al *lao 'e tu casa*, que son tu sombra negra. En tu vida *tenís* otro punto oscuro y es el Mingo, del que no te desprenderás nunca, porque ese mocoso, aunque es algo *retardao,* sabe que *tenís debilidá* por él y se aprovecha.

”Ya está *léido* tu destino y... *'as noches'* Catita”.

Hasta la misma Niní responde con gusto y espíritu solaz, en noviembre de 1939, un cuestionario acercado por la revista *Cine argentino,* que también busca definirla:

> *¿Cuál es el rasgo más acentuado de mi carácter? El que no se acentúa como rasgo.*
>
> *¿La cualidad que deseo en el alma de un hombre? La vergüenza.*
>
> *¿La cualidad que prefiero en una mujer? La lengua no luenga.*
>
> *¿Lo que más aprecio de mis amigos? El cuero que me dejan.*
>
> *¿Mi principal defecto? Descansar.*
>
> *¿Mi sueño de felicidad? Un oasis en el desierto.*
>
> *¿Cuál es mi mayor pena? Un metro cincuenta de estatura.*
>
> *¿Cómo querría ser? Diez centímetros más alta.*
>
> *¿En qué país desearía vivir? En Babia, soñando con Jauja.*
>
> *¿El color que prefiero? El rouge.*
>
> *¿La flor que más me gusta? La margarita, cuando me contesta "mucho".*
>
> *¿El ave que más me gusta? El pollo de cuarenta días, deshuesado.*
>
> *¿Mis escritores preferidos? Los mecanógrafos.*
>
> *¿Y los poetas? Los dactilógrafos.*
>
> *¿Mis heroínas de ficción? Ésas..., las mías...*

¿Mis músicos? Los incomprendidos, por espíritu de contradicción.

¿Mis pintores? Los que me maquillan mejor.

¿Mis héroes de la vida real? Los que se subieron al Obelisco.

¿Mis heroínas de la historia? Juana, "la loca".

¿Qué nombres le gustan? Juan Pérez, por lo esóptico, que le dicen.

¿Lo que más detesto? Los tacos bajos.

¿La reforma que me gustaría ver realizada? La de este cuestionario.

¿El hecho militar que más admiro? ¿Admirar? Ninguno. Preferiría que no se hubieran producido.

¿El don de la naturaleza que querría tener? La invisibilidad.

¿Cómo me gustaría morir? Ligerito.

¿Estado presente de su espíritu? Fresco.

¿Faltas que me inspiran más indulgencia? Ya se ve: la curiosidad.

¿Mi divisa? La estoy fabricando.

¿Mis héroes de ficción? Rocinante.

En papel con membrete de Niní Marshall existe la respuesta a otro cuestionario de la prensa, bajo la tutela del lenguaje de Catita, amiga de palabras difíciles que poco domina. No está confirmada su publicación:

PREGUNTAS A CATITA:

1) ¿Qué opina del psicoanálisis?

—Yo no conozco el sicoanálisis personalmente, pero por lo que me han chimentado,consiste de que a uno lo hinotizan pa que se deschave.

Ora bien: si es pa que desembuche algún entripado, me parece hingiénico, pero si es pa urguetiarle los sentimientos, me parece un atropelio a la persona humana.

2) ¿Qué opina del amor?

—Ésta se la contesto en verso, pa que vea que dominio la poesía como la prosodia.

Es el amor una flor
Que rejunta las esencia
De mil flores, cullo olor
Imprena nuestra esistencia.

Por eso, quien haiga sido
Por su fragancia imprenado,
Dea gracias al destino
Que tal premio le ha ortogado.

3)¿Qué opina de la exposición de Le Parc?
—Lo qué?

4) ¿Qué opina de las películas suecas?

—No me agradan las ocenidades.Todo lo que estea en contra de la decencia,me repuna. Yo voy al cine,sólo cuando dan películas atas pa menores,o sea aquelias que se pueden ver con los ojos cerrados.

La comunicación escrita con la prensa le cae mejor. Significa menos exposición y le permite salidas creativas, nunca inocentes, cuando aparece una requisitoria inoportuna o zonza.

El álbum de Jovita

REPRODUCCIÓN: VERÓNICA IGLESIA

*Versos, tarjetas y fotos de numerosos pretendientes.
El legado es de los más exquisitos que deja a su familia.*

¡Ay, mi Dios! ¿Cuándo seremos dos?

¡Ay, San Canuto alabado! ¿Cuándo cambiaré de estado?

¡Ay, Santo Niño de Utrera, no me hagas morir soltera!

¡Ay, San Borombón de la Ensenada! Para unas tanto y para otras, nada.

¡Ay, San Papucio de Rodas! ¿Cuándo haré el viaje de bodas?

¡Ay, San Pedro venerado, que fuiste pecador! ¿Por qué no me dejaste en las redes del amor?

¡Ay, Santos Apóstoles del Tabernáculo! ¡Mándenme un hombre que sea mi báculo!

(RUEGOS ELEVADOS POR LA NIÑA JOVITA.)

Quizás el tesoro creativo más exquisito heredado por Angelita de su madre sea el álbum de La Niña Jovita. Sobre su existencia están al tanto los íntimos. Niní lo comparte en casa, haciendo de guía a través de sus páginas doradas protegidas por cubiertas de cuero que, en relieve, portan flores moldeadas en bronce. Hasta el

REPRODUCCIÓN: VERÓNICA IGLESIA

Tapas de cuero. Las flores y el nombre de Jovita en bronce.

ARCHIVO PERSONAL DE NINÍ

La Niña Jovita trabaja en televisión con Pipo Mancera.

nombre de la homenajeada lo consigue en metal dorado. El armado de la ocurrencia se completa gracias a paciencia y obsesión. Buscando ilustraciones ella revuelve negocios de antigüedades y cotolengos en los que encuentra también elementos para su vestuario actoral. Se suma el aporte solidario de quienes se sienten conmovidos por la misión emprendida a modo de jarana. Por ejemplo, el creador de "Tango Argentino" Claudio Segovia le hace llegar en julio del 82, desde Francia, una postal del 1900, que exhibe a una mujer y una nena de la época de paseo por el *Jardin des Plantes*. Escribe Segovia:

"Querida Niní: tal vez esta señora sea una parienta de La Niña Jovita. Desde hace tres meses estoy viviendo en París. Siempre la recuerdo mucho. Reciba mi más cariñoso saludo".

El álbum obsequia varios elementos acerca de la genealogía de este personaje conocido por el público. Si Catalina Pizzafrola (Scanappiecco, en principio, su segundo apellido después descartado) cuenta, presuntuosa, con una tarjeta de presentación impresa a la que a veces adjunta en letras manuscritas su oficio, "Profesora de corte y confesión", Jovita —una solterona, según la apreciación de Catita— bien merece su propia tarjeta, donde apunta tras el nombre: "Ex maestra normal mixta". Si Catita escribe y firma esquelas y odas para los amigos de Niní, Jovita adquiere el álbum recordatorio: fotos y postales en sepia, en blanco y negro o pinceladas con color; cartas, poemas y regalos de la familia y, sobre todo, de pretendientes apasionados. A la mascota el loro Romeo le es asignado un espacio central. Romeo no es un loro más. "Todo lo que tiene de verde, lo tiene de moral", cuenta Jovita. Su bautismo obedece a un parangón. "Como el de Shakespeare, Romeo tiene la pasión de treparse a los balcones."

ARCHIVO PERSONAL DE NINÍ

Amigas contemporáneas de Jovita.

Jovita de las Nieves Leiva Peña y Obes (J.D.L.N.L.P.O., sus iniciales, siempre en estilo barroco) alias *Nenúfar Bleu,* o sea flor celestial que crece en medio de aguas estancadas, es niña por solterona y por virgen. Nunca pierde esperanzas de contraer matrimonio, para lo cual se encomienda y enciende velas a santos de existencia insospechada. Su edad, la eternidad. Cuando surge en la imaginación de Niní, aproximadamente en 1940, Jovita recuerda anécdotas de juventud contextualizadas en acontecimientos del 1800. Y en audiciones radiales en las que más tarde trabaja, su correo sentimental recomienda recetas dignas de una dama antigua. Entre ellas, la grabada sobre la tarjeta de rosas coloreadas con la leyenda "Mis mejores recuerdos", dirigida a destinatario incierto, dice así:

Para curar el mal de ausencia, se ponen al fuego dos adarmes de "indiferencia", cuarenta gotas de esencia de "abur" y "vaya con Dios", se añade una libra en pos de "no me importa" molido y todo muy bien cocido con "aceite de alegría" se toma una vez al día en la "taza del olvido". Posdata: espero que su caballerosidad tenga a bien devolverme mis cartas, flores secas y mechones de cabello que obran en su poder.

La historia del álbum comienza tal cual fuera una tarea profesional: Niní escribe con lápiz sobre hojas de un cuadernito Gloria el listado de nombres y señas particulares de gente, cercana a la protagonista, que debe figurar en el memorial. Con el tiempo, la pegatina termina engordada por baluartes no previstos. La diversión consiste en tomarse el trabajo muy seriamente, jugando al cruce entre lo real y lo ficticio. El apunte "q.e.g.e." significa, para la puntillosa solemnidad de Jovita, "que en gloria esté":

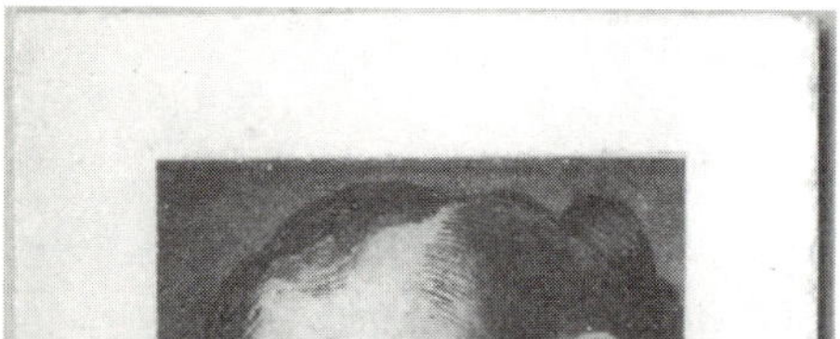

ARCHIVO PERSONAL DE NINÍ

María de las Virtudes, una amiga.

Teclita Torres, Salomé Garmendia (teñida, ex novia de Figueroa Alcorta), Palmira Otegui (viuda de López, de Figueras y de Gath y Chaves), María de las Virtudes Sosa, Consolación Puentes (amiga del vino), María Juana viuda de Balvanera, Goyita Medina (comadre de Jovita), María de los Remedios (Reme, hermana de Jovita), Pepito Sánchez (recibido con Jovita), Mayor Sosa (guerrero del Paraguay), Barbarita (la mayor de las primas), Clodomiro Peña (que está de novio desde el centenario de la Revolución de Mayo).

Misia Jeromita (madrina de Jovita, que falleció cuando nevó en Buenos Aires), Mayor Funes, Don Jacinto Cueto y Cueto q.e.g.e. (ayudante de Campos Salles), Pancha Milhojas q.e.g.e., Apolinario Cerdas, Sócrates, Emergencia Cervantes, Diodoro, Altagracia Rebollo, Amancio, Porfirio, María Perpetua Vedoya, Clodulfo, Excelso Perdigones (ex novio, ayudante de Bartolomé Mitre), Herculano, Veneranda, Benigna, Pragmacio, Erasmo, Jocunda, Francisca de Asisa Pérez Rebollo, Concordia Cabrera, Gedeón, Crescencio, Arcángela, Caridad, Herácleo, Casto Costa.

Crucificción Pereira, Estanislada, Consorcio, Zenón, Perseveranda, Plutarco Varela, Epifanio, María Cleofé, María Expedita, Fidelina, María Beata, Nereida Juviría, Bienvenido Cascallaves, Emerenciana, Cuadragésima, Exaltación Cueto, Perpetua Moreira, Procesa Sarmiento (hermana de Domingo).

VERÓNICA IGLESIA

Las orquídeas regaladas a Niní por el presidente Ortiz son aprovechadas como regalo de un presunto pretendiente.

Amada, siempre virgen

La carátula del documento abre con el *Almanaque de la abundancia para 1888*, publicado por Méndez de Andés en Buenos

Aires, y tomas fotográficas de una pareja de recién casados; imágenes de ensueño para Jovita. A continuación, cada mensaje utiliza grafologías y firmas de varias personas. Claro está, entre ellas, la propia letra del personaje.

Según el recuento, los galanes asedian a La Niña a partir de que cumple quince abriles. En ese momento ella estampa, bajo un retrato en el que luce el atuendo festivo de ocasión, el primer mensaje amoroso recibido. Escribe Excelso Perdigones:

Del gusano, gentil mariposa,
del capullo, repollo triunfal,
del pichón, marfilínea paloma,
de la niña, doncella formal.

Campanula que entreabre su cáliz
al conjuro del sol matinal,
avecilla que estrena sus alas,
más allá del paterno corral...

Renacuajo que pierde la cola,
y que en rana se torna fugaz.
Fruta verde, que presto transforma
su acidez en meloso panal.

¡Quince abriles! Portón que separa
la inocencia de la adulta edad,
no traspongas su umbral, ¡oh, Jovita!,
plántate en los quince y no cumplas más.

En el curso de su longevidad Jovita acumula tantas pasiones como arrugas. Hay pretendientes jóvenes y viejos, altos y bajos, calvos y melenudos. Hay políticos, militares, gauchos, aviadores, choferes, ciclistas, doctores, intelectuales, señores formales y señoritos impertinentes. Un ardiente E.P. escribe su oda romántica desde El Vesubio, en 1904:

Brasa candente semeja mi alma
fúlgida lumbre, mi corazón.
Mi cuerpo todo es ardiente llama,
que abriga el fuego de tu pasión.

Hirviente lava corre en mis venas,
quemante aliento fluye mi voz.
Cuando a mi lado, bella Jovita,
prende la hoguera tu seducción.

La foto de un hombre de prominentes orejas concuerda con la identidad de Clodulfo Orejones:

A Jovita, la inolvidable compañera de mis juegos infantiles, con afecto.

La foto de Bernard Shaw sirve ahora de rostro para Excelso, un verdadero héroe:

Tuyo hasta la muerte.

Sobre la postal coloreada de Carmen, personaje de la ópera de Mallarmé que Niní recrea en el cine, el capitán de bomberos Porfirio Fresco apuesta:

Con gusto perdería mis galones, como el desdichado José, por el amor de una Carmen como usted, seductora Jovita...

ARCHIVO PERSONAL DE NINÍ

Los gauchos se aprestan a cobijar a la casta bajo el poncho.

Es una samaritana la que, jarrón en mano, luce parada frente a una fuente, dándole pie a Herácleo Cuello:

Calma la sed que me abrasa
samaritana divina
dándome a beber sin tasa,
que es de fuego mi agonía,
y antes que asado prefiero
morirme de hidropesía.

Es en cambio una odalisca la elegida para ilustrar el pensamiento del hermético, nunca piojoso, D.D.T.:

Del harem de un sultán, de cautiva,
tu belleza sin par se ocultaba,
escapar conseguiste, furtiva,
misteriosa, fugaz y velada.
Y en la fiesta del Momo, triunfante,
irrumpiste, odalisca encantada,
cual visión del Oriente fragante
y en justicia llevaste la palma.

El harén debe obsesionar a La Niña. La oda de su pretendiente Pepito Sandoz vuelve a reivindicarlo:

Olvidárase por Juno de ti, Júpiter tronante;
te cambiara un Luis de Francia, por su regia flor de lis;
Don Quijote te trocara por su amado Rocinante;
Por Babieca, permutara tu persona Mio Cid.

Mas por nada de este mundo reemplazárate este esclavo,
Oh, muslímica sultana del harem de un marroquí.
Pues prendado de tu hechizo, a tus plantas se ha postrado,
Esperando de tus labios el ansiado y dulce: ¡¡Sí!!

Fogoso, Erasmo Cabello no oculta su tendencia de voyeur:

Un soplido indiscreto de viento
su pollera sutil levantó
enseñando a mis ojos sedientos
un par de tobillos arrebatador.

La vergüenza inundó tus mejillas
con violento encendido rubor
y ocultaste tus dos pantorrillas
al viento indiscreto, con mucho pudor.

Mi bigote temblando impaciente
intentó sofocar tu rubor
más tu madre entró de repente
y heló mis bigotes, ósculo e intención.

Verso del farmacéutico Celedonio Sarrasqueta:

A la sin igual Jovita,
un boticario poeta,
que al frente de su botica
sueña, canta y versifica
mientras prepara recetas
este recuerdo dedica.

Vestido con uniforme militar, Juancito Moreira jura obcecada veneración:

¡¡Tuyo o de nadies!!

A punto de tomar vuelo, Leoncio Cadenas la iguala con lo sublime:

ARCHIVO PERSONAL DE NINÍ

El valiente Juan Moreira se juega por ella.

Desde el estribo de mi aeroplano, antes de remontarme a la región celeste, envío al ángel que dejo en la tierra un saludo muy afectuoso.

En nombre de una docena de hombres bigotudos, que posan cual equipo de fútbol y llevan gorras y brazaletes blancos con una cruz, presumiblemente roja en la foto en blanco y negro, escribe Plutarco Varela:

A Jovita de las Nieves dedica este recuerdo el jefe del piquete de samaritanos que la libró de las garras de la fiebre amarilla.

Canoso y de notorio estrabismo convergente el que firma como H.P.:

Con estos ojos de cisco, a cualquiera dejas bisco.

Bienvenido Cascallares glorifica el peinado típico de Jovita:

Qué es lo que amo, de todas tus gracias,
inquieres curiosa, ingenua beldad,
direte al instante, calmando tus ansias:
amo tu rodete, de gracia sin par...!

No es el albo candor de tu rostro
Quien mitiga mi angustia de amar

REPRODUCCIÓN: VERÓNICA IGLESIA

Odas de Jovita a Romeo y un souvenir de perennes plumas verdes del loro.

Ni la púdica luz de tus ojos,
sino tu rodete, de gracia sin par...!

Yo no quiero tu boca inocente
do mi labio podría libar...
ni la casta beldad de tu frente...
quiero tu rodete, de gracia sin par...!

No me des las estrellas del cielo,
no me des los tesoros del mar,
no me des tus virgíneos destellos,
dame tu rodete, de gracia sin par...!

Ahora Jovita expresa dolor y nostalgia ante la pérdida irreparable. Uno de sus galanes acaba de afeitarse. Tanta es su angustia que pegotea un mechón de esos cabellos tupidos y enredados (causan en principio la sensación de pertenecer a otra zona, más oculta del cuerpo humano) entre una tarjeta en forma de corazón y con una pareja de golondrinas dibujadas. Cuánta agonía denota este "Clamor lastimero":

Bordeando tu rostro, la barba frondosa,
varonil lucía crespa ondulación;
bajo las narices, cual rúbrica airosa,
el viril bigote que era mi ilusión.

La moda envolvióte en su lazo hechicero
rapaste tus barbas sin vacilación,
y afeitaste impío, de un corte certero,
el fuerte bigote, que era tu atracción.

No viste el efecto que en mi mente loca
produjo tu crimen de depilación,
ni el duelo de pelos cortados que evoca,
tu ausente bigote, que era mi obsesión.

Tu gesto egoísta colmó mi tristeza
llenando de brumas mi fiel corazón,
hoy lloro tus barbas profusas y espesas,
tu hermoso bigote, que era mi pasión.

El loro que a Shakespeare le hubiera gustado tener

La mascota de Jovita en una época es un animal verdadero. Ella sostiene a un loro cuando actúa en la obra *Y se nos fue redepente*. Pero el mismo hecho de contratar su participación resulta bastante complicado en la trastienda. Hay noches en las que el bicho en su jaula duerme en casa de Niní. Otras las pasa dentro del teatro y alarma con sus escapadas por entre bambalinas, realizadas a paso zigzag porque durante las funciones el público en El Gallo Cojo toma bebidas alcohólicas y él sorbe los restos apenas cae el telón, cuando queda a solas en el recinto. Finalmente se resuelve la morada de Romeo en la quinta de unos amigos. En su álbum, Jovita lo homenajea pintándolo al óleo, con verdes brillantes y subido a la rama de un árbol florido. Sin embargo la firma que aparece al pie de su cuadro pertenece al pintor Prilidiano Pueyrredón; otra picardía. Pegadas cuidadosamente a un costado las plumas verdes de Romeo no pierden su color. Lo llamativo, además, es que Jovita encuentra en algún puesto de antigüedades tres fotos en sepia que las presenta como de distintos momentos de la vida del loro: Romeo joven, Romeo sonriente y Romeo enfermo. Así luce —pequeño, encantado, y negruzco y achuchado— verdaderamente en las imágenes. Dos textos cortos escoltan la pintura. Uno, anónimo, decreta con vehemencia:

Quien no ha tenido nunca un loro, no sabe lo que es amar y ser amado.

El segundo, firmado por Perpetua Moreira, hace una defensa contundente:

> *Quien afirma que lo verde es inmoral, insulta inconscientemente al rey del aire y al sultán de la creación.*

Otros son de autoría de Jovita en homenaje: "A mi Romeo en su 60° aniversario", explica la autora, quien lo aventaja por varios lustros y lo ayuda a cantarle a su lora Juanita:

ARCHIVO PERSONAL DE NINÍ

Romeo joven, Romeo sonriente y Romeo enfermo.

Cocoteros, luengas palmas
de mi selva tropical
bien quisiera entre sus ramas
mi osamenta sepultar.

Allí ha quedado mi verde amada,
mi dulce lora en un choclal.
¡Ay, si pudiera llegar hasta ella
en raudo vuelo hacia el Paraguay!

Nuestros coloquios, verde Juanita,
en la enramada de los yatay,
con su recuerdo, mi vuelo incita
a remontarme hacia el Paraguay.

Sigue el poema *Verde nostalgia*, declaración amorosa hacia la mascota que cuida la criada Belarmina Cueio:

En mi alma oculto un nido
que sirve de dulce albergue
y en el calor de su abrigo
¡¡Yo tengo un pájaro verde!!

Es la esperanza hecha ave
que sobre mi ansia se yergue.
¿Lo ignorabas? ¡Ya lo sabes!
¡¡Yo tengo un pájaro verde!!

Es la ilusión hecha loro
do mi quimera se pierde
si otros tienen un tesoro
¡¡Yo tengo un pájaro verde!!

Es el consuelo hecho plumas
que mi soledad disuelve

no hay quien disipe sus brumas
¡¡Como mi pájaro verde!!

El álbum, elemento recreativo, divertimento personal, aflora mientras Niní escribe libretos, dibuja, interpreta en la radio, el escenario y el cine. Recupera para ella un espacio de contacto con alguno de sus personajes, en este caso Jovita, de igual modo que cuando canturrea en cualquier ocasión viejas melodías españolas usando la voz temblorosa de La Bella Loli. Las elecciones obedecen a un motivo preciso, no siempre develado. Nótese que Marina Esther Traveso, como cualquiera, tiene recuerdos amorosos, escribe versos personales a su manera, simpáticamente irónica, y empieza su carrera siendo cantante lírica profesional. Pero aún fuera del alcance de la mirada del público, prefiere continuar moviendo, a través de esas dotes verdaderas, los hilos de sus marionetas amparadas por la ficción. En ello debe basarse la observación de Claudio España, especialista en cine que llega a conocerla de cerca, para quien Traveso no tiene vida íntima despegada de las múltiples que inventa.

La prolongación de Jovita a un ámbito privado cobra, llevada

ARCHIVO PERSONAL DE NINÍ

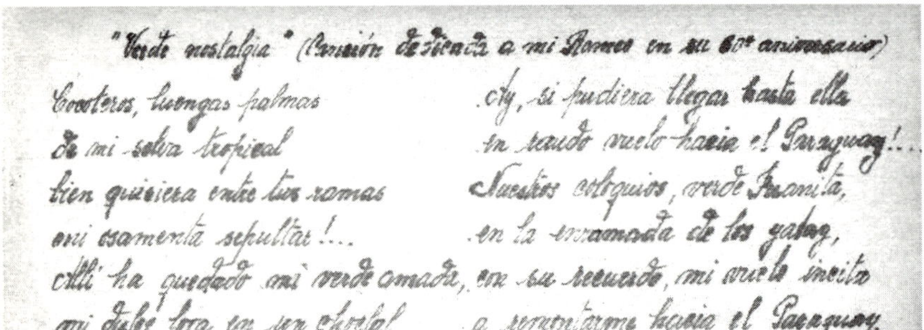
"Verde nostalgia" (Canción dedicada a mi [illegible] en su 60º aniversario)

Cocoteros, luengas palmas
de mi selva tropical
bien quisiera entre tus ramas
mi osamenta sepultar!...
Allí ha quedado mi verde amada,
mi dulce lora en su [illegible]

¡Ay, si pudiera llegar hasta ella
en raudo vuelo hacia el Paraguay!...
Nuestros coloquios, verde Juanita,
en la enramada de los [illegible],
en su recuerdo, mi vuelo incita
a remontarme hacia el Paraguay.

Jovita

Canción "Verde nostalgia", de puño y letra de Jovita.

de la mano de la imaginación de Niní, una entidad asemejada a la de cualquier persona. Por ello Niní resuelve con naturalidad que la lectura de esos recuerdos de Jovita se colectivice. Cada amigo o conocido que concurre a su casa puede llegar a ser elegido para que cierre el círculo de complicidades con la autora y el personaje.

En esa instancia Jovita es un miembro más de la familia. Visitar su álbum permite acceder a su alma. Pocas cosas son tan íntimas como las cartas de amor, la selección de recuerdos o la transcripción de sentimientos profundos. La eterna pudorosa aflora entonces desnuda, vulnerable, transgredida, humanizada...

Letra con gracia entra

GENTILEZA: HUGO LAZARIDIS

A los 70, en una pose a lo Mónica Bedoya Hueyo.
Desde adolescente expresa sus sentimientos a través de la escritura.

El gabón de los Llauró
fue inventado con astucia
hoy no se ve en Buenos Aires
la gente con ropa sucia

Con el gabón Llauró
todos lavan, todos lavan
con el gabón Llauró
todos lavan y yo también.

Frejando así
la ropa blanca dieja
sin bacilar
así me gusta máis.

Pisa morena
pisa con jarbo
que el encierado
que el encierado
no rayarás

Pues con Serena
para que brille
está lostrado
está lostrado
como verás.

Para gardines, Granada,
para mugueres, Madriz,
y para cera, Serena.

Que me pregunten a mí
sólo direles que sí
pues para cera no hay otra
que la Serena, sí, sí...

(AVISOS PUBLICITARIOS A CARGO DE CÁNDIDA,
EN EL ESPECTÁCULO "UN DÍA EN LA RADIO".)

Una historia lleva a otras sucesivamente. En el Tortoni, de esos bares tradicionales que en Buenos Aires desaparecen, cierta historia queda develada a propósito de una segunda. La mención de tres mujeres protectoras promueve el encuentro con el escritor Leopoldo Brizuela: su novela *Inglaterra. Una fábula* (1999) está dedicada a la memoria de Niní Marshall. Y en las consideraciones finales del libro, la nota informa: "Todo el trabajo se realizó bajo la advocación de Karen Blixen, Niní Marshall y Gerónima Sequeida"...

Karen Blixen o Isak Dinesen, escritora danesa y baronesa quien, al decir del compilador Christian Kupchik en *El camino de las damas* (1999), se sitúa como una leona de dos mundos; aventurera de mente positivista, gustos refinados y educación políglota, sucumbe ante la sensación de peligro o de seguridad precaria en la inmensidad de las selvas de Kenia donde reside por tres lustros, desde 1914. La jungla inspira su obra de mayor trascendencia, *Den Afrikanske Farme*, título original del guión *Out of Africa* que da pie a un premiado filme. (Borrosamente Angelita recuerda que Niní menciona en algún momento la obra de Blixen.) Gerónima Sequeida, de cajas tomar; una de las más importantes bagualeras argentinas. En Amaicha del Valle, Tucumán, la descubre Leda Valladares y la propala como autora y cantora hasta que León Gieco la suma a ese bello peregrinaje por los ritmos de la tierra que es *De Ushuaia a La Quiaca*. Karen, Gerónima y Niní amparan entonces *Inglaterra. Una fábula*, ganadora en septiembre de 1999 del premio Clarín Novela y traducida a varios idiomas. A los 36 años el escritor argentino Leopoldo Brizuela conquista dos distinciones; la primera en 1985, cuando por *Tejiendo agua* le otorgan el Fortabat. Brizuela dicta talleres de escritura y guión cinematográfico en la Asociación Madres de Plaza de Mayo y en la Universidad de La Plata. *Inglaterra. Una fábula* urde su trama mágica —vivida por una compañía teatral shakespeareana en el siglo pasado— en la Patagonia, contrasta culturas y revisa lo que el mundo conoce de los indios onas.

El rescate de la historia detrás de esa historia persigue esta entrevista con Leopoldo. Él aguarda las preguntas con un nuevo texto entre sus manos: la ponencia que está a punto de leer en el Encuentro de Literatura Latinoamericana del Siglo XXI a celebrarse en octubre de 2000 en Lima. Sorpresivamente Niní protagoniza en esas líneas parte de lo que Brizuela se apronta a contar ahora:

ARCHIVO PERSONAL DE NINÍ

Belarmina, en el estudio de la televisión cubana.

—*Usted es uno de los pocos escritores de la nueva generación que manifiesta un acercamiento a Niní Marshall como autora. ¿A qué se debe?*

—Me gustaría contar una experiencia personal. Yo quedo alucinado por *Y se nos fue redepente.* Me atrae la densidad de un lenguaje revulsivo que se anima a hablar sobre la muerte en este país a mediados de los años 70. Mi acercamiento a las Madres de Plaza de Mayo, por otra parte, me permite conocer el interés de Hebe de Bonafini por intentar escribir acerca de los velorios y de todos los prejuicios que rodean a la muerte... Ya comienzo a inquietarme para encarar un trabajo que profundice el tema. Cuando vengo desde La Plata a vivir a la ciudad de Buenos Aires, en agosto de 1990, sigo interesado en el asunto. Pienso que conocer a Niní me permitirá obtener elementos. A esta altura se suma el hecho de que me entero de una anécdota sobre Belarmina Cueio, contada por la misma Niní.

—Ella detalla los pormenores en sus memorias, publicadas en 1985.

—En efecto. La Belarmina, como Cándida, es también una mucama, pero inspirada en una criada india que Niní conoce en la soledad de la pampa, durante los últimos tramos de su borrascoso primer matrimonio. Para mí, Belarmina no acapara tanto éxito en Buenos Aires porque no inspira amor sino ternura. Que Niní siga representando ese personaje sólo se explica, creo, por su celebridad, que infunde benevolencia entre públicos y empresarios; por la lealtad secreta que une a dos compañeras de infortunio; pero, sobre todo, por la certeza de un misterio que ella sólo comprende mucho tiempo después. Un día de fines de la década del '40 a Niní la invitan a actuar en la cárcel de mujeres de Lima; y al subir al tabladito montado en el patio de la prisión, vestida como Belarmina, rapada y de delantal gris, de pronto se encuentra con una multitud de presas idénticas, rapadas y de delantal gris, que la miran con asombro e intensidad absolutos. Según rememora Niní, durante varios minutos no puede comenzar a actuar. La paraliza esa realidad coincidente con el personaje. Cuando leo esta anécdota en las memorias le escribo a ella, solicitándole una entrevista porque me parece que el episodio esconde una revelación secreta que me es imprescindible. Pero ella, que se ha retirado y tiene ya ochenta y siete años, aunque me invita a tomar el té se niega a hablar del asunto argumentando que la pone demasiado triste, sugiriendo que sólo eso tiene para decir y que, en todo caso yo, preso en la cárcel de mi historia, debo hacerme cargo de profundizarlo.

—Contado así, el encuentro parece haberlo defraudado.

—No necesariamente. Para lograr la entrevista yo le envío un par de libros míos; uno de ellos la novela *Tejiendo aguas*. También un reportaje a la pastorcita de cabras Gerónima Sequeida, de cuya obra y trabajo yo rescato una imagen que asocio con Niní, la pastora de un rebaño de personajes y hacedora de Cándida, gallega proveniente de un pueblo de pastores.

—Ante los suyos, ella solía inventar una historia que comienza así: "Había una pastorcita tan chiquita, tan chiquita, que llevaba a pastar a las vaquitas de San Antonio". Lo de "pastorcita chiquita" tal vez sea una autorreferencia... ¿Luego acuerda usted su entrevista?

—Le dejo un sobre con mis materiales en la portería de su edificio y ella me responde enseguida, creo que tarda apenas una semana, lo cual me halaga. Y armamos una cita.

—¿Cómo la ve? ¿Animada, aun después de haber dejado de trabajar?

—Dice que la atormenta la vejez. Menciona sus miedos, habla sobre el suicidio reciente de una sobrina suya... Creo que le pesa aquello de Borges: la peor enfermedad es la longevidad. Me cuenta que ella no es en este momento ni el diez por ciento de lo que ha sido. Y cuando rememoramos a sus personajes me doy cuenta de que ha vuelto a ser la nena que se encierra para jugar. Me dejo seducir; ella tiene un manejo muy particular de la seducción.

—Usted habla de seducción propia y de benevolencia ajena, como dando por sentado que ella especula con esos atributos.

—Me refiero justamente a ellos cuando pienso en su capacidad para hacer llegar su obra al público. Todos conocemos el esfuerzo necesario, los escollos que a veces no dependen del autor. Por eso la benevolencia o la seducción que despierta la personalidad resultan importantes, fundamentalmente cuando la propuesta abre caminos o representa riesgos. Resulta poco común en su tiempo que una mujer haga comicidad sobre textos propios. Más todavía con personajes que en ningún momento son políticamente correctos. Catita está muy cerca del mal, al borde de lo siniestro, y claro que se requieren otros elementos porque en el arte uno va mucho más allá que en la vida misma. Yo pienso que a Niní la capacidad de seducción le permite construir una imagen que suaviza la virulencia de cada parlamento.

—Entre la gente que la trata, muchos hablan acerca de su timidez...

—¿Cómo se puede pensar que es tímida, con los ovarios que debe tener para hacer lo que hace? Por ahí sirve de imagen para el entorno, pero ella me da la sensación de ser muy consciente de lo siniestro que nos rodea. Para traer otro caso, el actor Alejandro Urdapilleta se sitúa en la misma senda expresiva, lo cual no quiere decir que Urdapilleta sea una persona siniestra. Tal vez a Niní puede darle vergüenza reconocerse tan lanzada.

—Ella lo recibe pero le da pocos datos, ¿qué sucede entonces?

—Gracias a su silencio yo escribo una novela entera tratando de descifrar ciertos interrogantes sobre la creación literaria. No hablo de certezas, sino de intuiciones surgidas de la propia experiencia de escribir. Una inquietud plantea, por ejemplo, ¿de dónde nacen las ficciones? La opinión corriente, de origen romántico, postula que los mejores cuentos y novelas nacen de la imaginación pura concebida como un don extraordinario del autor. Sin embargo, la experiencia de escribir nos sugiere que tramar una historia ficticia es apenas combinar, buscando una disposición nunca antes practicada, antiguos elementos de la tradición oral y escrita, y aun de la memoria atávica y de la propia lengua. Imaginar no es crear algo totalmente nuevo; implica razonar lo que pudo haber sido y no fue, sobre todo lo que en una época anterior no pudo decirse, aceptando el desafío de decirlo. No se rompe absolutamente con la tradición porque escribir es ante todo comunicar, y no se comunica si se destruyen los códigos: hay que reconocer, en la tradición, los silencios hasta hacerlos hablar. Ésta es la única y pequeña rebeldía que se nos concede, pero una rebeldía fundamental de la cual depende, quizá, la sucesión de las generaciones. Hoy admiramos a todos los personajes de Niní pero nadie nos revela tanto como aquel que, hasta el surgimiento de la artista, nunca había podido hacerse oír, aquel a quien su propia autora nunca comprende del todo.

—Se plantea en qué consiste la tarea del autor...

—Empleando antiguas metáforas podemos decir que un autor no es ya una fuente de imágenes desconocidas; parece ser, más bien, una encrucijada donde se encuentran y dialogan las grandes líneas de una cultura. Para la mayoría de los escritores la búsqueda de ese lugar demanda un trabajo lento, en el que se avanza a tientas guiado por un solo indicio: la felicidad que sentimos de pronto al inventar una imagen que cifra todo lo que somos y sustituye la trabajosa emisión de nuestra voz por la caudalosa transmisión de la cultura. Una felicidad, digo yo, que no debe confundirse con ninguna otra alegría circunstancial de lo que suele llamarse la carrera literaria, y que nos dice: *vas bien, pero sigue por aquí.* La felicidad que siento al escribirlo prueba la necesidad de un texto; lo que me demuestra que debo abandonarlo no es el dolor ni la confusión momentánea, ni siquiera la melancolía —todo ello puede con la felicidad— sino mi aburrimiento. ¿Y no era acaso esa felicidad la que impulsaba a Niní a conservar a Belarmina, la seguridad de que en algún sitio del futuro ese personaje del pasado implicaría, para alguien, la libertad pura?

—Puede que Niní no haya tenido mucho más que contarle sobre Belarmina, por lo menos desde el punto de vista anecdótico. En un diá-

logo entre autores ella le concede permiso para retomar el personaje desde lo sensorial, desde usted mismo. En esta posta probablemente importa menos la historia original, el anclaje con la realidad, que el relato. ¿O no hay un espacio entre la verdadera Belarmina y su reflejo?

—También hay espacios entre el personaje y la autora e intérprete. Si Niní actúa sus personajes más parecidos a sus características propias, termina transmitiéndome una imagen más atormentada. Apartado del naturalismo o del realismo uno puede controlar menos lo que dice y los fantasmas se dispersan. Por eso me inclino más por relacionar su arte con el surrealismo que con el costumbrismo. A Niní le aterra la idea de ser confundida con sus personajes. Claro que en su caso, al ser intérprete de sus textos, ella hace uso de su cuerpo para contribuir a que todo el personaje —parlamentos y caracterización— se diferencie de Niní Marshall. Su arte integrado requiere entonces de una habilidad mayor. Me vienen a la memoria elementos interesantes. Niní, por ejemplo, comienza a trabajar al tiempo en que muere Alfonsina Storni. ¡Se habla tanto de la importancia del cuerpo en la poesía de Storni! El auge de Catita se da, además, cuando emergen en el ámbito cultural Silvina Ocampo y Jorge Luis Borges. No sé Silvina, pero Borges seguramente detesta a Catita. Lo increíble es que el arte de Niní está basado en el ejercicio de la intertextualidad, en las referencias múltiples dentro del lenguaje y otros elementos culturales. Hasta comprobamos que las caídas de ojos insinuantes de Catita nos conectan con gestos de Greta Garbo. Intertextualidad es lo que Borges despliega en su literatura.

—Trajo a colación los tormentos. ¿Piensa en alguna relación entre los de la autora Niní Marshall y los declarados sobre sí mismo, como presentación usual, por Ernesto Sabato?

—Ella resulta infinitamente más rica que Sabato. Niní es naturalmente lo que Sabato quisiera llegar a ser.

Entre los legados, el primer relato escrito con lapicera a pluma por Marina Esther Traveso muestra su inclinación para volcar diálogos y situaciones sobre un personaje. Ella —una niña de trece años— vive una etapa en que los textos suelen ser autorreferenciales y sin embargo toma distancia. La puntuación y la riqueza del vocabulario transcripto resultan fieles al original.

Cuento infantil: "Noche de reyes"

Es inútil Loló, si no vendrán los reyes, porque esta noche hace mucho frío y además viven tan lejos. Le había dicho su mamá dame un beso y acuéstate tranquilo ángel mío. Loló obedeció, pero cuando su mamá se retiró a dormir, levantándose cautelosamente, se acercó a la ventana y puso en ella sus zapatitos roídos y deformados. Era Loló una preciosura, rubio, con hermosos ojos azules y gordito y redondo como un repollo. Como sus papás eran muy pobres, no teniendo qué regalarle, inventaban historias que no convencían a Loló, pues él, a pesar de su corta edad, razonaba y decía: "Es que si yo he sido buenito, me tienen que traer juguetes los reyes, porque a los otros niñitos también les llevan". Y con esperanza se acostó esa noche, y durmió, con ese pensamiento…

De pronto abrióse la puerta de la pobre pieza desmantelada; y aparecieron tres personajes, montados en elegantes corceles ricamente

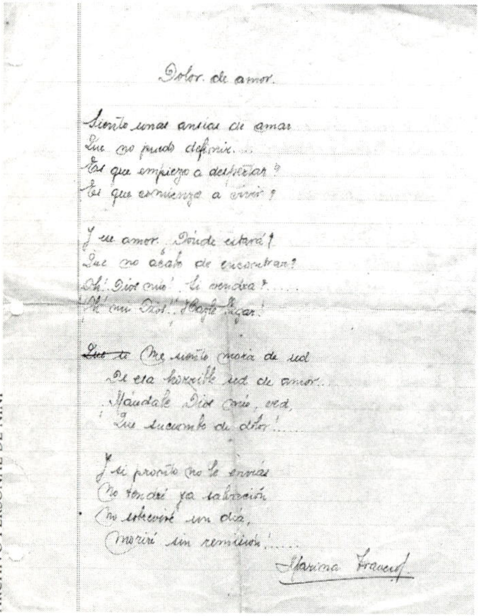

Dolor de amor.

Siento unas ansias de amar
Que no puedo definir...
¿Es que empiezo a despertar?
¿Es que comienzo a vivir?

Y ese amor. ¿Dónde estará?
¿Que no acabo de encontrar?
Oh! Dios mío ¿si vendrá?....
Ah! mi Dios!, ¡Hazlo llegar!

~~Que te~~ Me siento morir de sed
De esa horrible sed de amor...
Mándale Dios mío, ved,
¡Que sucumbo de dolor!......

Y si pronto no lo envías
No tendré ya salvación
No sobreviviré un día,
¡moriré sin remisión!.....

Marina Traveso

ARCHIVO PERSONAL DE NINÍ

Original del poema en el que despierta al amor.

adornados, y que llevaban grandes alforjas cargadas de golosinas y vistosos juguetes, que en medio de la oscuridad del recinto brillaban como ascuas. Los personajes vestían lujosos trajes de raso, de colores vistosos, una capa muy larga de armiño y unas coronas de oro con pedrería. Loló, con los ojos atónitos, reconoció en ellos a los reyes magos. Bajaron los tres de sus caballos y uno de ellos ordenó a otro que llenara los zapatitos de juguetes: bastantes regalos, porque este niño ha sido muy bueno y obediente. Y los juguetes y las golosinas caían sin cesar en los zapatos que parecían sin fondo... Su visita le deslumbró. Qué es lo que no había allí... ¡No en vano los había puesto! Por fin, los tres personajes montaron de nuevo en sus caballos y partieron...

Amanecía... El sol entraba de lleno por la ventana de la habitación, y despertó a Loló. Frotóse éste sus ojos y con gran alegría corrió hacia la ventana, pero no pudo menos de prorrumpir en un sentido sollozo. Sus zapatos, aún fríos y mojados por el rocío, estaban vacíos...

Marina Traveso

A la misma edad Marina se atreve a la poesía. La puntuación es la original:

Ocaso:
Los tenues rayos del sol
Alumbran de tiempo en tiempo
Y las sombras de la noche
Invaden ya el firmamento.

Más allá, en el horizonte,
Cambia de color el cielo
Y parece que estuviera,
De rojas gasas cubierto

Poco a poco el sol esconde
Su enorme disco dorado,
Y con él las alegrías
Del día han terminado

Nada se oye... sólo el grillo
Entona su canción de siempre
Y la brisa juguetona.
Acaricia tibiamente

¡Qué momento más hermoso
Cuando la tarde declina,
Cuando el sol que ya se esconde,
No alumbra más la colina!

Marina Traveso
13 años de edad

A los quince o dieciséis años flirtea con Jaime, hijo de una amiga de Mamá Ángela con quien Marina baila y conversa en su casa durante las tertulias. A lo mejor esa relación inspira las líneas del próximo poema, digno de ser atribuido a las desesperanzadas alabanzas elevadas en años posteriores por La Niña Jovita:

Dolor de amor:
Siento unas ansias de amar
que no puedo definir...
Es que empiezo a despertar?
Es que comienzo a vivir?

Y ese amor, ¿dónde estará?
Que no acabo de encontrar:
¡Oh, Dios mío! ¿Sí vendrá?
¡Oh, mi Dios! ¡Hazle llegar!

Me siento morir de sed
De esa horrible sed de amor
¡Mándale Dios mío, ved,
que sucumbo de dolor!

Y si pronto no le envías
no tendré ya salvación.
No sobreviviré un día,
moriré sin remisión.

Marina Traveso

En la época sella tres amistades para siempre: en el Liceo de Señoritas con Nela Herzer y Fedora Pozzo; en su casa, con Haydée Rabinovich. Para su compañera de banco, estas palabras:

A Fedora:
Bella y gentil figulina
de cera blanca y rosada,
semeja mi buena amiga,
mi "Fedoruca" adorada.

Su cabecita es de bronce.
Su talle esbelto y gracioso.
Sus ojos, vivos, chispeantes.
Su andar suave y candencioso.

Todo en ella es armonía.
De líneas, modo y color.
Toda ella despide vida,
gracia, juventud, ¡amor!

Marina Traveso

Redactora publicitaria

Tras la primera ruptura matrimonial, busca refugio unos meses en lo de su hermana mayor Blanca en Rosario, provincia de Santa Fe. ("Blanca es la hermana que me nació vieja", cuenta Niní, acercándola al rol de madre sustituta.) Con su nena regresa luego a Buenos Aires y desde una pequeña habitación de pensión rehace su vida cotidiana. Niní explica cómo sale de aquel traspié: "Yo había sufrido una catástrofe pecuniaria. Tenía que ganarme el pan y me pareció que podía dedicarme a la escritura de publicidad en forma literaria"... El padre de su amiga Haydée, Delfín Rabinovich, la presenta a la redacción de la revista *La novela semanal.* Tarea asignada: la de redactar una página completa, auspiciada por General Electric, que vende artículos "para la administración de la casa".

Este "sketch conyugal", publicado el 7 de agosto de 1933 sin firma, le pertenece:

—¡Qué mala cara tienes, vieja! ¿Te sientes mal?

—No; es que estoy muerta de frío en esta heladera; eso es todo...

—Pero hija; ¡abrigate bien!

—¡Abrigarme más! ¿Quieres que me lleve el colchón a cuestas?...

—Bueno, está bien... Yo no tengo la culpa... ¿O es una indirecta para el abrigo de pieles que vimos ayer?

—¡Qué indirecta ni qué ocho cuartos! Si en la calle es justamente donde menos frío tengo, porque camino, estoy en movimiento y no lo noto.

—Ahí tienes el remedio, entonces. Con caminar en la habitación de arriba a bajo, entrarás en calor...

—Estás de lo más chistoso, pero maldita la gracia que me haces. ¡¡Hasta la risa se me hiela!!

—¿Por qué no enciendes el braserito?

—¿Para volverme loca de la cabeza con el óxido de carbono? ¡Sería peor el remedio que la enfermedad!

ARCHIVO PERSONAL DE NINÍ

En tiempos en que comienza su carrera.

—Y la estufita a kerosene que te regalé el año pasado, ¿qué se ha hecho?

—¡Sí! ¡Para que no podamos respirar con el tufo y marearnos con el aire viciado!

—Palo porque remas, palo porque no remas. ¿Qué quieres que te haga?

—Bien sabes que suspiro por una estufita eléctrica, tan linda, tan higiénica, tan sencilla, tan limpita, que no vicia el aire y calienta que es un primor...

—¡Haberlo dicho, mujer! ¡No es tan cara que no esté al alcance nuestro como al de cualquiera!

—¡Y tan económica! Gasta $ 0,05 por hora de corriente; no da trabajo alguno y como no hay que vigilarla, hasta de noche puede dejarse encendida sin peligro.

—Pues si con eso se te pasa el malhumor, ya te la estoy trayendo.

—El malhumor, el frío y la mala cara. Tú, como tienes calefacción en la oficina, no te imaginas lo que es estar en este frigorífico... ¡egoísta!

—Es que no soy adivino, mi vieja. De haberlo sabido, no una, sino tres estufas tendrías aquí...

—No, no, querido; siendo eléctrica, con una me basta, pues irradia el calor de tres de las otras.

—Ni una palabra más.

Mitzi e Ivonne

Pronto adopta el seudónimo Mitzi para la redacción e ilustración de sus "Alfilerazos", comentarios —"sin maldad", recuerda ella— acerca de la actualidad radial, difundidos por la revista *Sintonía*:

Hay un speaker que, contrastando con sus colegas, no habla con entusiasmo, recalcando las palabras, sino que lo hace por obligación, sin ganas y hasta con sueño. Los avisos soporíferos de por sí,

ARCHIVO PERSONAL DE NINÍ

Mitzi critica a los locutores aburridos y a los que "meten la mula" (mienten o dicen cualquier barbaridad).

pasados de esa forma pierden todo interés y provocan más de un bostezo.

En una prueba ante el micrófono que realizaba hace unos días un aficionado, con la optimista idea de conquistar el premio que otorga al mejor cantor una conocida firma comercial, me preguntó uno de los presentes: "¿Por qué tiembla de esa manera? ¿De miedo? ¿De emoción? ¿De 'batata'?". Yo contesté: "¡No, señor! ¿No está usted viendo? ¡Tiembla de coraje!..."

* * *

Ada Falcón tiene berretines por temporadas. La gusta una composición y la repite y la repite, con un tesón y una constancia realmente admirables. Después de Acacias, *su último éxito, le ha tocado el turno al tango* Amigo corazón, *con el que generalmente inicia sus audiciones, y cuya interpretación no nos perdona en casi ninguna. Por bueno que sea el tango y lucida la manera de cantarlo, va a sucederle pronto lo que a los manjares favoritos, que si nos los dan a diario terminan por darnos de cara.*

ARCHIVO PERSONAL DE NINÍ

Ivonne compra un impermeable con su primer sueldo.

* * *

¿Por qué las cancionistas de registro bajo no se atienen al mismo, cantando dentro del límite de su voz, en lugar de alcanzar con voz de falsete los sonidos que se salen de él, dando una desastrosa impresión con el contraste y echando a perder, a lo mejor, con la sola nota final toda una canción que deleitó al escucha?

* * *

¿Por qué muchas cancionistas, creyendo resultar más expresivas, abusan de ciertos arranques extemporáneos que sorprenden desagradablemente al oyente, sin lograr emocionarlo como pretenden? ¿Por qué no imitan la sobriedad de Mercedes Simone, de Azucena Maizani, de Libertad Lamarque, que sin caer en exageraciones llegan al alma con naturalidad y verdadero sentimiento?

En 1934 gana un concurso radial de cantantes internacionales y debuta tras el mote Ivonne D'Arcy en el programa *La voz del aire*, interpretando temas en español, alemán, francés, inglés e italiano. De la experiencia extendida a las radios Nacional, Fénix, Belgrano y Municipal guarda recortes entremezclados con una carpetita de tapa dura color rosa de antaño, marca *Ambassador. Vélin Surfin à la forme*. Adentro una cinta de seda rosa sujeta el cancionero con letras que escribe a máquina y anotaciones musicales sobre el repertorio de unos ciento veinte temas, también usados para el cine, el teatro y la radio. (¡Cómo olvidar la versión de Catita del tango *El vino triste*, acompañada por la orquesta de Juan D'Arienzo —quien hace de hastiado acompañante— en el filme *Yo quiero ser bataclana*!)

El cancionero abre con *La paloma*, habanera de Yradier. Siguen, entre otros: *Ella dijo sí* y *Rosa*, de Agustín Lara; *Siboney*, rumba de Lecuona; *Sol Tropical*, rumba de Gardel; *La cucaracha*, *La conga*, *Noches cubanas*, *Soñó mi mente loca* y *Las mañanitas*. María Grever bastante presente: *Lamento gitano, Alma mía, Florecita, ¿Te quiero dijiste?, Noche misteriosa.* La influencia española en los lamentos gitanos, los pasodobles y el refranero *Los gitanitos.*

En francés, *Parle d'amour,* de Jean Lenoir; *J'aime,* de Briquet, Granier y Attic. En inglés, *Lirio de Shangai, Sonny boy, Todo lo que hago es soñar contigo,* fox de Brawn del filme *Así ama una mujer.* En italiano la canzoneta *Fili d'oro, Cara Piccina, Parlami d'amore, Come Pioveva.* En alemán, con posterior traducción propia al español, *La rosa de Hungría,* vals de Brodsky, y *No me preguntes por qué,* vals del filme *La canción del adiós.*

Recetas a la manteca

A mediados de los años 30, ocurrió un hecho muy importante. Mientras como Ivonne canta en el Municipal, como Niní alegra el trabajo de sus compañeros, hablando igual que la gallega Francisca. La actriz Josefina Cano Raverot, más conocida como Pipita Cano, repara en el detalle y suma a la ignota al elenco del programa *El chalet de Pipita,* donde Niní idea al primero de sus personajes entrañables que comenzará su estrellato un año más tarde. Escribe y conduce paralelamente el micro *La Manteca Argentina:* al aire es una ecónoma bautizada para la promoción de una marca, comparte recetas de su propia cosecha y echa mano a numerosos efectos de sonido de su inventiva. El cuaderno de espirales donde las anota con lápiz negro queda en manos de Angelita. Por supuesto ella ha probado los sencillos platos salados y dulces de su madre, ahora famosos. Pronto el espacio atrae pedidos y sugerencias que obligan a Niní a aprender recetas nuevas para ponerlas en práctica y recrearlas frente al micrófono. Los títulos de cada día, entre otros: lomo a la portuguesa, puré de papas, pastel de papas, estofado al tuco para pastas, pan de sardinas, costillas de cerdo a la Villeroy, caramelos de chocolate, huevos poches con salsa blanca, bizcochuelo Plenqueb, repollo relleno, salsa Velanté, budín de carne, postre planchado, polenta con queso fresco, panqueques a la crema, patitas a la Poulette, budín tricolor, salsa de camarones, zapallitos rellenos, salsa Bechamel, empanada gallega.

También hay días en que, a falta de platos nuevos, Niní inventa una treta para la recreación: "Mis queridos oyentes —anuncia—, a pedido de Juanita de Chivilcoy, hoy voy a repetir...".

Ella, ducha en el manejo del lenguaje directo, domina códigos de la publicidad para cuando le toca presentar a la audiencia la novedad:

> *Gentiles oyentes: les habla La Manteca Argentina. Voy a pedir ante todo que se me permita la inmodestia de un autoelogio, que no tiene otro fin que el de ayudar, guiando y aconsejando al ama de casa, en bien de los suyos y de "la organización" de su hogar.*
>
> *Contando pues con la venia que solicito, y a riesgo de pasar por presumida, les hablaré de mis cualidades:*
>
> *Hago más apetitosas mis viandas, por mi delicioso sabor; más nutritivas, por mi alto valor alimentario; más asimilables, por la simplicidad de mi composición; más higiénicas, por la pureza de mi elaboración; y por último más económicas, por mi reducido costo y extraordinario rendimiento.*
>
> *Sobre este último punto deseo defenderme contra el prejuicio de que el frecuente empleo de la manteca en la comida eleva el presupuesto de la cocina a las nubes: nada más erróneo, sobre todo si se considera lo que gana en gusto y alimento, con mi cooperación, cualquier manjar.*
>
> *Con el propósito, pues, de destruir esta calumnia, esta creencia tan general como equivocada, con pruebas prácticas daré a mis oyentes, todos los días, recetas culinarias a base de manteca. (...)*

¿A ver el menú, por ejemplo, del 21 de mayo?

ARCHIVO PERSONAL DE NINÍ

Por la radio ofrece los platos que ella cocina en casa.

Amables oyentes, muy buenos días. Para nuestro budín tricolor de hoy, pueden anotar los ingredientes: seis atados de espinacas, cuatro papas medianas, seis zanahorias más bien grandes, cinco huevos, un tomate grande, dos cebollas, un ramito guarnecido, ciento cincuenta gramos de manteca, sal, pimienta y nuez moscada.

Cocino las espinacas con un poco de sal en seco. Yo no les pongo nunca agua para no quitarles sustancia. Son más sabrosas cocinadas en su propio jugo; a fuego lento y tapadas no se queman. Aparte, en otra cacerola, pongo a hervir las papas, las zanahorias, una cebolla cortada en cuatro y los yuyos con agua y sal que los cubra. Una vez cocido todo, pico muy menuda la espinaca, y hago puré de las papas y de las zanahorias por separado. Incorporo, siempre por separado, a cada una de estas legumbres los cien gramos de manteca. Se entiende: los cien gramos para las tres cosas, y la nuez moscada. Hecho esto, enmanteco una budinera, la espolvoreo con pan rallado y dispongo: las espinacas mezcladas con dos huevos batidos para unirlas; luego el puré de zanahorias con las tres yemas de los huevos restantes, y por último el puré de papas, con las tres claras correspondientes, batidas a punto de nieve. Lo llevo al horno, y lo sirvo con la salsa que les voy a explicar.

Una advertencia. La budinera o recipiente en que lo cocinen debe tener la base del mismo tamaño de la boca, para servirlo en el orden, diré, en que van las verduras; es decir que en el horno lo vuelco y lo vuelvo a dar vuelta para que el soufflé de papa quede en la parte superior, y no lo aplasten la espinaca y la zanahoria.

La salsa la preparo así: pico la cebolla y la frío en la manteca restante; le agrego el tomate, picado previamente, que he pelado en agua hirviendo, y sazono con sal, pimienta y un terroncito de azúcar. Este budín puede hacerse como soufflé, presentándolo en un recipiente alto de vidrio especial para horno, y bañado lo mismo con esta salsa. Es de mucho efecto porque forma una bandera; verde, anaranjado y blanco.

Para mañana, día de repostería, haremos la pasta Frolla. Ya saben que pueden consultarme sobre temas culinarios, que trataré de complacerlas con sumo gusto. Envíen la correspondencia a La Man-

teca Argentina — Broadcasting Municipal — Viamonte 1160 — Buenos Aires. Muy buenos días, mil gracias y hasta mañana.

Albricias del perro escritor

Allá por el año 38 o 39 la misma Pipita Cano le obsequia un cachorro de cócker negro, hijo de su Bebé Pipo. Niní lo adopta por once años. Su tumba está en la quinta de Moreno "Agüita clara", lugar de descanso y de intimidad. Muchas veces, sólo en compañía del perro Pipón ella escribe sus libretos allí. En la casa de Barrio Norte la mascota atrae la atención de visitas como la del amigo Jorge Negrete, astro mexicano que en la tierra azteca, cuando Niní se exilia, significa una palabra de consuelo ante la adversidad. Retribuyendo el regalo, Niní le hace llegar a Pipita una extensa carta. El autor es Pipón, quien le cuenta a su tía Pipita pormenores de su nueva vida. El original está redactado en hojas de distinto tamaño, con lápices violeta y negro y correcciones a subsanar en la versión limpia.

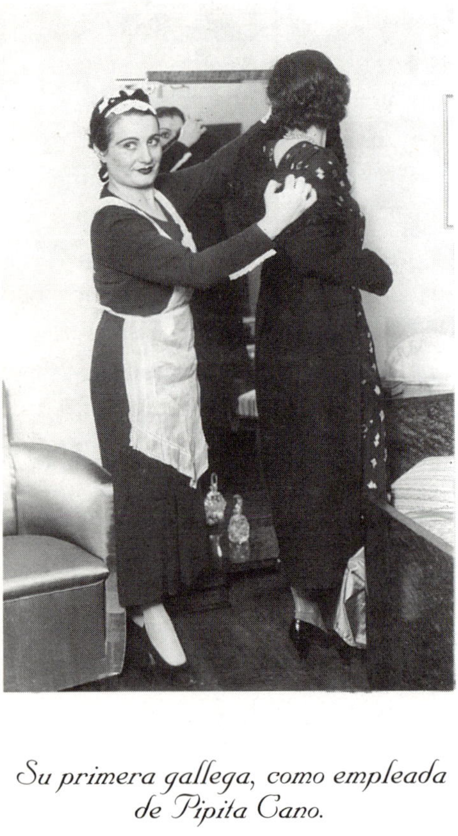

ARCHIVO PERSONAL DE NINÍ

Su primera gallega, como empleada de Pipita Cano.

El perro Pipón suele robarle sus zapatos.

Moreno - Martes

Mi querida tía Pipita:

Hace tres días que falto de tu lado, y te confieso, con todo descaro, que no extraño para nada a mi familia, no echo de menos a mis antiguas costumbres. Y te diré por qué. Al día siguiente de haberme dejado al cuidado de mi madre putativa, salimos a correr mundo. ¡Qué cosa tan maravillosa es esto!... Jamás pensé que fuera de las paredes que limitan tu jardincito y que yo contemplaba tristón a través del alambrado de mi gallinero, existiera un mundo tan extraordinario. Verdaderamente, no sé por dónde comenzar a contarte mis impresiones. Me cargaron en un auto, en el que iban varias personas, además de mi madre y mi hermanita la gorda. Todos muy cariñosos. Tanto, que hubiera preferido que fueran menos efusivos y me dejaran tender sin manosearme, pues hacía un calor horrible y yo pasaba de brazo en brazo y recibía caricias y besos que me hacían transpirar, pero como soy agradecido, disfrazaba mi descontento y repartía groseramente mis lambetazos. Por fin mi madre, que es muy comprensiva "a pesar de ser persona", prohibió que se me mortificara; me colocó en su falda, en la que me estiré lo que pude (la falda de mi madre no da para mucho) y velado por su amoroso celo y refrescado por el delicioso viento de la ventanilla, me dormí hasta que llegamos a este país maravilloso en que vivo tan feliz. No puedo explicarte lo enorme que es esto: calcula un millón de gallineros juntos, pero sin paredes; llenos de pasto, árboles y mil cosas raras y nuevas para mí. Apenas repuesto de la sorpresa, empecé a correr desenfrenadamente, a revolcarme frenético y a jugar enloquecido. Mi familia adoptiva me llamaba, pero yo, embriagado de felicidad, corría de aquí para allá, me metía por todas partes, escudriñándolo todo y alejándome desobediente de su lado. Este ataque de insania me valió —¡ay de mí!— el primer castigo. Oí que mi madre decía: "Este perrito se me va a perder". Su odiosa hermana asintió: "Sí, como es fino, si cualquiera lo ve, se lo lleva"... Y me ataron una soguita al cuello (tiranos!) aunque lo bastante larga como para que, según mi mamá, pudiera disfrutar...

Al principio, maldita la gracia que me hizo la novedad, pero bien pronto, la belleza de este mundo insospechado me ayudó a olvidar mi penitencia. Tenía a mi alcance flores silvestres de los colores más tentadores; me comí unas cuantas raíces, ramitas, bichos, basuritas, todo intrigó mi paladar, pero mi madre putativa, que por lo celosa parece legítima, tachaba mis manjares de porquería y a dos por tres, me los sacaba a medio tragar. "Como es un perro fino —explicaba— no sabe discernir por instinto, y a lo mejor se me envenena." Entonces me dediqué a mascar la cuerdita y se la dejé hecha un fleco. ¡Tomá! Pero con gran desacierto, noté que mi venganza les hizo tanta gracia, que me la festejaron con grandes risas. Empecé a dar vueltas y vueltas, enredándome en los troncos, en las sillas y en la gente, hasta conseguir que mi madre, condolida, me librara de aquella esclavitud. Entonces, para demostrarle que comprendí la lección, jugué todo el día sin apartarme demasiado de mis dueños y acudiendo en cuanto se me llamaba, porque, como soy un perro fino (me tienen seco con esta letanía) si me ocurriera una desgracia, no tendrían consuelo. Hay aquí un perro del peón, negro como yo, pero plebeyo, que por fin hizo migas conmigo, y digo por fin porque al tonto le amargué el primer día con mi llegada; es celosísimo, y anduvo con el rabo entre las piernas mirándome de reojo aunque yo, para congraciarme, lo buscaba, lo toreaba y le dedicaba todas mis habilidades. Se conoce que triunfaron mis encantos, porque ahora es él quien me busca, aunque le guarda a mamita cierto rencor por haberle traído a un rival, y no le responde con el mismo cariño que ella le demuestra para hacerse perdonar el disgusto que le ha dado. Hay también otro perrito de la vecindad, a quien por lo visto conquisté, que no se sale de mi lado. Con ellos he aprendido cierta clase de ceremonias que practico con fruición y que, no me explico por qué, mi madre tilda de asquerosas, cuando son unas delicadas pruebas de sociabilidad perruna.

Todo el campo es un amplio water-closet en el que no tengo que calcular sobre qué cae mi natural desahogo; ni alfombras, ni encerados ¡oh delicia!.. A propósito direte, mi linda tía, que el primer día no te hice quedar nada bien. La pena de dejarte se me tradujo en la forma menos poética porque no pudiendo llorar, sembré la casa de lágrimas de distintas clases, con la consiguiente desesperación de mis nuevos dueños, que no bastaban con trapos, escobas y aserrín a enjugar mi llanto, no por prosaico menos expresivo.

Pero pronto me congracié, ya que no resisto a las caricias y aquí me las prodigan en abundancia. Con decirte que hasta el ogro esposo de mi madre me mima y juega complacido conmigo, lo que, multiplicado por cinco, significa que le soy ultrasimpático y grato.

Pero volvamos a mi maravilloso viaje. Allende el gallinero he visto montañas de arena, de piedra, de ladrillos a los que me encanta subir y bajar, escudriñándolo todo. Animales fantásticos, llamados aviones, cruzan el espacio; máquinas atronadoras muelen los materiales. Casi me descogoto en mi afán de seguir sus movimientos. Peones van y vienen, haciéndome gambetas. Harto de vagabundear, me acerco a mi madre que tendida en un coy se hamaca bajo los árboles. En cuanto me ve, alarga el brazo y sujetándome por las axilas me levanta por los aires y me acomoda a su lado. Entonces empiezo mis monerías. La cubro de mojados besos y le muerdo las trencitas; esto último me vale unas palmaditas en el morro, acompañadas de vivas protestas, pero yo sé que esto es pura farolería y que, en el fondo, le hace gracia. Lo que no me gusta es hamacarme —esa inestabilidad de mi cuerpo, esa constante amenaza de un porrazo—. Ayer estábamos en esto: yo, demostrando mi inquietud y mi madre empeñada en hacerme gustar tan extravagante deporte, cuando —oh, sorpresa!— a la vera del río se acercan a paso lento unos monstruos horrendos, seguidos de monstruitos horrenditos. Me incorporé de un salto, desafiando el vaivén del coy; estiré el pescuezo, paré las orejas, e interrogué a mi madre con la mirada. —Vacas, me dijo; son vacas—.

Tía Pipita! Sabés lo que son las vacas? Qué falta te haría correr mundo para desasnarte, como a mí! Pues vacas son una especie de perros enormes y deformes que, además de tener unas cejas como ramas, tienen al final de la panza otra pancita con cuatro apéndices. (...)

Así termina el original. Seguramente queda, para la versión que le llega a Pipita, el saludo de su sobrino Pipón. ¡A cuántos les habría agradado recibir su carta!

ARCHIVO PERSONAL DE NINÍ

En México, su mascota es el pequinés Mingo.

Judíos y gallegos

De las cuatro amigas de la infancia, Haydée Rabinovich de Schluselberg se encuentra presente en el año 2000. En su departamento de la avenida Libertador demuestra lucidez y buen ánimo, a pesar de la incomodidad por la fractura en un brazo que le impide concurrir al Teatro Colón, del que es puntual espectadora. "Por fue-

REPRODUCCIÓN: VERÓNICA IGLESIA

En casa, con su amiga Haydée (1991).

ra del edificio del Colón, en la esquina de Paganini y Cerrito, una placa de bronce recuerda que el teatro fue inaugurado el 25 de mayo de 1908, y que por lo tanto es un monumento nacional y debe ser respetado como reliquia... Yo soy un mes mayor; entonces soy un monumento histórico." Haydée nace —literalmente— en la casa de la infancia de Niní. El trabajo de parto de su madre, inmigrante alemana, sobreviene allí por casualidad. Mamá Ángela ayuda a traerla al mundo; Haydée la quiere como a una abuela propia. Alrededor del enorme brasero árabe, durante las tardes en la casona de Defensa 219, las niñas Niní, Fedora, Nela y Haydée escuchan conversaciones permitidas por sus mayores y adoran las tertulias artísticas. A las compañeras del Liceo Fedora y Nela, Niní las suele incluir entre los destinatarios de sus textos personales. Con Haydée la comunicación pasa por la charla sobre música, idiomas y principios éticos coincidentes. Haydée explica:

"Ella era una persona tan vital que yo prefería visitarla antes que cartearme".

Con el correr de los años, después de que Fedora se divorcia, así anima Niní a su amiga cuando ésta decae en ánimos:

"Tratamiento para las nanas de Fedora"

Cada vez que la paciente se sienta deprimida, leer en alta voz el siguiente decálogo y un apéndice, tratando de incrustárselo en el mate.

Tengo mi buen pasar.
Buena casita para habitar.
Buenos ojos para mirar.
Buenas piernas para caminar.
Buena mente para razonar.
Buena salud para disfrutar.
Y una estatura…
que más de una me envidiará!!

No tengo marido a quien aguantar,
ni parientes que me joroben,
ni familia a quien mantener,
ni trabajo que me sofoque.
Soy libre, dueña y señora
de hacer lo que se me antoje.
Cuán feliz soy!…
Cuántos quisieran tener
todo lo que tengo yo!…

Psicoanalista de oreja

Así anima Niní —ayudada por el léxico de Catita— a Nela, cuando ésta cae enferma:

Manolita está pálida
Manolita está triste
Qué tendrá Manolita?
Los erutos se escapan
de su boca fresquita
y en sonoras carcajadas
por el aire se piantan.
Manolita en lamentos
todo el día se pasa
Manolita se queja
que la fiebre la abrasa,
que perdió el apetito,
que le duele la panza,
mas se sienta a la mesa
y con tal furia ataca
que te limpia los platos
con famélicas ansias;
no sé cómo no explota,
porque morfa sin pausa.
Manolita está triste
Manolita está pálida
Qué tendrá Manolita?
Manolita sospira
con los ojos en blanco
displiciente y tendida
sará malinconía?
sará algún mal extranio?
Lo cierto es que le pasa
ma como por encanto,
si en brazos de "Morfeo"
la dejan un buen rato.

ARCHIVO PERSONAL DE NINÍ

"¡A Marinuca! Fedora". Foto autografiada para la amiga Niní.

Haydée estudia desde pequeña alemán, francés e inglés, hace la carrera de Filosofía y Letras y el traductorado; se casa con Máximo Schluselberg, alemán emigrado a la Argentina cuando Adolf Hitler asciende al máximo poder. Juntos inician una serie de viajes a Japón, al África y a través de distintas ciudades europeas porque él representa a fábricas inglesas. La pareja adopta a dos huérfanos de la Segunda Guerra; además, vende más tarde su cabaña de veraneo comprada en Bariloche apenas conoce el dato de que esa zona del sur argentino esconde a jerarcas nazis protegidos. Haydée recuerda de Niní su carácter "expansivo, jocoso y muy cálido; nada melancólico aun en momentos difíciles". La describe recatada y conciliadora, apuntando a dos hechos: los motivos injustos que la hacen radicarse en México y la crítica que recibe cada tanto de algún miembro de las comunidades judía y gallega por la caracterización de Cándida y Doña Pola. "En general la suya no era una actitud políticamente combativa, le interesaba la idiosincrasia de la persona. Seguramente había cosas que no le gustaban, pero no las encaraba públicamente como una oposición."

Alguna vez en el teatro, cara a cara con su público, Niní se refiere a este aspecto de su producción que despierta puntuales quejas. Varias entidades específicas la apoyan en su defensa. Por la profundidad de sus contenidos y porque, como textos, muestran su estilo directo, las cartas que envía a dos personas se conocen a continuación:

Buenos Aires, 14-IV-1956.

Señora Sofía Berman, cc- Sr. Isaac Orwitz.

ADROGUÉ, Pcia. Bs. As.

Estimada señora:

Tengo mucho gusto en corresponder sus amables líneas del 10-IV-56.

Ya ve usted que leo toda la correspondencia con que me favorecen mis gentiles oyentes y destino a ella la atención que cada caso se merece.

Yo le agradezco su comentario y me encanta que su pequeña hijita Diana integre mi auditorio. Pero creo que usted es un poquito injusta con esta servidora...

Que un israelita sea un apasionado defensor de su nacionalidad, es cosa muy natural. Lo extraño es que una persona, como yo, formada en otro medio, sea una entusiasta judiófila, al punto de que muchísimas personas me creen perteneciente a ese pueblo.

Por eso precisamente, me apena que usted no haya captado el sentido del humor de una audición que no le agradó... Yo recuerdo que en México, en oportunidad de cada nuevo aniversario de la fundación del Estado de Israel, la Asociación Judía de México me honraba como huésped de honor, pura y exclusivamente para que contara desde el palco escénico esos mismos cuentos, chistes y ocurrencias judías que sus mismos naturales, con sentido del humor, han publicado en todo el mundo y en todos los idiomas. Y precisamente, entre mis más íntimos figuran distinguidísimos judíos que me favorecen festejando el relato de muchos de esos mismos cuentos que ellos se encargan de proporcionarme, en algunos casos. Y no podré olvidar que tuve el honor de ser sumamente festejada por uno de los más destacados presidentes de la EZRA.

Yo justifico su pasión nacionalista y me parece plausible, pero francamente no puedo decir lo mismo de su sentido del humor. El intérprete cómico y el autor humorístico basan todo su trabajo en la caricaturización de los hechos más simples de la vida. De no ser así no existirían esos judíos consagrados por el mundo entero, que se llaman Geiner y Chaplin.

Si los millares de "catitas" que hay en la Argentina —mis compatriotas— se ofendieran por mi Catita; y lo mismo ocurriera con los millares de Cándidas —compatriotas de mis padres—, o con las Jovitas que abundan; o reaccionara la aristocracia de mi Mónica: créame, señora, que no existiría ni audición cómica, ni libretos humorísticos, no la misma Niní Marshall...

Si en algo puede satisfacerle que le manifieste que soy una admiradora de los méritos del pueblo judío, cuyo talento universal no soy nadie para pretender destacar, acéptelo como cumplido homenaje de simpatía. Pero no me diga usted que no interprete el humor de mis personajes —que nunca pretenden ofender, pues en ese caso, claro está, ni usted me hará el favor de sintonizar mis audiciones, ni yo tendré interés en que lo haga, puesto que en ambos casos, nunca nos entenderíamos.

Y por favor, señora, que su pequeña Dianita no deje de escuchar a mi Belarmina y al Mingo, puesto que con todo cariño los he concebido para la gente menuda.

Muy atentamente, de Ud,

Niní Marshall

Buenos Aires, 26-VIII-60.

Señor H. L. Blumenbaum

Capital.

Estimado señor Blumenbaum:

Quiero agradecerle sus líneas del 21-VIII-60, que por su simpatía y buen humor, me han llevado a responderle.

Debo felicitar a Ud. por su excelente "relativa memoria". El sketch de Doña Pola, al que Ud. alude, lo transmití por LR1 en 1957; y si Ud. lo sitúa en 1959, pone en evidencia que tiene una "relativa buena memoria". Ya ve Ud. que hemos entrado en la ley de la relatividad, preconizada por un judío ilustre que ha quedado en los anales de la física, por su genio incomparable. Pero todo lo bueno puede incidir en lo malo y así tenemos cómo Einstein, teorizante de la energía nuclear, fue el inspirador del más grande terror de la humanidad: la bomba atómica.

Todo en la vida constituye un arma de doble filo. Cuando los judíos en el siglo XV inventaron la Banca, cumplían con un importante servicio social; lo que no impide que los Bancos puedan quedarse con nuestras casitas y llevarnos al embargo total, sobre todo cuando al comerciante le falta el genio de la oportuna convocatoria de acreedores o la quiebra artísticamente orquestada.

Un judío genial: Charles Spencer Chaplin y una judía no menos notable: Sara Bernhardt; afirmaron alguna vez que "no se podía dar gusto a todos los públicos al mismo tiempo". Y tenían soberana razón...

Usted no sabe, señor Blumenbaum lo difícil —cada día más difícil— que es practicar el humorismo. La gente se ríe del absurdo, de la exageración, de la caricaturización —ver las cosas simples con

NINI MARSHALL

CASA ARGENTINA EN ISRAEL - TIERRA SANTA

En la Semana del Actor

Agradece a Ud.(s) la valiosa colaboración prestada a la obra que se ha propuesto llevar adelante.

Buenos Aires, agosto 22 de 1966.

ARCHIVO PERSONAL DE NINÍ

Agradecimiento de la Casa Argentina en Israel.

cristales de gran aumento—, y ello implícitamente siempre molesta a los de un sentido humorístico menos desarrollado o a los que poseen un sentido nacionalista superdesarrollado.

Cuando interpreto a Cándida, por ejemplo, son muchos los españoles que se molestan; pero más los espectadores que se divierten. Cuando caricaturizo a "las catitas", se mueren de risa "las mónicas". Pero cuando pongo a "las mónicas" en la picota, se divierten grandemente "las catitas".

¿Comprende usted lo difícil que es complacer a todo el mundo, sin que nadie se llame a desasosiego? ¿Sabe lo difícil que es hacer reír o sonreír, cuando menos, a LA MAYORÍA?... Yo trato de complacer al gran auditorio. Practico la Democracia.

Lo importante es sentirse con la conciencia limpia, actuando de buena fe, sin resentimientos, ni malas intenciones. En cuanto a lo moral, en la función específica de practicar el humorismo, hay cánones inevitables...

Los flacos se ríen de los chistes sobre los gordos y a la inversa; los pobres se ríen a costa de los ricos y a la recíproca; cualquier resqui-

cio físico o psicológico de cualquier conglomerado humano, produce la carcajada en el otro sector; los pueblos se ríen de las modalidades de sus hermanos de otras latitudes... Y esto no lo podré arreglar yo, ni decenas de cartas tan simpáticas y tan bien intencionadas como la suya.

En cuanto a las referencias históricas sobre los hijos de Israel, puedo asegurarle que estoy muy bien informada. Me atrevería a asegurarle que no existe otra actriz del idioma, en toda Hispanoamérica, que haya actuado tantas veces para instituciones benéficas judías —como es fácil de verificar— como yo. Y para finalizar, debo agregar que me ha resultado muy grato contribuir a la repoblación forestal del Estado de Israel; uno de los más hermosos experimentos ideológicos y sociales que recuerda la historia de la humanidad y que como me dice mi distinguida y admirada amiga, Berta Singerman, va convirtiéndose en la más sorprendente realidad.

Mi más grande productor cinematográfico, en México, fue el señor Gregorio Walerstein; el productor de televisión que me presentó por primera vez en esa actividad fue el señor Samuel Yankelevich; mi actual patrocinador radial es el señor Marcos Mogolevsky; mi médico, el doctor Alianak; mi abogado, el doctor Rabinovich... ¿Cree usted que puedo ser antisemita?...

Acepte el cordial saludo de su atta. y s.s.,

Niní Marshall

Drogas, puños y racismo

En enero de 1976 todo está listo para el estreno en el teatro El Nacional. *El pequeño Marshall-Luz ilustrado* reúne a Niní Marshall, Jorge Luz, Enrique Pinti y la vedette inglesa Karen Mails. Los tres autores aportan textos a la "cabalgata cómico-paródico-musical acerca del espectáculo y sus diversos géneros". Se dividen el recorrido por etapas de la historia escénica, que cuenta con la coordinación musical de Pedro Sombra. La envergadura de la puesta —para la cual la empresa Patalano, Marchi y Asociados invierte medio millón de dólares— salta a la vista del programa impreso:

1. LAS MILENARIAS CULTURAS ORIENTALES. "La mariposa y el dragón", de Niní Marshall.

Mariposa: Niní Marshall. Dragón: Jorge Luz. Nubes, Mar y Sol: Compañía.

"Antigua leyenda chino-japonesa que sorprende por la astucia de su trama y cautiva por la fina gracia de su interpretación."

2. ÉPOCA DE LOS CÓMICOS DE LA LEGUA. Texto: Enrique Pinti.

Gitanos: Luis Raño, Marcelo Verné, Raúl Padellé. Vladimiro: Enrique Pinti. El oso: Daniel Lemes. La gitana: Karen Mails.

"Evocación musical danzante del arte zíngaro-húngaro-calé-gitano del siglo XV o similar."

3. SIGLO XX: PRIMERA DÉCADA

a) El cine mudo. "El paraguas fatal", de Niní Marshall.

Françoise: Niní Marshall. Gerard: Jorge Luz. Gastón: Elio Marchi.

"Gran producción de biógrafo de la Pathé-Foi-Grás Cinématographique de París realizada en 1907. Copia virada en elegante color sepia, con leyendas en castellano para mejor comprensión de su hondo dramatismo."

b) "Una noche en un varieté europeo en 1914", de Enrique Pinti.

Presentaciones: Luis Raño, Marcelo Verné, Daniel Lemes, Raúl Padellé. Maestro de ceremonias: Elio Marchi. El chansonnier Maurice: Enrique Pinti. La Bella Flora: Karen Mails. Los Can-Can Boys: Luis Raño, Marcelo Verné y Daniel Lemes. Los reclutas: Raúl Padellé. El coronel: Enrique Pinti. Dolly Big-Ben: Karen Mails.

"Deslumbrante presentación de atracciones internacionales. El sprit francés, el can-can y la flema inglesa venciendo las adversidades de la contienda bélica."

c) "Maniquí parisien", por La Bella Loli.

Textos, interpretación y vestuario: Niní Marshall.

"Gentil cupletista española que vuelca su irresistible seducción en el presente cuadro."

4. EL ARTE CLÁSICO SIN TIEMPO NI EDAD

a) El ballet. "La agonía de la gansa", creación de Jorge Luz.

"Mala Plisescaya, primera bailarina del Ballet Bolsón. Se la considera, por el dominio de sus medios, un arquetipo de la danza clásica. Su creación lleva al espectador desde emocionarlo con el virtuosismo de su técnica hasta estremercerlo con el patetismo de su último estertor."

b) La tragedia. "Hamlet, príncipe de Dinamarca".

Texto, vestuario e interpretación: Niní Marshall.

"La máxima tragedia del gran Shakespeare y una exquisita intérprete."

5. LA COMEDIA DRAMÁTICA DE LOS AÑOS CUARENTA. "La trampa de Filomena (drama marturaniano)", de Jorge Luz.

Soriano: Enrique Pinti. Filomena: Jorge

GENTILEZA LINO PATALANO

Afiche de la obra que, por razones de salud, no llega a estrenar.

Luz. Chucho, Jacinto y José: Elio Marchi, Daniel Lemes, Raúl Padellé.

6. LA COMEDIA MUSICAL DE HOLLYWOOD EN 1950. "Broadway and Terpsícore (Me enamoré de una diosa)", de Enrique Pinti.

Jack: Enrique Pinti. Carter: Elio Marchi. Dama: Carla Cofel. Apolo: Daniel Lemes. Terpsícore: Karen Mails. Mozos: Luis Raño, Marcelo Vernet, Raúl Padallé.

"Superproducción cinematográfica de Vincent Garland Minelli Jr. En radiante technicolor. Cualquier semejanza con *Cantando bajo la lluvia, Sueños dorados* y otras, se debe a la descuidada copia de los músicos Gerswenstein y Namburg."

7. EL TEATRO DE LA AGRESIÓN Y LA ANGUSTIA OFF DE LOS AÑOS SESENTA. "Podredumbre y celofán", de Niní Marshall.

Dorothy: Niní Marshall. George: Jorge Luz. Bobby: Enrique Pinti.

"Joya del Teatro de la Vanguardia Off-Off-Off. Versión castellana de la poetisa Virginia Wolf."

8. FINAL Y APOTEOSIS POR TODA LA COMPAÑÍA (O LO QUE QUEDA DE ELLA)

Los recuerdos de Jorge Luz y Enrique Pinti coinciden. Días antes del debut, a Niní se la nota muy nerviosa. No la conforma su actuación, tampoco le terminan de cerrar la escenografía y el vestuario. Pero el estado anímico temeroso se repite en cada debut. El entorno que rodea a Niní lo conoce muy bien. Elio Marchi y Lino Patalano, sin ir más lejos, deben intervenir durante el inicio de la temporada estival marplatense de 1973 para el estreno de *Y se nos fue redepente*. Cuenta Patalano que una Niní aterrada les anuncia en el ensayo general a los integrantes del plantel que ella prefiere indemnizarlos a salir a escena. Y él se anima a frenar esa locura, hablándole sin las contemplaciones a las que Niní está acostumbrada. ("Con todo el respeto que usted se merece, déjese de joder. Vaya al hotel, descanse y vuelva mañana.") Todo indica que el método surte efecto para la ocasión. Sin embargo, a veinticuatro horas de que suba el telón de *El pequeño Marshall-Luz ilustrado,* Niní sufre una trombosis cerebral diagnosticada como leve. Su último gran esfuerzo: la búsqueda de un jarrón para la escenografía del cuadro del cine mudo. Ella lo quiere de determinado estilo en color beige; no lo consiguen. Sale a buscarlo a pesar del tremendo calor reinante, recorre las tiendas de Recoleta, encuentra uno pero azul, lo pinta, el resultado la desilusiona, el enojo la sobrepasa y su cuerpo le pone límites a su obsesión. El estreno, suspendido. La obra se exhibe luego gracias a la colaboración de la actriz Elsa Berenguer en los roles destinados en principio a Niní y el público responde sólo dos meses. Angelita recuerda que su madre queda con sentimiento de culpa por el episodio, aún víctima de un trastorno. Pronto Niní supera las dificultades para el habla, pero su grafía cambia considerablemente, volviéndose pequeñita, pequeñita.

Uno de los textos preparados por Niní para la puesta fallida merece especial atención. Los personajes Dorothy (Marshall), George (Luz) y Bobby (Pinti) aparecen inmersos en un ambiente lúgubre, decadente, de los suburbios de Nueva York. La madre, adicta a las jeringas; el padre, alcohólico perdido; el hijo, un bobo homosexual y encima enamorado de un negro. Violencia, drogas, brandy, racismo y figuras fantasmagóricas guían a la máquina Royal con que escribe Niní esta joya de teatro de la vanguardia súper off, inventada versión de una tal Virginia Lobo (Wolf). (¡Cuánto camino transitado desde el sketch conyugal acaramelado de la publicidad de 1933!)

Teatro moderno:
"Podredumbre y celofán", de Niní Marshall
(sketch de la obra El Marshall-Luz ilustrado)

(AMBIENTE SÓRDIDO, LÓBREGO, DESORDENADO, BOHEMIO, DISEMINADAS POR TODAS PARTES, ESCRITURAS MODERNAS, MONSTRUOSAS, BOCETOS, TROZOS DE MÁRMOL, BARRO.)

GEORGE: (EN UN RINCÓN TIRADO EN EL SUELO, BARBUDO, HARAPIENTO, EMPINA EL CODO. JUNTO A ÉL, VARIAS BOTELLAS VACÍAS.)

(TRAS UN PORTAZO, APARECE DOROTHY. ESTÁ EMBARAZADA, MAL VESTIDA, UN SOMBRERITO RIDÍCULO CUBRE SUS GREÑAS. VIENE CARGADA CON UN BOLSÓN LLENO DE COSAS, QUE IRÁ SACANDO Y DEPOSITANDO SOBRE EL CAJÓN, A MEDIDA QUE HABLA.)

DOROTHY: (CONTEMPLANDO A SU MARIDO CON ASCO Y EMPUJÁNDOLO CON EL PIE.) ¡Otra vez borracho! ¡Caracho! ¡Otra vez borracho!

GEORGE: ¡Porque soy macho!!! (SE RASCA.)

DOROTHY: Levántate, so guacho!!... No estés ahí, tirado como un cerdo... (LE APLICA UN PUNTAPIÉ.) Levántate, George, y sacúdete esos piojos, que te están chupando la sangre.

GEORGE: (RASCÁNDOSE.) No te metas con mis piojos, y yo no me meto con los tuyos, Dorothy...

DOROTHY: ¡Te están chupando la sangre! Esa sangre podrida, que ni un cuervo, que se nutre de carroña, probaría... (OTRO PUNTAPIÉ, Y EMPIEZA A VACIAR EL BOLSO, DEPOSITANDO LAS COSAS SOBRE UNA MESA-CAJÓN.)

GEORGE: ¡Oh, Dorothy! ¡Déjame de joder, please! ¿Qué traes ahí?

DOROTHY: La compra. Cinco dólares gasté en la canasta familiar... (SACÁNDOLA.) Carne...

GEORGE: ¿De qué?

DOROTHY: De caballo.

GEORGE: (CON ASCO.) ¿De caballo?

DOROTHY: ¿Y de qué quieres que sea?

GEORGE: De yegua. Es más tierna. El caballo me patea...

DOROTHY: Una col.

GEORGE: ¡Una col... para apestar la casa!

DOROTHY: Más apestada de lo que apestas tú... Hace un año que no te bañas.

GEORGE: ¡No me jodas! El baño es un prejuicio burgués.

DOROTHY: Un queso.

GEORGE: (DESPECTIVO.) Hum... Lleno de agujeros... A ver si querés que me alimente de agujeros...

DOROTHY: Huevos.

GEORGE: ¿Son frescos?

DOROTHY: Frescos y podridos. Son surtidos. A elegir.

GEORGE: (INDIGNADO.) ¿Pero es que con semejantes porquerías pretendes que me alimente?

DOROTHY: A ti, lo único que te alimenta es el alcohol... ¡Borracho!

GEORGE: (SE LEVANTA TAMBALEANTE Y LA AMENAZA CON UNA BOTELLA.) ¡Te voy a...

DOROTHY: ¡¡¡So guacho!!!

GEORGE: Más guacha serás tú, hija de p...

DOROTHY: ¿Hija de qué? ¡Repítelo y te doy vuelta la cara de un cachetazo! Para nombrar a mi madre, antes límpiate la boca, George.

(UN EXTRAÑO PERSONAJE, CON MULETAS, AJENO A CUANTO OCURRE, CRUZA LA ESCENA. NADIE LO VE.)

GEORGE: (IRÓNICO.) ¡¡¡Ja, ja, ja!!! Tu madre... ¡Tu madre era una méndiga, Dorothy!

DOROTHY: ¿Una méndiga?

GEORGE: Una méndiga, ¡¡¡sí!!! Pedía limosna, disfrazada de paralítica, en un carrito que tú empujabas por la calle 42... ¡Una méndiga!

DOROTHY: (SOLLOZANDO.) ¡Oh! Es verdad... Eran tiempos duros... De miseria... El pan lo recogíamos en los tachos de basura. Echaba chispas de puro seco...

GEORGE: ¡¡¡Ja, ja, ja!!! Y para ablandarlo, lo mojaban con Brandy, ¿eh? ¡Beodas! ¡Ja! ¡Ja! ¡Ja...! Beodas...

DOROTHY: (LLOROSA.) ¡No! Mi pobre madre no era beoda... ¡Era viuda! Cuánto padecimos en aquel sótano de Greenwich Village... ¡Frío! ¡Mugre! ¡Soledad! Sólo las ratas nos visitaban. Ra-

tas sarnosas... ¡Padecíamos hambre! Nos alimentábamos con los ojos de las reses que mi madre levantaba en el matadero; los cocinaba y los comíamos como huevos duros...

GEORGE: ¡Méndiga y prostituta era tu madre!

DOROTHY: Es verdad. Con el tiempo progresó... Llegó a ser la prostituta más afamada de Brooklyn... Vendiendo su cuerpo, al contado, salimos de pobres, y pudo darnos una carrera.

GEORGE: ¿Una carrera? ¡¡¡Ja, ja, ja!!! (IRÓNICO.) A tu hermano Robert, una carrera contra la policía... porque tu hermano era un caco... Y tú, como tu hermano, ¡una caca! ¡Mechera! Eso es lo que eres. ¡Mechera! ¡Ja, ja, ja! ¡Mechera!

DOROTHY: Gracias a mis mecherías, comes, ¡desgraciado! ¡Vago! ¡Inútil!

GEORGE: (INDIGNADO.) Inútil... ¿Y mis esculturas? ¿No valen nada mis esculturas? ¿Dorothy? (TOMANDO UN MÁRMOL.) Anoche me lo pasé tirado ahí, esculpiendo este torso...

DOROTHY: ¡Ya te he dicho que no esculpas en el suelo! (DESPECTIVA.) ¿Y eso qué es? ¡Si no tiene pies ni cabeza!

GEORGE: ¡Ya te he dicho que es un torso!

DOROTHY: ¡Ja...! Tus esculturas... No daría ni un tueny por ellas...(SE ENCOGE DE HOMBROS Y SE APLICA UNA PICHICATA.)

GEORGE: ¡Stop! ¡Imbécil! ¡Qué entiendes tú de arte!

(EL EXTRAÑO PERSONAJE CRUZA LA ESCENA. NADIE LO VE. EN ESO, UN INSÓLITO RUIDO DE CADENAS Y UN GRUÑIDO SOBRESALTAN A DOROTHY.)

DOROTHY: ¿Y eso? Oh, please... ¿Qué es eso...? ¿Otra vez has atado a Bobby?

GEORGE: Sí, lo até porque ha ensuciado todo el recinto.

DOROTHY: ¡Te dije que lo sacaras...! George, ¡desátalo, miserable! ¡Desátalo!

GEORGE: (VA HACIA EL RINCÓN DE DONDE PARTIÓ EL RUIDO, PROTESTANDO.) ¡Hay que joderse! ¡Maldito! Ha chorreado mis estatuas... (LEVANTA UNA Y LA MUESTRA.) ¡Mirá...! Mi Venus de Chicago... Mi Venus chicaguense toda chorreada...

DOROTHY: ¡Ha hecho justicia! (Y ASPIRA CON FRUICIÓN SU PICHICATA.)

(RUIDO DE CADENAS, GRUÑIDOS. GEORGE, DE ESPALDAS, PONE EN LIBERTAD A BOBBY QUE, OCULTO POR UNOS BULTOS, NO SE HA DEJADO VER. APARECEN GEORGE Y BOBBY. BOBBY ES UN NIÑO MONSTRUOSO, HIJO DE LA PAREJA. CAMINA EN CUATRO PATAS.)

DOROTHY: ¡Oh, Bobby! Darling, ven… Un besito a ma…

BOBBY: (GRUÑENDO.) Ña…ña…ña…

DOROTHY: ¡Te castigó el monstruo de tu padre!… ¡Desalmado!

GEORGE: ¡Mira! ¡Mira cómo dejó el piso! ¡Es un asqueroso!

BOBBY: Ña…ña…ña…

DOROTHY: ¿Qué dice, mi amor?

BOBBY: Ña…ña…ña…

DOROTHY: ¿Que más asqueroso es papá? ¡Claro que sí! ¡Claro que sí!

(BOBBY INTENTA SALIR POR LA PUERTA QUE CONDUCE AL SÓTANO. GEORGE LO ATAJA.)

GEORGE: ¡No! ¡No…! ¡Bobby, no! Además, ¿sabes por qué lo até? Porque quiere escaparse para bajar al sótano, donde está ese negro que toca el saxo en el Tropical Club… Sammy, the Negro. Bobby se ha enamorado de él.

DOROTHY: (ENCANTADA.) ¡Oh! ¿Es cierto eso, Bobby? ¿Estás enamorado de Sammy, the Negro?

BOBBY: Ña…ña…ña… (E INTENTA ESCAPAR.)

GEORGE: (ATAJÁNDOLO Y AMENAZÁNDOLO CON UN LÁTIGO QUE CUELGA DE LA PARED.) ¡Nooo! ¡No…!

DOROTHY: Oh, darling… (LO ACARICIA.) (A GEORGE.) George: siempre te dije que Bobby era homosexual.

GEORGE: ¡Degenerado! Pues no le voy a permitir que se enamore de Sammy, the Negro.

DOROTHY: Oh, no seas retrógrado, George…

GEORGE: No soy retrógrado… ¡Soy racista! ¡Que se enamore de un blanco, pero nunca de un negro…! ¡Soy racista!

BOBBY: Ña…ña…ña…(Y DE NUEVO INTENTA ESCAPAR.)

DOROTHY: Dice que te vayas a la misma mier…

GEORGE: ¡Dorothy! ¡No le permitas! ¿Así educas a nuestro hijo?

DOROTHY: (SE ENCOGE DE HOMBROS Y ASPIRA SU PICHICATA.)

(EL EXTRAÑO PERSONAJE CRUZA LA ESCENA.)

GEORGE: ¿Así educas a este degenerado?

BOBBY: Ña...ña...ña...

DOROTHY: Dice que si es degenerado no tiene la culpa de ser hijo de un alcoholista...

GEORGE: ¡Calla, Dorothy! Su taradez le viene de ti, pichicatera... ¡No sé cómo te atreves a traer otro hijo al mundo!

DOROTHY: (TOCÁNDOSE LA PANZA.) Porque un hijo solo es un susto.

GEORGE: (POR BOBBY.) Of course! ¡Un susto! A la vista está...

DOROTHY: Además, Bobby necesita un hermanito. Verdad honey, que quieres un hermanito?

BOBBY: Ña... ña... ña...

DOROTHY: (RECONVINIÉNDOLO.) ¡Chist!... ¡No...! ¡No!

GEORGE: ¡Ja, ja, ja! Mira dónde mandó al hermanito... (APLAUDIÉNDOLO.) Bien, Bobby... ¡Muy bien!

DOROTHY: (INDIGNADA.) George... ¿cómo apruebas que insulte así a mi baby? Oh, George... Te diría que eres un padre desnaturalizado, si tuviera la seguridad de que el hijo que llevo en mis entrañas es tuyo.

GEORGE: (EN EL COLMO DE LA ESTUPEFACCIÓN.) Oh, Dorothy. No me dirás que... (SE ABALANZA AMENAZANTE PARA CASCARLA.)

DOROTHY: Fue un minuto de flaqueza, George... (INTENTA ESCAPAR.)

GEORGE: (CORRIÉNDOLA.) ¿De flaqueza? ¡De flaqueza! Si estás gorda como una vaca...

DOROTHY: (GAMBETEÁNDOLE.) No, George, no... Te lo dije para excitarte... Para probarte...

GEORGE: Ya verás lo que hace un macho ofendido, ¡caracho! (LA CORRE POR TODO EL ESCENARIO, PROPINÁNDOLE CACHETAZOS. BOBBY LO SECUNDA, PEGÁNDOLE PATADAS Y LANZANDO GRUÑIDOS DE PLACER. EN LA LUCHA VOLTEAN SILLAS, CAJONES, ESTATUAS; TODO LO QUE SE LES PONE POR DE-

LANTE. GRITOS, AULLIDOS, PALABROTAS... POR FIN GEORGE ATRAPA A SU MUJER Y, ECHÁNDOLE LAS MANOS AL CUELLO, TRATA DE ESTRANGULARLA. DOROTHY CAE DESHECHA, HACIENDO ARCADAS. PADRE E HIJO CONTEMPLAN SU OBRA, JADEANTES. LOS TRES EN EL SUELO. SUSPENSO.)

(EL EXTRAÑO PERSONAJE CRUZA LA ESCENA. NADIE LO VE. GEORGE REACCIONA HORRORIZADO. LA LEVANTA, BUSCA UNOS VASOS Y UNA BOTELLA. EN UNO, DA DE BEBER A DOROTHY PARA REANIMARLA. Y SIRVIENDO LOS OTROS DOS, DA DE BEBER A BOBBY Y SE LOS EMPINAN. DOROTHY VUELVE EN SÍ. BOBBY SE ALEJA GRUÑENDO FELIZ, HACIA EL SÓTANO. MARIDO Y MUJER SE ABRAZAN CON PASIÓN.)

DOROTHY: Oh... ¿Tanto me amas, George?

GEORGE: Mucho más, aunque no lo demuestre, Dorothy.

DOROTHY: Oh, George... ¡y yo que tenía mis dudas! (LE REVUELVE LOS PELOS, MIMOSA.)

GEORGE: (ACARICIÁNDOLE LA PANZA CON TERNURA.) ¿No le habremos hecho daño?

DOROTHY: Oh, no... ¡Es fuerte! ¡Y será fuerte como su padre!

GEORGE: (HALAGADO.) ¡Pienso que sí!

DOROTHY: ¡¡¡Fuerte como su padre... el carnicero de la esquina!!!

Hilda Cabrera trabaja como crítica teatral en el diario *Página/12*. Sus entrevistas y análisis sobre lo referido a la producción en escena suelen ser muy tenidos en cuenta por el ambiente cultural. Convocada para la lectura del sketch “Podredumbre y celofán”, puntualiza las siguientes conclusiones:

“En principio noté en el título una ofrenda de la autora: envuelve su obra en un papel de regalo. Niní pinta con cierto desdén al teatro moderno y utiliza un lenguaje contundente, directo, feroz. Busca el camino emotivo pero sin ternura. Escribe sobre una época en la que el *feísmo* está de moda. (Menciono en el cine, por ejemplo, a *Los inútiles* de Federico Fellini.) Remarca lo bestial, lo bello mezclado con la monstruosidad, y puede coincidir con Copi sobre la idea del distanciamiento, muy presente en *Una visita inoportuna,* donde Copi no es él mismo sino un actor que recibe a la muerte y que en *La mujer sentada* hace de asexuado. (La diferencia de estilo la marca Enrique Pinti: él es Pinti siempre, independientemente de que resulta muy teatral.) Del mismo modo Niní se ubica afuera, su presencia es una línea evanescente. La imagen que se me ocurre es la de una lombriz que, en escena, se convierte en una boa constrictora capaz de comerse a un animalito monstruoso. (Copi nuevamente, en el canibalismo de *La Pirámide.*) Esto es posible gracias a su gran capacidad de observación. Recuerdo una de las entrevistas que realicé a Marilú Marini. Ella recibió el premio 1984 a la mejor actriz de la crítica francesa justamente por *La mujer sentada,* y llegó a Buenos Aires en 1995 trayendo el unipersonal *Niní.* Por su experiencia con los dos autores, Marini cree que existen cosas en el humor de Niní que han quedado estampadas sobre el humor de Copi. La referencia de Niní, en un monólogo, acerca de que los chanchos se reencarnan en chorizos bien podría haber sido escrita, según Marini, por el autor argentino radicado en Francia. Copi lleva a París el surrealismo argentino, diferente del europeo y amigo de dar vueltas o de torcer una situación imprevistamente, de encontrarle una salida que no depende del concepto usual de la continuidad. Y en Niní eso está."

Para qué negarlo, apena que el público haya quedado sin apreciar a Niní en el rol de Dorothy. Ya vendría el momento de revancha...

ARCHIVO PERSONAL DE MARINA GAMALLO

En el zoológico de Buenos Aires, con Marinita y Carlitos.
Sus nietos inspiran obras de teatro, en las que participan actuando.

Mosquita Muerta
Flor entreabierta
Disimulada en su rubor
Tan inexperta
Que desconcierta
La timidez de su candor
Ay del que cree
Por imprudencia
En la piedad
De su inocencia
Porque despierta
Mosquita Muerta
¡Es una luz, un rayo, un ciclón!

(MARCHA DE SU AUTORÍA QUE NINÍ INTERPRETA
EN EL FILME "MOSQUITA MUERTA".)

La Niní madre y abuela mantiene tradiciones familiares. Juega al teatro, a disfrazarse cual si fuera un niño más, inculca la cultura de una manera absolutamente natural. En ese ámbito la llaman Mimín o Mimina. De chica, mientras vive en la casa de la calle Libertad 714 y toma clases de danza española, protagoniza las primeras obras sobre libretos propios ante la platea de parientes. Con amigos forma el grupo de teatro Los Arribeños del Norte, cuyas funciones se hacen en el sótano de una tapicería. También resalta su hábil desempeño para la improvisación, la confección de vestuarios y el arte del maquillaje. (Confiesa: "Me pinto yo sola, imaginando mi rostro como un paisaje".) Para cuando alcanza notoriedad, dentro de su casa muestra una predisposición bromista algo diferente de la conocida en público. Su hija y sus nietos son conscientes de la grandeza alcanzada afuera por Niní Marshall. La charla con ellos lo confirma; sin embargo, deja la sensación de que Mimina no es el payaso de la familia ni mucho menos. Marina Esther Traveso: mujer preocupada por cuestiones que atañen a sus seres próximos, para lo cual multiplica sus energías y cumple a la par con su ajetreada agenda laboral durante cuatro o cinco meses anuales. (Nunca más.) Uno de los más difíciles momentos la acucia cuando su matrimonio con Felipe Edelmann se quiebra. Marina Esther viene aferrada a la relación con el padre de Angelita, un cerealero a quien acompaña por el interior del país. El trabajo del hombre obliga a traslados continuos hasta que su adicción por los juegos de azar ocasiona la bancarrota. Niní decide separarse —una rareza en los '30—, refugiándose un tiempo en Rosario en casa de su hermana Blanca, para regresar después a una sencilla pensión de Buenos Aires. Angelita, de apenas cinco años, guarda imágenes de esa convivencia en condiciones precarias junto a su madre. Imágenes agradecidas para la mujer esforzada por protegerla de los malos efluvios del momento. Las dos, dentro de una piecita, repasan páginas de libros de cuentos, inventan historias, cantan, se abrazan fuerte, fuerte, fuerte, a la espera de tiempos mejores.

Mimina engrosa su lazo maternal, hace de Angelita una compañera de ruta inseparable. Cuando aparecen los nietos actúa con mayor permisividad, a modo de una abuela consentida y mimosa. Marina y Carlos Gamallo, los dos hijos de Angelita, reciben asiduas invitaciones a disfrazarse para entrar a mundos

ARCHIVO PERSONAL DE NINÍ

Carlos Scolpini y Angelita rodean a la abuela y a su nieta Marinita.

encantados. A esta altura cuentan con un vestuario de lujo. Mimín les permite usar trajes de sus personajes que ha bocetado a mano alzada y mandado a coser, y que conserva en su hogar junto a la mesa de maquillaje, a los sombreros y a los accesorios.

No hay cumpleaños sin juegos armados por la abuela para los amiguitos presentes. No hay vacaciones sin un paseo inolvidable, sobre todo uno alrededor de Europa.

La compañera de ensueño los anima a acercarse a la actuación. Marinita estudia arte dramático dos años, a la par que se recibe de psicóloga. Define su predilección por El Mingo, hermano de Catita, a pesar de que Mimina nunca queda conforme con sus personajes masculinos. Siendo una adolescente, le pide a Mimina que la salude cada noche, dejándole en el contestador telefónico un mensaje. Y la abuela accede. Escribe primero las preciosas esquelas porque tampoco aquí improvisa. Uno de los originales contiene fonética en ruso, el idioma que "sospecha" a partir de su convivencia con Edelmann, y la traducción dice:

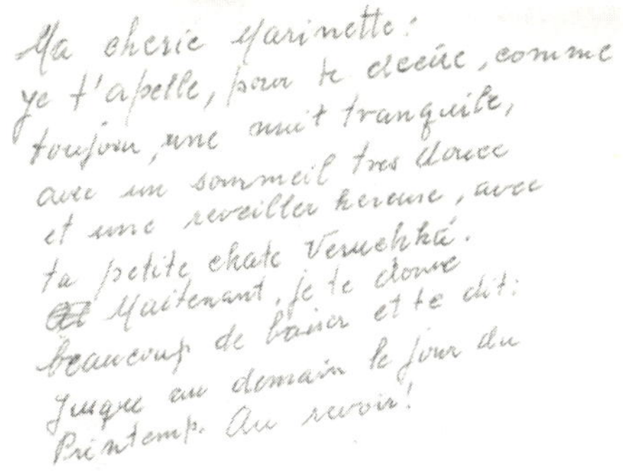
Ma chérie Marinette:
je t'appelle, pour te desire, comme
toujours, une nuit tranquille,
avec un sommeil tres douce
et une reveiller heureuse, avec
ta petite chate Verochka.
Maintenant, je te donne
beaucoup de baiser et te dit:
Jusque au demain le jour du
Printemps. Au revoir!

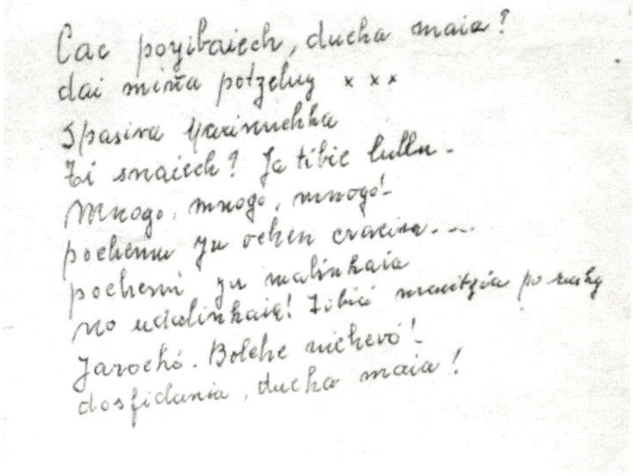
Cac poyibaiech, ducha maia?
dai mina potzeluy x x x
Spasiva Marinochka
Ti smaiech? Je tibie lullu.
Mnogo, mnogo, mnogo!
pochemu ju ochen cracive...
pochemi ju malinkaia
no udalinkaie! Tibie mnotzia po ruky
Jarochó. Bolche nichevó!
dosfidania, ducha maia!

ARCHIVO PERSONAL DE NINÍ

Mensajes para su nieta: uno en francés y una transliteración del ruso.

¿Cómo estás alma mía?
Dame un beso.
Gracias Marinuschka.
¿Sabés? Yo te quiero
mucho, mucho, mucho.
Porque tú eres muy hermosa.
Porque eres pequeñita,
pero muy muy pequeñita.
Te llaman Maritzia en ruso.
Bueno, nada más.
Adiós, alma mía.

Otro saludo, en francés y repleto de hispanismo en el original. A la verdadera mascota Verouschka le retoca el nombre:

Mi querida Marinette: Te llamo, para desearte, como siempre, una noche tranquila, con un sueño muy dulce y un despertar feliz, con tu gatita Veruchká. Por ahora te doy muchos besos y te digo: Hasta mañana, en el día de la primavera. ¡Hasta luego!

Marinita viaja a los 18 años a los Estados Unidos, para visitar a unos primos. Mimina —y Catita— la despide con otro texto entregado antes de la partida:

A Marina, en su encursión a los Unitates Tates

1
Cual paloma mensajera
que al viento agita las ala,
así la durce viajera
sube del avión la escala
y enlienada de paquete
en el asiento se instala.
Por la ventanilia oserva

ARCHIVO PERSONAL DE NINÍ

"Angelita mía: Que Dios premie todas las satisfacciones con que llenaste mi vida, colmando la tuya de bendiciones. Mamita."

los sere que elia más ama
y su gozo se le quiebra
en el brilio de una lágrima.
Una lágrima endiscreta
que en la cara le refala
y que junto con los moco
le estropea la fachada
No liores, oh durce mía
sonate fuerte la niata
y en el panuelo guardate
suspiros, mocos y lágrima
Sonríe, niña, sonríe
no hagas de este ato un drama
a que viene tanto escombro
si al final te vas de farra.

2
Que te diviertas, te augurio
y que aproveches la estada
comprando mil porquerías
y malgastando la plata.

3
Solo una cosa te pido:
no vuelvas enamorada
de algún gringo hijo depé
que te haiga arrastrado el ala,
porque solo de pensar
que te cases y te vayas
a vivir lejo de aquí
a los pies me abaja el alma.
Y no sigo porque un nudo
me estrangula la garganta
parate que me serene,
y vos tamién ¡acabala!

Adorador de Catita, Cándida, Doña Caterina y Doña Pola, el nieto Carlitos toma clases de teatro con Jorge Álvarez y Agustín Alezzo. Sobre él Mimina deposita enorme confianza para coronarlo actor profesional. Le encuentra muchas aptitudes y aplaude orgullosa cada uno de sus logros. Entre los dos juegan durante horas a hablar sobre "nada", a enganchar, tirados sobre un sillón, una tontera tras otra. Carlos trabaja luego en los filmes *Gatica, Perdido por perdido, El largo viaje de Nahuel Pan* y *Cabeza de Tigre.* Mientras tanto obtiene el título de abogado y elige subir los peldaños de esta otra carrera, la misma de su padre. El nieto comenta cierto almuerzo familiar ganado por la tensión, durante el cual Mimín hace uso de un artilugio poco ortodoxo para apaciguar los ánimos. Sentada frente a la mesa, callada está la abuela. No le gusta nada de nada esa escena de la vida e intenta que los nervios mermen. Toma una banana, la pela, la pisa, unta la crema melosa sobre su rostro y dice: "La máscara de banana es muy buena para el cutis"... Por supuesto el gesto llama la atención. Logra el propósito de hacer sonar la risa general y el almuerzo queda salvado. La conversación seria se posterga para otro momento.

ARCHIVO PERSONAL DE NINÍ

Marinita, consolada por Mimina.

En la época de la escuela primaria de Marinita y Carlitos, Mimina escribe, dirige y se encarga del decorado y vestuario de una obra montada en el living de la casa de su hija Angelita. En el original no aparece el nombre de la pieza. Los protagonistas son la Reina (Marinita con el traje de la parodia interpretada por Niní en la producción mexicana del filme *Amor de locura*) y Colón (Carlitos con un sombrero fabricado especialmente por la abuela). La Chambelana y el Indio, a cargo de dos amiguitos de los chicos:

REINA: Caballeros de la corte,
damas, pajes, escuchad!!
Mi Fernando, vuestro rey,
ausente hoy estará.
Una terrible colitis
le impide el trono ocupar,
pues no quiere desgraciarse
en plena audiencia real.
Yo presidiré este acto (DA TRES GOLPES)
Chambelana! Comenzad!
CHAMBELANA: Reina y Señora, el marino
que pidió audiencia, ya está.
REINA: Muy bien!! Hacedle pasar!
CHAMBELANA: Colo-o-on!!!.. La reina os aguarda!!!
COLÓN: Maquestá, a vuestro pies... (SE ARRODILLA)
REINA: Ese acento me es extraño. Sóis inglés?
COLÓN: No siñora. Sono tano: quenovés.
REINA: Y qué os trae a mi presencia?
COLÓN: El deseo de conquistar nuevas tierras per osté!
REINA: Para ello con qué contáis?
COLÓN: Con los dedos.
REINA: Nada más?

COLÓN: Nada más que con los dedos,
y con vostra voluntá.
REINA: Decid qué necesitáis?
COLÓN: Barcos, hombres e bagayo,
per atravesar el mar.
REINA: De dinero ando escasa,
mas mis joyas... Aguardad...
Chambelana!
CHAMBELANA: Majestad!!
REINA: Traedme el cofre real! (MUTIS CHAMBELANA)
Tengo oro, perlas, vidriantes,
que se pueden empeñar...
CHAMBELANA: Vuestras joyas, Majestad!! (ENTREGA EL COFRE. COLÓN HUNDE LAS MANOS EN ÉL CON CODICIA.)
REINA: Sós meterete, Colón! (LE DA UN GOLPE.)
Ponte esas manos atrás! (COLÓN LE OBEDECE)
Llevaré este contenido
al Banco Municipal,
y con lo optenido, tres
barcos he de comprar,
para que con ellos puedas
otras tierras conquistar,
pero cumple tu promesa,
no me vayas a estafar,
porque sino, la cabeza...
Juic!.. (HACE EL GESTO)
así te la haré rebanar.
COLÓN: Juic!... Así me la hará rebanar!... (CON SUSTO)
Qué jolepe mama mía!...
Tante grazie, maquestá!! (GRAN REVERENCIA Y MUTIS)
REINA: Un año ya se ha cumplido,
desde que se hizo a la mar
aquel marino petiso
que tierras fue a conquistar.
Un año, y ni noticia!
Me habrá querido engañar,

VERÓNICA IGLESIA / MUSEO DEL CINE

Carmen, Dionisia y Cleopatra, según Luis Benedit y Martín Di Girolamo, en el Museo del Cine.

o se han perdido sus cartas?
El correo anda tan mal!...
CHAMBELANA: Albricias, Señora mía!
Me acaban de chimentar
que aquel valiente marino
que tierras fue a conquistar,
a las puertas del palacio
está ya. Le dejo entrar?
REINA: Es uno muy melenudo y casi enano?
CHAMBELANA: Sí, tal!
REINA: Pues entonces, Chambelana,
al punto hacedle pasar!...

COLÓN: Avanti con los faroles!... (ENTRA SEGUIDO DEL INDIO CON UNA CESTA)

REINA: De vuelta, al fin Capitán!

COLÓN: E vitorioso, señora!! Guarda, guarda Maquestá! (Y LE MUESTRA LO QUE TRAE)

REINA: Qué bicho es ése, Jesús?
COLÓN: Es un indio guaraní,
de los que habitan allá.
REINA: Pero por qué es tan negro?
Se ha tiznado con hollín?
COLÓN: No, es su color natoral.
INDIO: Huija, rendija culín! Rabigusa del fangal! (HACE UNA MUECA)
REINA: Qué es lo que dice en su lengua?
COLÓN: Malas palabras! Grosero! (LE AMAGA UN SOPAPO)
Respetá a su Maquestá,
bocasucia, o de un sopapo
la lengua te haré tragar! (OTRA MUECA EL INDIO)
Perdonadle: es un hereje,
y no sabe razonar.
REINA: Comprendo, si es un hereje,
es igual que un animal!
INDIO: I-i-i-i-i-i!!!... (HACE OTRA MUECA)
CHAMBELANA: Su relincho lo delata (DESTAPANDO LA CESTA)
Pero mirad, Majestad!...
las maravillas que trae
del otro lado del mar!...
Frutas extrañas, legumbres,
desconocidas acá,
pájaros raros y plantas
que no había visto jamás!!!
REINA: Y todo esto es de las tierras
que acabáis de conquistar?
COLÓN: E oro, e plata, e diamantes,
per la curona real!...
REINA: Entonces, Gran Almirante,
te nombro mi Capitán!
Y una parte de esas tierras
como premio, te he de dar!

Mas, por lo pronto, este evento,
debemos de festejar!...
Armemos el gran bochinche!
Toda la corte a bailar!
Que con bombos y platillos,
la hazaña hay que celebrar!..
(LOS ACTORES Y LOS ESPECTADORES SE TRENZAN EN UNA DANZA DESENFRENADA, HASTA QUE CAE EL TELÓN)

Disco para niños

Como en otras ocasiones Niní comparte con el público el resultado de gratas experiencias personales; esta vez el disco *Cuentos y canciones para niños,* editado en 1960, compila creaciones dedicadas en su origen a su nieta Marinita, a quien Mimina se las envía a modo de cartas cuando se encuentra de gira por Europa. (Hasta el momento Niní sólo ha efectuado una grabación musical, la de 1940; acompañada por la orquesta de Ramón Zarzoso y caracterizada con la voz de La Bella Loli, deja doce tonadillas castizas.) El long-play exclusivo "para menores de seis años" recuerda en cambio lecciones de vida aprendidas por Niní durante su adolescencia. En un minipiano especialmente comprado para tal fin compone la serie de canciones a las que agrega relatos, enseñanzas o moralejas, en gran medida protagonizados por animales que hablan utilizando diminutivos en exceso para el lenguaje de los chicos del siglo veintiuno. De todos modos menciona telarañas y "momias de bichos fallecidos", fabula ese apego por imágenes de terror que los infantes traen a cuento con naturalidad.

La escritora texana Patricia Highsmith suele regodearse de ello; no excusa a los menores de la culpabilidad de sus actos no escrupulosos. Léase, por ejemplo, *Despacio, despacio, a merced del viento* —relato que integra la serie *Cadáveres exquisitos*—, cuya

ARCHIVO PERSONAL DE NINÍ

Recortá y vestite con los atuendos que Cándida usa en la película.

moraleja pinta a la aparente inocencia infantil más exasperante y eficaz que la torpe policía para resolver un crimen. También Lucrecia Martel, guionista y directora argentina premiada internacionalmente, en su filme *La ciénaga* aporta juegos y cuentos espantosos que divierten a un grupo de chicos salteños. Introduce en su historia a una rata africana imaginaria aunque posible, tan tragicómica como los padeceres de los protagonistas mayores. Una vaca en desgracia hundida hasta el cogote en el pantano hace de blanco perfecto para los rifles de estos pequeños cazadores a quienes ni se les asoma la idea de ayudar al animal.

Niní limita su señalización sobre la capacidad de terror incipiente. La equilibra en el marco de anécdotas que, narradas con voz encantadora, según se oye en la grabación, suponen cierta condescendencia. Pero en lo profundo de cada historia corrobora que las reglas morales existen con independencia de las edades; les caben a cualquiera.

Los originales de estos textos —escritos a máquina y refrendados con la indicación "queda hecho el depósito que marca la ley 11.723 (de propiedad intelectual) con fecha 13-VI-1960"— anotan puntillosa y prolija corrección. Con fibra clara Niní tacha lo descartado sin hacerlo desaparecer de la vista por completo. A los costados o sobre la marca, en lápiz negro escribe la versión final. Incluye en el margen izquierdo indicaciones de voces con las cuales entona las letras. Figuran las de Belarmina y Loli, además de las afectaciones tiple, gravísima, nasal, engolada y la gráfica "papas en la boca". De tanto en tanto viene un efecto sonoro y, en las canciones, surgen párrafos hablados.

Dado que este material no ha sido reeditado, aquí va una selección para el recuerdo o el descubrimiento.

Cuenta Mimina:

"La mosca coqueta"

Ahora, chiquitos, les contaré el cuento de la mosca coqueta...

Cierta vez había una mosca, que vivía con su mamá, en un agujerito de la pared.

Filidora, que así se llamaba la mosca, era muy coqueta y presumida. Apenas se levantaba, se lavaba la cara con saliva; se pasaba las patas por la cabeza, para peinarse la pelusa; se alisaba las alas y se ataba un par de moños en los cuernos. Luego se calzaba sus botitas bien lustradas, se ponía una bombachita muy mona y un delantalcito muy paquete, y corría a pararse en la entrada de la cueva, para presumir ante los bichos del lugar.

Y pasaban los mosquitos, las arañitas y las cucarachas, y le decían: —¡Buenos días, Filidorita! ¡Cada día más bonita! La mosquita, hinchada de orgullo contestaba: ¿Cierto? ¿Verdad que soy un tesoro que a todo el mundo enamoro?

Pero Filidora no era un tesoro. Ocupada en su persona, nunca ayudaba a su mamá. Y la pobre Mamá Mosca tenía que barrer, preparar la comida y lavar y planchar la ropa de Filidora que, con lo coqueta que era, se cambiaba tres veces al día...

—¡Filidorita... (le ordenaba su mamá) Andá a cazarme una pulga para hacer el caldo!

—Ay mamá, no puedo... Estoy ocupada, mirándome al espejo —contestaba la mosquita presumida.

—¡Filidorita... (seguía la mamá) Vuela hasta aquella azucarera y tráeme unos gramos de azúcar para el postre!

—Ay, mamá; que me estoy rizando los cuernos...

—Filidorita... Corre hasta aquella jarra de leche y tráeme dos gramos de café...

ARCHIVO PERSONAL DE NINÍ

En esta caricatura de Mitzi, a propósito de un comentario radial, expresa un deseo suyo.

ARCHIVO PERSONAL DE NINÍ

Carlos y Marina, de grandes, con su abuela.

—Ay, mamá… Todavía no me lustré las alitas.

Y la pobre Mamá Mosca estiraba la trompita —porque las moscas tienen una trompa muy larga— y toda enfurruñada se ponía a hacer los quehaceres mientras su hija sólo se ocupaba de coquetear… ¡Qué mosquita tan egoísta!

Pero un día… ¡Prruuuum…! Demolieron la pared donde vivían Filidorita y su mamá, y voltearon la cuevita.

¡Qué catástrofe!

El polvo de la demolición bañó a Filidora, que quedó hecha una lástima. Por más que golpeaba sus patitas y sacudía sus alitas, la mosquita no se podía desempolvar. Y todos los bichos que antes la admiraban, ahora se burlaban:

—Te estropearon la figura, estás hecha una basura —le decían.

Y Filidora, avergonzada y llorosa, con media alita arrugada, una patita herida y un ojo en compota, no sabía dónde esconderse porque le habían derrumbado la parecita.

Entre tanto, Mamá Mosca buscó un agujero en otra casa, para mudarse... Encontró uno, pero todo sucio, lleno de telarañas y hasta con momias de bichos fallecidos.

—Filidorita (le dijo a la mosquita) Si me ayudaras a limpiar la nueva cueva podríamos dejarla como un espejo y viviríamos muy felices.

Filidorita, que ya no podía coquetear con su belleza estropeada, se decidió a ayudar a su mamá. Empezó por lavar el piso, y el agua le salpicó las alas. Se las dejó lisitas y relucientes como un cristal. Sacudió el techito y las plumas del plumero le dejaron los cuernos como nuevos.

Cuando terminó con la limpieza, Filidorita estaba pulcra y bonita, como en sus mejores tiempos. El ejercicio le había coloreado los cachetes y parecía una flor. ¡Qué hermosa lucía! ¡Y cuántos cariños le hizo Mamá Mosca! El trabajo le había devuelto su belleza y el amor de su mamá, agradecida.

Y así comprendió que el trabajo procura mil satisfacciones; mientras la pereza no ocasiona más que disgustos.

Cuenta Mimín:

"Credolfo, el antojadizo"

Credolfo era un niño con quien no se podía salir a la calle. Todo lo que veía, se le antojaba.

Iba por la acera, de la mano de su mamá, pero al pasar por una confitería se soltaba para aplastar la nariz contra la vidriera y empezar:

—Mamita, compdame cadamelos.

—A la vuelta, querido —respondía su mamá—. Ahora estoy apurada.

—¡Je, je, je...! Compdame cadamelos, compdame cadamelos, compdame cadamelos...

Y así seguía dando la lata, hasta que una juguetería le hacía cambiar de antojo:

—Mamita, compdame un juguetito...

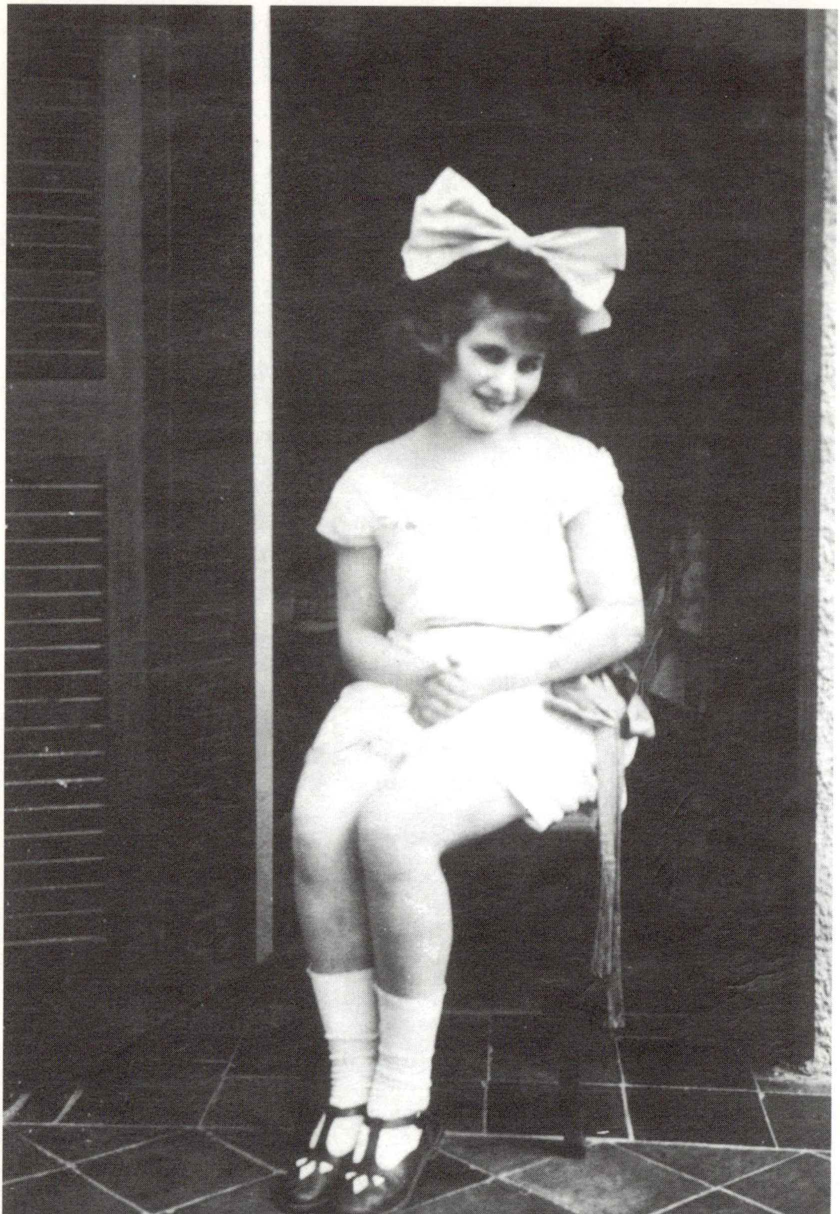
ARCHIVO PERSONAL DE NINÍ

De moño: a los diecisiete, disfrazada.

—¡Ay, Credolfo! ¡No seas pesado! Ya te he dicho que no puedo perder tiempo.

Pero Credolfo no se daba por enterado, y seguía:

—¡Compdame un juguetito! ¡Compdame un juguetito!

¡Era un fastidio de criatura!

Por eso su tío Toribio se propuso corregirlo. Una tarde lo invitó a pasear, prometiendo darle todos los gustos. Y así fue como lo llevó a tomar helados, a comer masitas, a beber refrescos... Bueno, hasta que le quedó la pancita como un barril.

Entonces los dos entraron a una juguetería, donde el tío Toribio le compró un trencito, dos aviones, un mecano... ¡Qué sé yo!

Cuando la pila de juguetes sobrepasó la altura de Credolfo, y no hubo dónde colocarle más, su tío le zampó un bonete en la cabeza, una cartuchera en el cinto, un tambor colgando de un hombro y una guitarra del otro. Ah, y en la espalda, una escopeta. Y así lo sacó de la juguetería, no sin antes calzarle un par de patines...

¡Pobre Credolfo! Apenas podía con su carga.

Y con la pancita pipona, de tanto que había comido, obligado a caminar cuadras y cuadras, tenía unas ganas de llorar...

Por fin se decidió y dijo:

—Tío Toribio... estoy muy cansado...

El tío, fingiendo oír mal, contestó:

—¿Que estás encantado? ¡Me alegro!

—Tío Toribio... ¡Vamos a casa!

—¿Que vamos a la plaza? ¡Ya mismo! —continuó su tío y, empujándolo, lo hizo entrar en la plaza.

La plaza estaba llena de niños que jugaban con un perro, correteando bulliciosos de acá para allá.

Y aquí viene lo tremendo... El perro, cuando vio a Credolfo, se asustó y empezó a chumbar:

—¡Guau! ¡Guau! ¡Guau!

Credolfo, muerto de miedo, echó a correr, tropezando con los bancos, con los árboles, con la gente, con todo lo que se le ponía adelante. ¡La traza de Credolfo, disparando tan cargado y sobre ruedas! Parecía un camión de mudanza sin freno... Y el perro detrás:

—¡Guau! ¡Guau! ¡Guau!

Al llegar a una fuente, nuestro amigo dio un traspié y —¡Zas!— quedó zambullido en el agua.

La mitad de los juguetes fueron a parar al fondo de la fuente, mientras Credolfo, manoteando y pataleando desesperado, gritaba:

—¡Socorro! ¡Me ahogo! ¡Socorro!

Hasta que pudo salvarse gracias al auxilio de su tío y de un guardián.

Lo vieran saliendo del agua... Con bonete, guitarra, tambor, escopeta... ¡y patines! Todo empapado y lloroso y, lo que es peor, corrido por las risas que provocaba. ¡Qué papelón!

Claro que el tío Toribio no había pensado llevar la lección a tal extremo, pero la casualidad vino en su ayuda para probarle a Credolfo que hay que ser prudentes, discretos y moderados. Pues los niños caprichosos, antojadizos y exigentes se hacen odiosos y, tarde o temprano, reciben su merecido.

Canta Mimina:

"El borrico polígloto"

Todos dicen que mi burro
Es muy burro y no es verdad
Lo que pasa es que es chiquito
Y sólo sabe rebuznar

Pero si le dan lecciones
De lenguaje, ya verán,
Cómo aprende ligerito
En cualquier idioma a hablar.

¡Atención Orejotas!
A ver, di en buen castellano:
¡Buenos días! ¿Cómo estás?
¡Uhu! ¡Uhu! ¡Uhu! ¡Uhu!
Y en francés dilo clarito:

Oh, bon jour! Comment ça va?
¡Uhu! ¡Uhu! ¡Uhu! ¡Uhu!

Ahora dilo en italiano:
Uei! Bon giorno! Comme sta?
¡Uhu! ¡Uhu! ¡Uhu! ¡Uhu!
Y en inglés, con buen acento, di:
Good morning! How are you?
¡Uhu! ¡Uhu! ¡Uhu! ¡Uhu!

¿Qué les dije? ¿Se han fijado
cómo sabe pronunciar?
¡Pobre burro calumniado!
¡Las que tiene que aguantar!

Que le digan que es un burro
Reteburro, y no es verdad
Si le enseñan, hasta ruso,
checo y chino aprenderá.

¿Verdad que es cierto, orejotas?
¡Uhu! ¡Uhu! ¡Uhu! ¡Uhu!
¡Oh! ¡Dijo que sí en japonés!!!

Cuenta Mimín:

"La familia Gorgojinez"

Don Gorgojón y señora vivían en un tarro de porotos con sus tres hijos: tres monísimos bichitos negros como sus padres, que se llamaban: Gorgojito, Gorgojina y Gorgojín.

Eran muy felices en aquel tarro, a resguardo del frío, bien tapaditos y cubiertos del hambre... Bien comiditos.

Sólo de vez en cuando se llevaban cada susto. El tarro se destapaba, una enorme cuchara se metía y escarbaba entre los porotos. Entonces los cinco corrían a esconderse al fondo del tarro, con un miedo que les ponía los cuernos de punta.

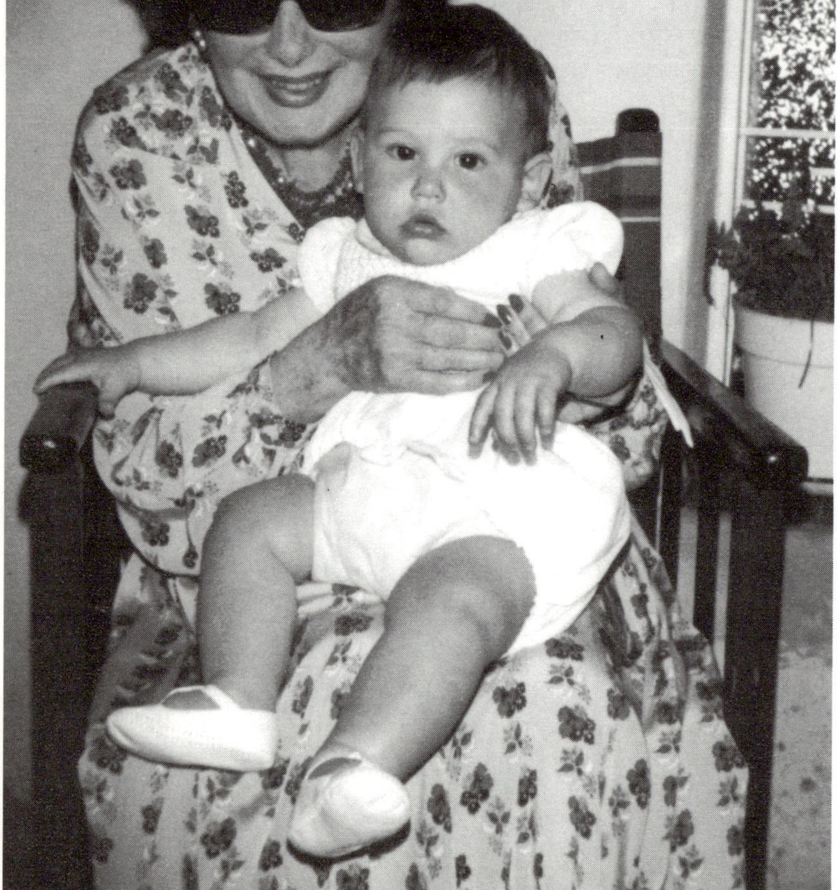

ARCHIVO PERSONAL DE NINÍ

Con su bisnietastro Nahuel Rosselló, nieto de su yerno.

Un día, la terrible cuchara llegó hasta el fondo, cargó los últimos porotos y la familia Gorgojinez sintió que daban vuelta su casa y que todos ellos se deslizaban, como por un tobogán, hasta una cacerola llena de agua...

¡Qué desesperación!

La noche entera se pasaron en remojo, muertos de frío.

Pero llegó la mañana y con ella, la salvación. Una langosta sedienta entró por la ventana, se metió en la cacerola con el agua a las rodillas y empezó a beber afanosamente.

¿Qué hicieron los Gorgojinez? Uno a uno fueron subiendo por las patas de la langosta, hasta instalarse en su lomo sanos y salvos. ¡Por fin!

Y así fue que la langosta, al alzar el vuelo, salió por la ventana llevando de pasajeros a los gorgojitos, quienes se sintieron transportados por el aire, como en un avión. Hasta que la langosta aterrizó y, sacudiendo las alitas, los arrojó de su lomo. ¡Prrrrum!!!

Cayeron en un campo y empezaron a buscar un rincón donde meterse y algún poroto que comer. Y caminaron... caminaron... caminaron..., pero nada. No daban más. Tenían las patitas hinchadas y las barriguitas, vacías, sonaban: glo, glo, glo...

Una hilera de hormiguitas, abriéndose paso, trabajosamente llevaba un cargamento de cascaritas de porotos.

—¡Porotos a la vista! —exclamó don Gorgojón— ¡Sigámosle la pista!

Y así lo hicieron hasta que llegaron a un granero. ¡Ah! Un delicioso olorcito los guió hasta una bolsa llena de suculentos porotos blancos. ¡Qué felicidad!

Volando se metieron en ella por entre los agujeros de la arpillera, y ya se creían dueños de aquel tesoro cuando les salió de adentro una turba de enormes gorgojotes que allí vivía...

—¡Fuera intrusos! —gritó el gorgojo más gordo— ¡Fuera de aquí sinvergüenzas!

Con los cuernos en ristre, empezaron a torearlos. La de patadas, la de cornadas y la de porotadas que recibieron. ¡Pobrecitos!

Ya estaban por rendirse cuando apareció un gorgojillo encorvado y blanco de canas, que al ver el desbarajuste exclamó:

—¡Otra vez! ¡Eh, tú, peleador! —dirigiéndose al grandote— ¡Siempre armando camorra! Anteayer atacaste a unas polillas, recién a unas hormigas y, ahora, a tus propios hermanos. ¿No ves que son gorgojos como tú? Déjate de hacer líos, revoltoso, que aquí hay comida de sobra para todos. ¡No seas egoísta! ¡Glotón!

El gordote agachó la cabeza avergonzado, bajó los cuernos y, tendiéndoles la pata a los intrusos, los invitó a quedarse en la lona.

Y desde aquel momento la familia Gorgojinez fue alojada en el granero, donde tuvo abrigo y sustento porotil hasta el fin de sus días felices.

Un gran dolor

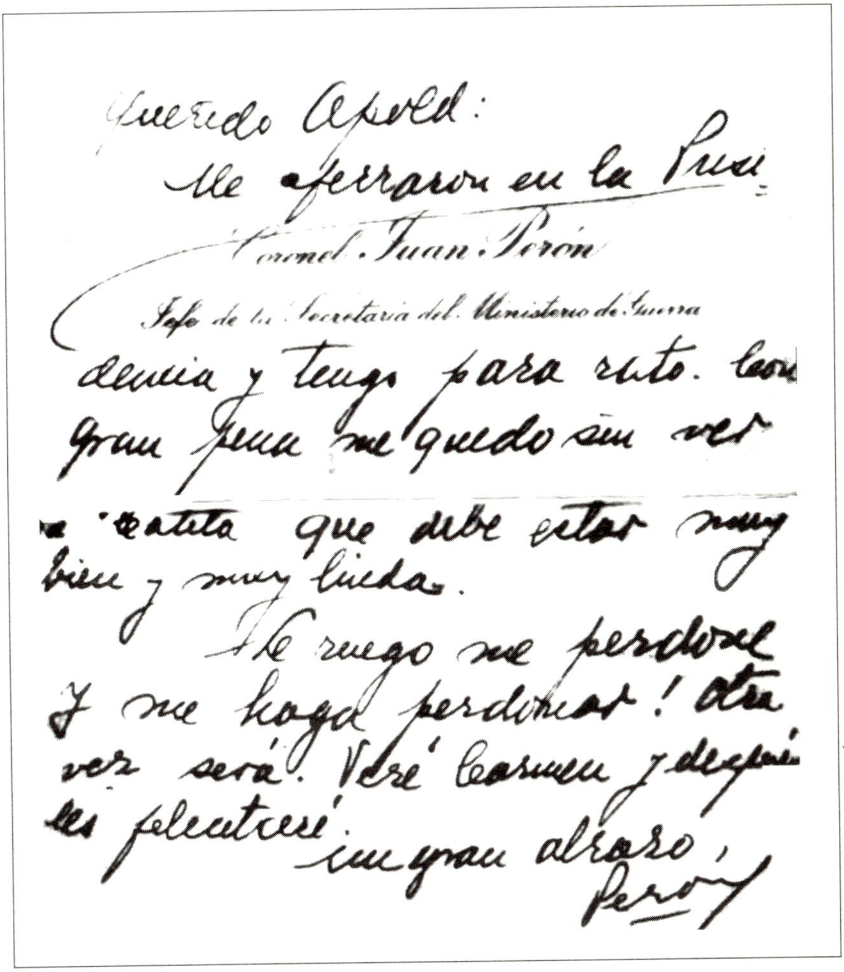
Querido Apold:
Me aferraron en la Presi-
Coronel Juan Perón
Jefe de la Secretaría del Ministerio de Guerra
dencia y tengo para rato. Con
gran pena me quedo sin ver
a Catita que debe estar muy
bien y muy linda.
Le ruego me perdone
y me haga perdonar! Otra
vez será. Veré Carmen y después
les felicitaré. Un gran abrazo,
Perón

ARCHIVO PERSONAL DE NINÍ

Las disculpas de Juan D. Perón son estratégicamente retenidas. Después de la muerte de Eva Duarte queda levantada la prohibición.

Siempre surge, después de estos movimientos "pseudo salvadores del pueblo", una especie de pretendida moral ramplona que quiere erigir en jueces o directores de la cultura a los propios funcionarios. Incluso los del segundo y tercer orden.

Los lineamientos originales parecen bien intencionados, pero en la práctica confunden los conceptos, se castiga al talento y con el tiempo aflora la verdad de sus objetivos: pretenden dirigir las expresiones de la cultura y hasta la diversión popular hacia los fines de un Estado paternalista.

(NINÍ, SOBRE LA CENSURA INSTAURADA A PARTIR DEL GOLPE MILITAR ENCABEZADO POR PEDRO PABLO RAMÍREZ EN 1943.)

Hay una mujer sentada en un banco de la Plaza de Mayo. Anteojos oscuros ocultan su identidad y tapan sus lágrimas porque la mujer llora, de impotencia, de rabia. Llora frente a esa casa pintada de rosa, albergue de mentores de una maldad que la mujer, sola una vez más, enfrenta a cara descubierta, poniéndole el cuerpo.

De la Casa de Gobierno acaba de salir justamente, humillada por partida doble. Le conceden una audiencia tramposa; ni siquiera la atienden y de paso le confirman que Niní Marshall "no corre más", gritándole el veredicto en un pasillo repleto de gente. Al menos, de la guarangada existen testigos. Ella cree que el mundo regenteado por funcionarios requiere un manejo tan frontal como lo son los personajes marshallianos, por naturaleza de expresión libre. Su conciencia no concibe alternativas. Por eso insiste en que le deben explicaciones más sensatas que los rumores echados a correr. Ella se equivoca entonces.

Los hechos puntuales señalan que en 1950 viene Niní de una gira (debut de Catita en el barrio latino de Nueva York y rodajes en México y España) cuando recibe el hermético llamado de Luis Mentasti, de Argentina Sono Film, quien la visita para comunicarle una novedad. Alguien de arriba ("la Señora") solicita a la productora cancelar su contrato. La ocasión para este apriete es perfecta. La Sono necesita de la primera dama un permiso especial para la importación de película virgen. Y apenas el productor Parret expone su interés, Eva Duarte revisa el progra-

ARCHIVO PERSONAL DE NINÍ

Con Fanny Navarro, en una escena de "Mujeres que bailan" (Argentina Sono Film).

ma de Sono; del listado tacha los proyectos que involucran a Niní.

Terminada su charla con Mentasti a Niní se le ocurre que una audiencia con Presidencia aclararía la situación, para ella exenta de sentido. Intenta contactar a Juan Domingo Perón, la derivan a su secretario privado Juan Duarte, hermano de Eva. Los dos hombres cuentan con el antecedente público de su admiración por la obra de Niní. Juan Duarte ha insistido en 1949 a través de su novia Fanny Navarro —compañera de Niní en el filme *Mujeres que bailan*— en invitarla a cenar con la pareja, a lo que Niní rehúsa excusándose con cortesía, sin ocultar su falta de interés por conocerlo.

Pero las circunstancias ahora son otras. De las dos primeras audiencias acordadas, Niní regresa a su hogar sin haber visto al escondido Juan Duarte. Para la tercera y última, permanece dos horas en la antesala del despacho junto a un grupo de gente que espera. En eso sale el secretario del secretario y levanta su voz: "Señora, dice el señor Duarte que se acuerde cuando en una fiesta de pitucos, vestida de prostituta, usted imitó a su hermana"... Vergüenza, indignación, y llanto en el banco de la plaza.

Este recuento hace Niní en sus *Memorias,* desmintiendo los motivos de la acusación. A la luz de acontecimientos y testimonios no aparecen elementos que contraríen el descargo. Ella publica la historia de su vida treinta y cinco años después de la prohibición y a modo de cierre de una carrera brillante. Sin embargo dedica su primera página a este dolor incesante.

ARCHIVO PERSONAL DE NINÍ

Compartiendo una tarde en uno de los hogares de niños para los cuales hace funciones benéficas.

Bajo el título "Una inesperada noticia", Libertad Lamarque comenta en su autobiografía:

"Me recuerdo en nuestro departamento de La Latinoamericana en México. Alfredito llegó alarmado de la calle, con unos cuantos periódicos. '¡Mirá, Ñatita, mirá!' Todos, a grandes titulares, traían la misma noticia: Eva Perón ha muerto.

"Nos quedamos un momento en silencio, como no creyendo lo que leíamos... ¡Fíjate! ¡Y pensábamos que era mentira que estaba enferma!

"Sin palabras, nos detuvimos un minuto a leer algunas líneas, y así, sin más, Alfredo fue a su cuarto para volver inmediatamente a decirme: 'Tenemos que irnos de aquí, a cualquier parte, nos van a volver locos los periodistas'. Llamamos a Niní Marshall y con ella huimos a las termas de San José de Purúa, un rincón hermoso y solitario, casi oculto entre altos cerros, donde nos quedamos unos días en paz."

Libertad convive con Alfredo Malerba tras su separación del apuntador Emilio Romero, con quien tiene a su única hija Mirtha. La referida Casa Latinoamericana —enorme edificio de apartamentos— alberga en el DF a unos argentinos obligados a buscar otros rumbos. Amanda Ledesma, Juan José Piñeyro, Ulises Petit de Murat, Lucy Murat, Carmelo Santiago, y Niní y Libertad, entre ellos. A veces pasan por allí Jean Sablon, Josephine Baker, Imperio Argentina, Ana María Lynch; también Hugo del Carril, sobre quien más tarde recae la prohibición de la contra a causa, por cierto, de la interpretación que hace de la Marcha Peronista. (Sectarismo: lamentable sesgo de administradores de distinto pelaje.)

Sobre la muerte de Eva Duarte, Niní escribe en sus *Memorias* un pensamiento:

Recibí un llamado telefónico de una amiga exiliada como yo. Sólo me dijo: "Se murió"... Sentí pena. No lloré pero me dolió la muerte de una mujer joven y vital. Por encima de sus ideas políticas y de lo que, se supone, me había hecho.

El ascenso peronista trae bajo el brazo una serie de requisitos para los artistas que buscan mantener sus espacios. Algunos los cumplen por convicción. (Los incondicionales, aun aquellos carentes de dotes, encuentran mejores puestos.) Otros simulan su apoyo, ocultan cualquier divergencia, marcan el presente en actos patrios copados por consignas y símbolos distintivos del régimen. Muchos intentan la continuidad de sus carreras en el marco de los derechos democráticos pero pronto constatan que no es suficiente sin el carnet de afiliación. A veces alcanzan a saber por qué figuran del lado negro de las listas. Quedan en ascuas, de lo contrario, cuando reciben portazos sucesivos de parte de las radios, el cine, los teatros, las grabadoras y la televisión recién estrenada. La gestión cultural del primer gobierno peronista lleva la impronta de Eva Duarte, la venia del general, la ejecución de secuaces como Juan Duarte y el oportunismo de los empresarios. Tamaña ironía: la Sono Film acepta en 1950 la presión del

ARCHIVO PERSONAL DE NINÍ

Su amigo Negrete, en un filme por el que la premian.

gobierno a cambio del reaseguro de la importación de celuloide, escaso desde el inicio de la Segunda Guerra Mundial. A fines de 1940 la propia Niní participa de la movida (actos públicos, audiencias, comités especiales) de productores, directores, actores, autores y técnicos en reclamo de esa materia prima. En 1942 —junto a Mecha Ortiz, Delia Garcés, Libertad Lamarque y Alberto Ginastera— entrevista al presidente Ramón Castillo para pedirle que interceda, que impida el ocaso de la era dorada del cine nacional. A pocos años de aquello, la productora cuenta con representantes directos en la Rosada. Su vocero Raúl Apold es ahora secretario de Prensa de la Presidencia de la Nación, en la gestión peronista.

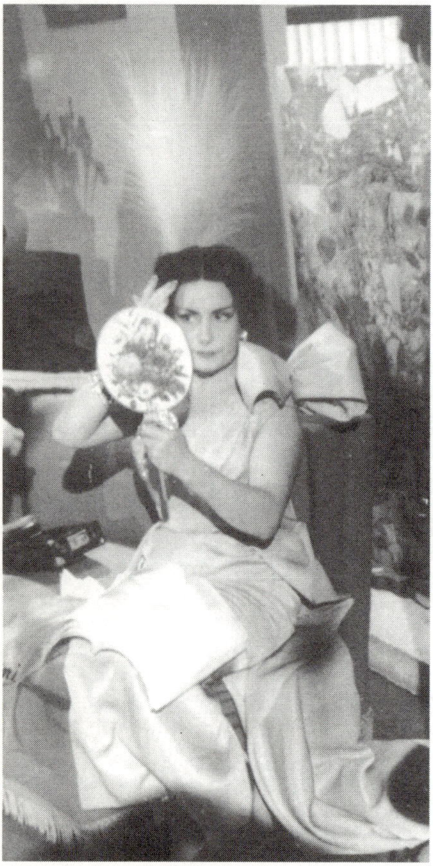

ARCHIVO PERSONAL DE NINÍ

En su último filme mexicano, "Dios los cría".

En México, la amistad une lejos de Buenos Aires a dos mujeres enlazadas por coincidencias personales. Niní y Libertad, descendientes de gallegos —la rosarina Lamarque por el lado materno; su padre uruguayo, un militante anarquista—, cosechan sólidos aplausos, cada cual a su estilo, en el continente. Con nuevos matrimonios superan las particularidades de sus ex. Adicción al juego seguida de bancarrota, en el caso de Niní. Alcoholismo y puños levantados con asiduidad, en el caso de Libertad. Una hija cada una, de idénticas edades.

Libertad opta por exiliarse en 1946. Cuatro años después Marina Esther Traveso toma la ruta, regresa sin pasaje de vuelta adonde acaba de ser nombrada la actriz más taquillera de la temporada por *Una gallega en México,* película de Julián Soler. Sus equipajes desbordan desconsuelo ante la demoledora demostración de poder recibida. Por lo cual resulta comprensible que La Liber organice a Niní una cálida bienvenida en el aeropuerto de México. Suenan mariachis, la prensa cubre el encuentro. Cosas de la casualidad: en la Casa Latinoamericana esas vecinas —Niní en mayor grado— se asustan porque la tierra tiembla con frecuencia. No es la primera vez que un remezón repercute en sus rutinas.

Epicentros

El 15 de enero de 1944 un tremendo terremoto sacude la provincia de San Juan cerca de las nueve de la noche del sábado. El día resulta fatídico no sólo por la magnitud del movimiento cruel bajo la edificación hecha de adobes precarios. A esa hora los sábados congregan multitudes en confiterías, salones de baile e iglesias desplomados tras la zaranda. Diez mil muertos sepultados entre los escombros y un diluvio en la madrugada siguiente otorgan a la tragedia natural reminiscencias de castigo bíblico. Enseguida surgen demostraciones solidarias desde distintos puntos del planeta. En el ámbito nacional se apresta el lanzamiento de una plataforma política embanderada en preceptos de la justicia social reclamada por la sociedad desde mucho antes, con las primeras resistencias socialistas contra la oligarquía. Como otros militares nacionalistas partícipes del Grupo de Oficiales Unidos (GOU), segui-

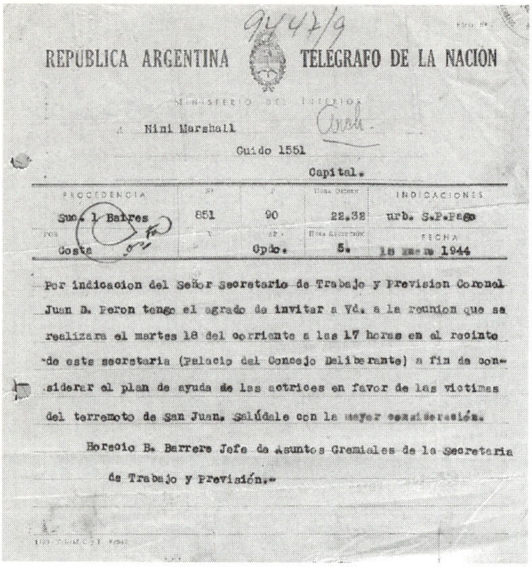

REPÚBLICA ARGENTINA TELÉGRAFO DE LA NACIÓN

MINISTERIO DEL INTERIOR

A Nini Marshall

Guido 1551

Capital.

PROCEDENCIA				INDICACIONES
Suc. 1 Baires	851	90	22.32	urb. S.P.Pago
Costa		Cpdo.	5.	18 enero 1944

Por indicacion del Señor Secretario de Trabajo y Prevision Coronel Juan D. Peron tengo el agrado de invitar a Vd. a la reunion que se realizara el martes 18 del corriente a las 17 horas en el recinto de esta secretaria (Palacio del Concejo Deliberante) a fin de considerar el plan de ayuda de las actrices en favor de las victimas del terremoto de San Juan. Salúdale con la mayor consideración.

Horacio B. Barrere Jefe de Asuntos Gremiales de la Secretaria de Trabajo y Previsión.

ARCHIVO PERSONAL DE NINÍ

Telegrama de convocatoria a la colecta solidaria organizada por Perón.

dores de los gobiernos de Franco y Mussolini y cercanos al Tercer Reich, Juan Domingo Perón pertenece al gabinete del presidente de facto Pedro Pablo Ramírez. Ejerce como secretario de Trabajo y Previsión y secretario de Guerra. Unifica en su persona dos aristas clave para sus ambiciones.

Perón cuenta que conoce a Eva Duarte en el marco de las tareas socorristas tras el cataclismo pero ciertos datos indican que Eva ya colabora con él desde antes, para contactos con el mundo sindical y apostada en un despacho de la secretaría. Podría decirse que el temblor de San Juan trae a cuento, según sobre quiénes caigan las consecuencias, dos expresiones: "Las desgracias no vienen solas" o "Hay desgracias con suerte".

Amparado por la segunda verdad popular, el secretario de Trabajo y Previsión encabeza una estrategia personal. Convoca a figuras notorias. Niní Marshall, Libertad Lamarque, Blanca Podestá, Mecha Ortiz, Iris Marga, Azucena Maizani, Mirtha Legrand, Irma Córdoba, Silvana Roth, Fanny Navarro, Enrique Muiño, Ángel Magaña, Pepe Iglesias y Hugo del Carril, entre otros, son destinatarios del telegrama firmado por el jefe de Asuntos Gremiales de la secretaría, Horacio Barrere, quien menciona indicaciones de Perón:

"Tengo el agrado de invitar a usted a la reunión que se realizará el martes 18 del corriente mes, a las 17 horas, en el recinto de esta secretaría (Palacio del Concejo Deliberante) a fin de considerar el plan de ayuda de las actrices a favor de las víctimas del terremoto de San Juan."

El plan organiza una colecta atravesando el centro de Buenos Aires. Los famosos visitan comercios con sus alcancías a cuestas. Perón los acompaña caminando por Florida, escoltado por cadetes del Colegio Militar. Según recuerda Angelita, las dos que encabezan la recaudación solidaria son su madre (4.964,50 pesos más mil aportados por ella misma) y Libertad. Angelita conserva el detalle de lo recaudado por Niní en el trayecto asignado de la calle Sarmiento, entre San Martín y Callao. Ese listado agrupa ciento diez depósitos (casas, bares, farmacias, ópticas, sastrerías, confiterías, empleados identificados y anónimos). A voluntad y en persona Niní sobrepasa su radio de acción. Consigue mil pesos del Jockey Club y carga donaciones de Angelita, su amiga Ana W. de Rabinovich y distintas familias de Rosario. El paso del tiempo permite al periodismo concluir lo incierto del destino, tanto de los óbolos alcanzados a través de los artistas como de

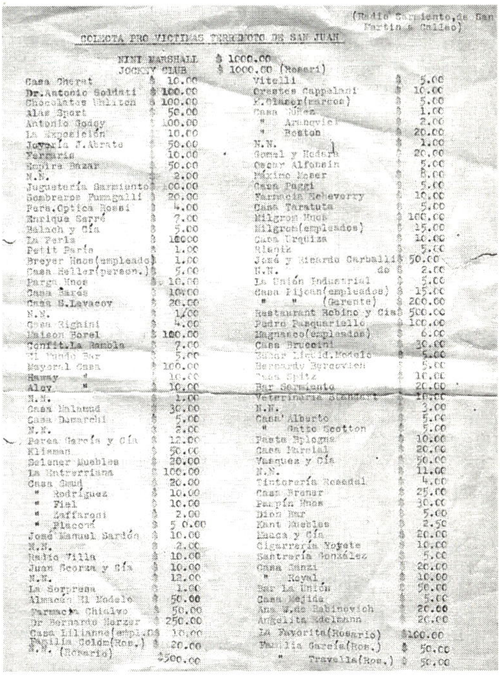

(Radio Sarmiento, de San Martín a Callao)

COLECTA PRO VICTIMAS TERREMOTO DE SAN JUAN

NINI MARSHALL $ 1000.00
JOCKEY CLUB $ 1000.00 (Rosari)

Casa Cherat	$ 10.00	Vitelli	$ 5.00
Dr.Antonio Soldati	$ 100.00	Orestes Cappalani	$ 10.00
Chocolates Whilton	$ 100.00	K.Glaser(marcos)	$ 5.00
Alas Sport	$ 50.00	Casa Núñez	$ 1.00
Antonio Goddy	$ 100.00	" Aranovic[illegible]	$ 2.00
La Exposición	$ 10.00	" Boston	$ 20.00
Joyería J.Abrate	$ 50.00	N.N.	$ 1.00
Ferraris	$ 10.00	Gomel y Hodara	$ 20.00
Empire Bazar	$ 50.00	Oscar Alfonsín	$ 5.00
N.N.	$ 2.00	Máximo Moser	$ 8.00
Juguetería Sarmiento	$ 100.00	Casa Paggi	$ 5.00
Sombreros Fumagalli	$ 20.00	Farmacia Echeverry	$ 10.00
Farm.Optica Rossi	$ 4.00	Casa Taratuta	$ 5.00
Enrique Sarré	$ 7.00	Milgrom Hnos	$ 100.00
Balach y Cía	$ 5.00	Milgrom(empleados)	$ 15.00
La Perla	$ 10000	Casa Urquiza	$ 10.00
Petit París	$ 1.00	Rianik	$ 5.00
Breyer Hnos(empleado	$ 1.00	José y Ricardo Carballi	$ 50.00
Casa Heller(person.)	$ 5.00	N.N. do	$ 2.00
Parga Hnos	$ 10.00	La Unión Industrial	$ 5.00
Casa Barés	$ 10.00	Casa Fijean(empleados)	$ 15.00
Casa S.Lavacov	$ 20.00	" " (Gerente)	$ 200.00
N.N.	$ 1/00	Restaurant Robino y Cía	$ 500.00
Casa Righini	$ 4.00	Pedro Pasqueriello	$ 100.00
Maison Borel	$ 100.00	Magnasco(empleados)	$ 6.00
Confit.La Rambla	$ 7.00	Casa Bruccini	$ 30.00
El Pando Bar	$ 5.00	Bazar Liquid.Modelo	$ 5.00
Mayoral Casa	$ 100.00	Bernardo Byrcovich	$ 5.00
Hawey "	$ 10.00	Casa Spitz	$ 10.00
Aloy "	$ 10.00	Bar Sarmiento	$ 20.00
N.N.	$ 1.00	Veterinaria Standart	$ 10.00
Casa Malamud	$ 30.00	N.N.	$ 3.00
Casa Damarchi	$ 5.00	Casa Alberto	$ 5.00
N.N.	$ 2.00	" Gatto Scotton	$ 5.00
Perea García y Cía	$ 12.00	Pasta Bologna	$ 10.00
Klisman	$ 50.00	Casa Mariel	$ 20.00
Selener Muebles	$ 20.00	Vasquez y Cía	$ 50.00
La Entrerriana	$ 100.00	N.N.	$ 11.00
Casa Smud	$ 20.00	Tintorería Rosedal	$ 4.00
" Rodríguez	$ 10.00	Casa Braner	$ 25.00
" Fiel	$ 10.00	Parpín Hnos	$ 30.00
" Zaffaroni	$ 2.00	Dino Bar	$ 5.00
" Placomé	$ 5 0.00	Kant Muebles	$ 2.50
José Manuel Sardón	$ 10.00	Imaca y Cía	$ 20.00
N.N.	$ 2.00	Cigarrería Yoyete	$ 10.00
Radio Villa	$ 10.00	Santrería González	$ 5.00
Juan Scorza y Cía	$ 10.00	Casa Zanzi	$ 20.00
N.N.	$ 12.00	" Royal	$ 10.00
La Sorpresa	$ 1.00	Bar La Unión	$ 50.00
Almacén El Modelo	$ 50.00	Casa Mejida	$ 5.00
Farmacia Chialvo	$ 50.00	Ana W.de Rabinovich	$ 20.00
Dr Bernardo Herzer	$ 250.00	Angelita Edelmann	$ 20.00
Casa Lilianne(empl.C	$ 10.00	LA Favorita(Rosario)	$100.00
Familia Goldm(Ros.)	$ 20.00	Familia García(Ros.)	$ 50.00
N.N. (Rosario)	$500.00	" Travella(Ros.)	$ 50.00

ARCHIVO PERSONAL DE NINÍ

Detalle de la colecta que realiza para el terremoto de 1944.

gran parte del dinero donado desde el exterior, específicamente para paliamiento de la desgracia.

En enero de 2001 el *Diario de Cuyo* de San Juan rememora el 57° aniversario del terremoto publicando una puntillosa investigación. El gobierno local ha tardado en reordenar sus archivos, pero la documentación nacional y los testimonios de ex funcionarios y arquitectos coinciden: el dinero, administrado desde el gobierno central, no habría auxiliado ni a las víctimas ni a la reconstrucción de la provincia.

Donde hay palos hay cariño

Perón decide entregar una medalla a los más esforzados durante la colecta y corona la iniciativa con un acto celebrado el sábado 22 de enero de 1944 en el Luna Park. Una nota suya, con membrete de la Secretaría de Trabajo y Previsión Social, recalca:

"Juan Domingo Perón saluda con su más alta consideración a la señora Niní Marshall y tiene el agrado de ofrecerle una medalla recordatoria de la catástrofe acaecida en la provincia de San Juan, para premiar de manera simbólica los importantes y patrióticos servicios prestados por Ud. en tan doloroso trance de la República. Acepte, en consecuencia, las expresiones de reconocimiento por la labor desplegada, reflejo fiel de los sentimientos de solidaridad de todos los argentinos, en una hora de luto para la Nacionalidad. Reitérole el testimonio de mi particular estima. Buenos Aires."

La tarde del acto resulta clave para los hechos venideros. El palacio de los deportes está que arde. Las versiones sobre cómo consigue entrar al recinto la actriz Eva Duarte son varias.

Homero Manzi o algún otro le habría regalado una invitación. De allí, el casamentero Roberto Galán la habría presentado al general o el general la conocería de antemano y para evitar comentarios la hace acompañar por el coronel Aníbal Imbert. Los ribetes folletinescos empapan el desenvolvimiento de Eva Duarte en la trastienda del teatro, la radio y el cine. Dicen que a pesar del desaire del cantor Agustín Magaldi, sucedido apenas vino de Los Toldos a la gran ciudad, Eva sabe hacerse de contactos. El columnista del diario *Crítica* Edmundo Guibourg, José Franco (padre de Eva Franco), el director de la revista *Sintonía,* Emilio Kartulowicz, el mismo coronel Imbert le allanan su propósito de un lugar acomodado en el ambiente artístico...

Esa tarde de enero del 44, molesta porque su presencia no está entre luminarias, Eva Duarte busca arribar hasta el palco de honor. Aguarda, aprovecha el momento exacto en que Libertad Lamarque canta y ocupa la silla que ésta deja vacía al lado de Perón, para retirarse una vez terminado el acto en compañía de su futuro esposo. La Liber, con las cejas entornadas, observa el firulete y apenas esboza una sonrisa apretada. Considerada estrella máxima e intocable, cuando siente que le mojan la oreja tal vez recuerda allí, dentro del Luna, una anterior sonrisa suya, pícara. La crónica siguiente está contada desde el interesante perfil de una época y de un personaje controvertido trazado por César Maranghello y Andrés Insaurralde en el libro *Fanny Navarro o Un melodrama argentino* (1997).

En 1940 la opereta *Tres valses* de Marchand y Willemetz marca el regreso de Lamarque al teatro. El día del ensayo general asisten los críticos a El Nacional. Quedan encantados con la puesta. Rescatan las cualidades de la primera figura y, a la par, de la integrante del elenco Fanny Navarro. Algo misterioso ocurre de inmediato. Navarro es pasada a otra pieza de la compañía y no sube al estreno rimbombante. Mientras sale de aquel ensayo

Libertad ha saludado a Fanny con cordialidad, sonriente. Podría haberle tarareado el tema que abre la flamante obra, intitulado *El vals del adiós*. Después del Luna Park se precipitan acontecimientos. Muy a pesar suyo el gobierno argentino rompe relaciones diplomáticas con Alemania y Japón. El general Edelmiro Farrell reemplaza a Ramírez en un enroque promovido por Perón, quien suma cargos, acrecienta popularidad y continúa noviando con Eva. Dentro del cuadrilátero uniformado los militares lo acorralan y terminan encerrándolo en la isla Martín García. Vienen la movilización del 17 de octubre de 1945, el casamiento, las elecciones generales y el ascenso a la presidencia. La primera dama idea el Ateneo Cultural Eva Perón, ateneo estatal en homenaje a sí misma, bastión propalador entre el ambiente artístico de su poder y resquemor. La presidenta: su íntima amiga Fanny Navarro. Frente a la dupla, la suerte de La Liber está cantada. Sabido es que la gota que colma el vaso cae en 1945, mientras Libertad y Eva filman *La cabalgata del circo,* de Mario Soficci. Que Lamarque ridiculiza a Eva, harta de sus aires de vampiresa, que la disputa se entabla en realidad alrededor de un hombre fuerte. Siguen las versiones. El folletín mueve a las masas. Por lo menos cabe tener en cuenta que en su autobiografía Libertad admite haberla frenado.

Instalado el Ateneo caen los contratos laborales de Libertad. Ella arma sus valijas y en México aumenta su fama gracias al cine y la televisión. Al tango agrega el acierto del dúo bolerístico con Pedro Vargas y debido al auge de las telenovelas la bautizan con el mote "Novia de América" —original de Mary Pickford, estrella del Hollywood de los años 20—. Libertad muere el 12 de diciembre de 2000. Nunca regresa a la Argentina para quedarse. En sus últimos años alterna entre sus casas de Miami y de México, país testigo de su cercanía a Niní. En declaraciones realizadas a Carlos Perciavalle sostiene:

"Niní es una niña con quien hubiera querido jugar a las

muñecas. Es la adolescente a quien hubiera querido leer mi primer poema. Es la joven a quien habría contado mi primer romance. Es la hermana gemela que me hubiera gustado tener para que nos acunara mi madre."

Niní, en cambio, a pesar de lo bien recibida por el público, la crítica y los productores aztecas, necesita sondear la posibilidad de la vuelta. Su hija Angelita, recién casada, vive en Buenos Aires. De su segundo marido, Marcelo Salcedo, se separa y encuentra en el que era su vecino en México, Carmelo Santiago, a su tercer esposo.

Enterado de un viaje fugaz a la Argentina de la dramaturga y actriz en 1954, Raúl Apold la convoca a una audiencia, esta vez sí realizada. A solas le informa que la prohibición ha sido levantada. Y como prueba le presenta una tarjeta que revela el aprecio del líder:

"Querido Apold, me aferraron en la Presidencia y tengo para rato. Con gran pena me quedo sin ver a Catita, que debe estar muy bien y muy linda. Le ruego me perdone y me haga perdonar. ¡Otra vez será! Veré *Carmen* y después les felicitaré. Un gran abrazo. Perón (jefe de la Secretaría del Ministerio de Guerra)."

Ella lee y apenas disimula su asombro. El documento se refiere a que Perón no asiste al estreno del filme de Amadori a fines de 1943. Las preguntas entonces sobrevuelan en enjambre aguijoneante. ¿Por qué recibe esas disculpas once años después? ¿Cuál mandato promueve la actitud de Apold, el gatopardo de la Sono Film, cuando resuelve cajonearlas? ¿Qué sucede en el ínterin para que ahora sí Niní pueda darse por enterada?

Eva Duarte muere el 26 de julio de 1952. Niní debe haber atado cabos. Mientras filma *Carmen,* en octubre de 1943, recibe la visita de protocolo del ministro de Guerra Farrell ("Qué feo",

ARCHIVO PERSONAL DE NINÍ

Edelmiro Farrell y Juan Perón la visitan mientras filma "Carmen". Presente está la actriz Amelia Bence.

exclama ella para sí, en el momento del saludo) en compañía del jefe de la secretaría del ministerio y futuro presidente (piensa: "Qué buen mozo" al tiempo que Perón le dice: "Tengo mucho gusto de conocer a Catita".) Tal vez Niní comenta a alguien aquella primera grata impresión o sólo resulta muy evidente el cruce de miradas cordiales. Tal vez no suena tan descabellada la versión de la envidia que despierta la trascendencia artística de Niní en Eva Duarte, quien no la conoce en persona pero en silencio se propone ganarle una pulseada mientras las dos integran el elenco de radio El Mundo. Tal vez, aparte de la ambición por los aplausos y balcones, resulta cierto que el comienzo del romance de Eva y Perón durante el acto del Luna Park representa un formalismo, la aparición pública de una pareja nacida unos meses atrás, en 1943, y tapada con la argucia de que Eva sale con otro militar. Sólo así se explica que la tarjeta haya sido guardada para que, en su momento, Niní no recibiera los saludos del general.

Lo que el poder no compra

Cualquier comparación de aptitudes y calidad artística entre Eva Duarte y Niní Marshall está de más. La historia obliga, porque Eva Duarte impone, a otro tipo de parangones. Su biografía induce a pensar que su deliberada estrategia de hacerse de contactos fuertes da rienda suelta a un urgido deseo de demostración de poder sobre cualquier tablón político o artístico.

En la vida de Niní usualmente un presidente, un ministro o un secretario se interesan por su obra y por conocerla en persona, o bien le conceden una entrevista hasta para requerimientos colectivos de la actividad cultural que ella acerca, por ejemplo, a Ramón Castillo. Sus archivos guardan la carta del presidente de tinte radical Roberto María Ortiz, que por el avance de su diabetes deja el puesto al vice Castillo. Las orquídeas que acompañan la nota de Ortiz, una vez secadas, se incorporan como si hubieran sido una atención de un pretendiente, al álbum de La Niña Jovita:

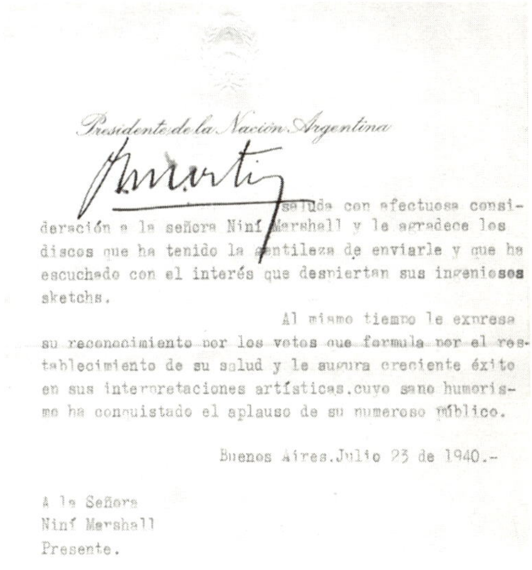
Presidente de la Nación Argentina
saluda con afectuosa consideración a la señora Niní Marshall y le agradece los discos que ha tenido la gentileza de enviarle y que ha escuchado con el interés que despiertan sus ingeniosos sketchs.

Al mismo tiempo le expresa su reconocimiento por los votos que formula por el restablecimiento de su salud y le augura creciente éxito en sus interpretaciones artísticas,cuyo sano humorismo ha conquistado el aplauso de su numeroso público.

Buenos Aires,Julio 23 de 1940.-

A la Señora
Niní Marshall
Presente.

ARCHIVO PERSONAL DE NINÍ

Mensaje enviado por el presidente Ortiz.

El Presidente de la Nación Argentina saluda con afectuosa consideración a la señora Niní Marshall y le agradece los discos que ha tenido la gentileza de enviarle y que ha escuchado con el interés que despiertan sus ingeniosos sketches.

Al mismo tiempo le expresa su reconocimiento por los votos que formula por el restablecimiento de su salud y le augura creciente éxito en sus interpretaciones artísticas, cuyo sano humorismo ha conquistado el aplauso de su numeroso público.

Buenos Aires, julio 23 de 1940.

El futuro presidente Frondizi le entrega una tarjeta que revela algún comentario previo de Niní o la simple autocrítica:

Para Niní: homenaje de un hombre feo.

Arturo Frondizi
28/2/56

Abundan invitaciones de embajadas; se destaca la tarjeta para la recepción que el presidente Raúl Alfonsín organiza en el Plaza Hotel de Buenos Aires a los reyes de España en 1985. Y la carta de un vicepresidente... de la productora mexicana Posa Films S.A., quien la conoce personalmente más tarde en México:

24 de julio de 1943.

Estimada Niní Marshall:

En mi poder su cartita, la cual contesto inmediatamente, agradeciéndole de antemano su atención y lamento en verdad el no haberla conocido y saludado personalmente durante mi estancia en esa ciudad, ya que mis deseos eran grandes pues usted goza de mucha simpatía en mi país, y me hubiera dado mucho gusto saludar a uno de los más grandes valores artísticos de Buenos Aires, pero ojalá algún día tengamos el placer y el humor de que usted nos visite, seguro de que le gustará mi país. Agradezco en mucho su opinión y felicitación respecto a mi película y créamelo que estoy muy contento de haber agradado en su país, por el que tengo un especial cariño, y al que espero volver pronto para conocerlo un poquito más pues imagínese en seis días no es posible conocer nada. No estoy muy seguro pero probablemente en septiembre puedo yo darme una vuelta por allá, y espero entonces sí poder saludarla personalmente.

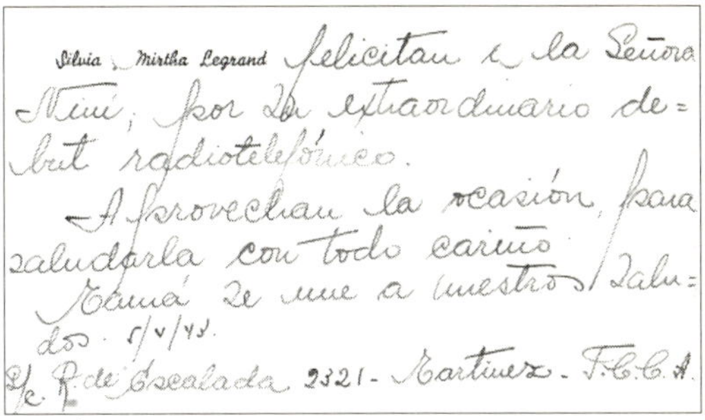

Silvia y Mirtha Legrand felicitan a la Señora Niní, por su extraordinario debut radiotelefónico.
Aprovechan la ocasión para saludarla con todo cariño.
Mamá se une a nuestros saludos. 5/V/43.
s/c. R. de Escalada 2321 - Martínez - F.C.C.A.

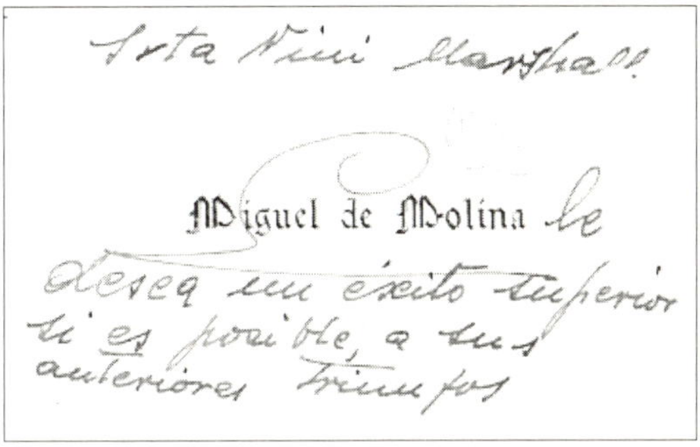

Srta Niní Marshall
Miguel de Molina le desea un éxito superior si es posible, a sus anteriores triunfos

ARCHIVO PERSONAL DE NINÍ

Demostraciones de afecto de las Legrand y de Miguel de Molina.

Agradecido por su atención, reciba un abrazo de su amigo y compañero que la admira.

Mario Moreno
Cantinflas

Los archivos contienen pruebas de la buena relación entablada con sus compañeros de trabajo. Niní no hace mella en jerarquías o tareas. Aquí la tarjeta de una gira por el interior del país:

"El personal de porteros, acomodadores, avisador y boleteros del teatro Municipal con deseos de felicidad y amplio éxito, retribuyendo su fina gentileza. 22 de julio de 1962."

Entre las anécdotas, la del fotógrafo Hugo Lazaridis remarca en primera instancia el respeto de Niní por el trabajo de cada eslabón de los varios que integran la cadena de producción. Lazaridis trabajó dieciocho años con el productor Lino Patalano, desde el '71. Por ello es autor de las imágenes de la obra de Niní a partir del café-concert. "A ella la recuerdo como una persona culta, exquisita, de buen trato y carácter, detallista al máximo. Por ejemplo, se fijaba en los objetos a su alrededor que estorbaban, adoraba los perfiles a tres cuartos y no quería que sacara tomas durante los estrenos porque sabía que era preferible esperar a las siguientes funciones más tranquilas. Durante los descansos se prendía a cualquier rueda de conversación. Me tocó compartir también salidas, junto a Patalano, Elio

ARCHIVO PERSONAL DE NINÍ

En la presentación de sus "Memorias": Aída, Jorge Luz y Elena de D'Anna, esposa de Salvador, quien edita el libro.

Marchi y Jorge Luz, en las cuales Niní escuchaba, inmutable pero muy atenta, cuentos y bromas obscenos."

La actriz Irma Córdoba se casa apenas concluye en 1947 la filmación de *Navidad de los pobres*. Aprecia de Niní la organización de su despedida de soltera en la confitería París y un discurso de Catita aconsejándole disparates sobre el matrimonio. "Mucho más me emocionó en años posteriores, cuando yo atravesé un momento difícil y ella, que no era amiga mía, se enteró, se acercó y me ayudó desinteresadamente. Son gestos poco habituales en el ambiente." Angelita reproduce el episodio que su madre le cuenta sobre la filmación de *Cándida*. "Convocaron a gran cantidad de extras para reflejar a los inmigrantes en el puerto. Niní se fijó en una joven y le habló al director para que le diera un papel. Bayón coincidió y la extra Zully Moreno debutó en el cine."

Jorge Luz también debuta con Niní. Jovencísimo aparece en la playa en 1940, detrás de la pareja principal del filme *Los celos de Cándida*. "Era una época de hambruna —dice— y mi hermana Aída, que formaba parte del elenco, me consiguió ese extra. Para mí, trabajar en una película de Niní Marshall era el sueño del pibe". Niní y Jorge entablan una amistad duradera. Ella lo considera uno de los actores cómicos más talentosos de la Argentina; juzga además que Jorge está injustamente relegado por los productores. La charla con los hermanos Luz, en casa de Angelita, repite la tradición de los tés. Jorge y Aída repiten la tradición de los chistes con palabrotas y adulan la atención de la anfitriona. Rememoran los recuerdos de Niní sobre la infancia y mamá Ángela —hablan de ella como de una parienta—. Desmienten la cachetada de Libertad Lamarque a Eva Duarte, los exilios en México, las vicisitudes del trabajo actoral actual y otros temas. Vuelven a comparar la fisonomía de Niní con la de Angelita, repasan los dibujos de Niní enmarcados y colgados en la pared del living. Antes de terminar la reunión evocativa, solicitan que el libro en preparación remarque el compañerismo de Niní.

Sería interminable enumerar las salutaciones escritas por colegas. Desde la tarjeta de Miguel de Molina ("Desea un éxito superior, si es posible, a sus anteriores triunfos.") a la curiosa carta desde California del propio Walt Disney, que por suerte el asistente de Perón, Raúl Apold, no secuestra. El original está en inglés:

Señora Niní Marshall
Estudio Sono Film
Buenos Aires, Argentina
2 de marzo de 1943
Querida señora Niní Marshall:

Estoy extremadamente agradecido al enterarme por el señor Britton de su amable cooperación para el concurso radial sobre la película *Saludos,* que tuvo lugar en la radio Splendid de Buenos Aires.

El interés sudamericano por el filme está siendo demostrado por la cantidad enorme de trabajos enviados por los concursantes. Y la amistad que surgió entre Donald y Joe Carioca reafirma mi creencia de que habrá mejores relaciones entre las dos Américas.

Donald y Joe me piden que le agradezca nuevamente su fraternal interés por nuestro trabajo.

Mis más cariñosos saludos, sinceramente.

Walt Disney

De las mellizas Silvia y Mirtha Legrand:

Felicitan a la señora Niní por su extraordinario debut radiotelefónico. Aprovechan la ocasión para saludarla con todo cariño. Mamá se une a nuestros saludos.

5/4/43.
s/c R. de Escalada 2321 Martínez FCCA.

En 1940 las Legrand debutan en *Hay que educar a Niní* y ella las recuerda "preciosas", capaces de aportar al filme "una frescura no frecuente en esos años, cuando el peligro mayor era el acartonamiento o la grandilocuencia, en particular para quienes se inician". El aliento ante el pase a radio Splendid debe haber animado a Niní, próxima a atravesar una lucha absurda.

Censura previa

A las 21 horas del 5 de mayo de 1943 el director de Splendid, Isidro Ódena, dichoso por haber ganado para su programación a un baluarte de su competencia, radio El Mundo, pronuncia al aire estas palabras:

"Aquí están de nuevo Catita, Cándida, Belarmina, Jovita, Loli, Doña Pola y otras criaturas que viven, como en el drama pirandeliano, una existencia real más verdadera y concreta que la de su creadora Niní Marshall. Porque ya Niní Marshall no es Niní Marshall. Los nombres de sus personajes son sus verdaderos nombres. Y nadie se acuerda de Niní Marshall cuando oye hablar a Catita o rezongar a Cándida. Esta desaparición, este olvido, esta muerte del autor superado por sus personajes es la gloria soñada del autor.

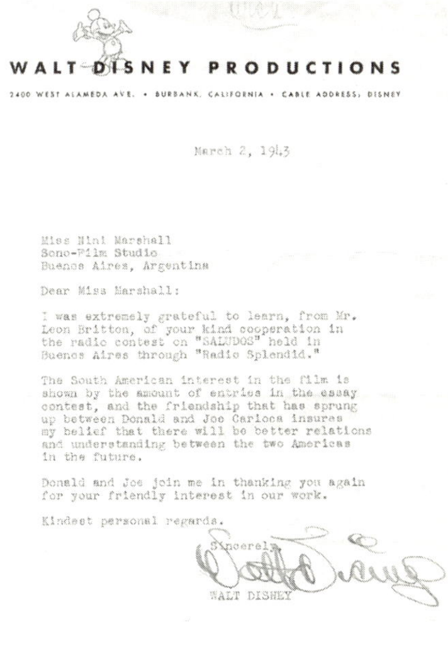
WALT DISNEY PRODUCTIONS
2400 WEST ALAMEDA AVE. • BURBANK, CALIFORNIA • CABLE ADDRESS, DISNEY

March 2, 1943

Miss Nini Marshall
Sono-Film Studio
Buenos Aires, Argentina

Dear Miss Marshall:

I was extremely grateful to learn, from Mr. Leon Britton, of your kind cooperation in the radio contest on "SALUDOS" held in Buenos Aires through "Radio Splendid."

The South American interest in the film is shown by the amount of entries in the essay contest, and the friendship that has sprung up between Donald and Joe Carioca insures my belief that there will be better relations and understanding between the two Americas in the future.

Donald and Joe join me in thanking you again for your friendly interest in our work.

Kindest personal regards.

Sincerely,

Walt Disney

WALT DISNEY

ARCHIVO PERSONAL DE NINÍ

La carta escrita por Walt Disney.

"La gloria de Niní Marshall consiste en que el pueblo ame a su Jovita y a su Belarmina más que a ella misma.

"Pero no es justo que nos olvidemos del todo de Niní. Por eso, antes de que se echen a andar sus simpáticos, sus humanos personajes, antes de que el país entero se dedique a comentar sus peripecias, nos parece equitativo y necesario presentar un rápido primer plano de Niní Marshall diciendo simplemente que a ella le debemos la creación de un mundo jovial, armonioso, bueno y razonable, donde porteños y provincianos, gallegos, andaluces y judíos se divierten y nos divierten sin hacerse daño ninguno, sin recíprocos recelos o envidias, sin pelearse en razón de lo que creen o dejan de creer.

"En este universo ideal creado por Niní vamos a refugiarnos desde esta noche, alegres ciudadanos de un mundo claro y generoso. Yo pido a todos los oyentes de este programa, los muchos millares de oyentes de este programa, que aunque se encuentren solos frente al receptor aplaudan a Niní Marshall, como expresión de agradecimiento hacia una mujer, una pequeña y solitaria mujer argentina que ha realizado el milagro de alumbrar al mundo."

Ódena proyecta hacia adelante un futuro divertido, caduco un mes después de su discurso. A poco de las próximas elecciones presidenciales que auguran el triunfo radical, el 4 de junio de 1943 los militares golpean la democracia. La colocación de facto de Ramírez en el gobierno apunta el primer cañón contra Niní. El encargado de Instrucción Pública, Gustavo Martínez Zuviría (verdadero nombre de Hugo Wast, el firmante de novelones escritos desde un pensamiento antisemita), apoyado por el director de la oficina de Correos y Telégrafos, coronel Aníbal Imbert —sí, sí, el amigo de Eva Duarte—, organiza una campaña para cuidados de la lengua que ocasiona desastres en la identidad cultural del español en la Argentina. La censura previa, sostiene, propone la mejor manera de *proteger* el idioma y a quienes lo usan. Cómicos, letristas, actores y locutores, salvo excepciones acomodaticias, caen en las redes del intervencionismo o, lo que es peor, de la autocensura.

Sostiene Niní:

> *Si bien existían actores y locutores que cometían "horrores" de expresión, a veces asesinando el idioma y a los que se les debía exigir corregir su lenguaje, las autoridades de Radiocomunicaciones pretendieron en cambio olvidar el habla popular, el lunfardo, y esconder las realidades educacionales que la calle mostraba a diario. Se pretendió ignorar la forma de hablar de los argentinos y se excluyeron términos que años más tarde la Real Academia Española aceptó como formas de expresión populares y sinónimos que enriquecen la lengua.*

Por resolución oficial le arriman a Niní, a través de radio Splendid, una advertencia. Sus personajes, en particular Catita y Cándida, "tergiversan" el correcto idioma e "influyen en el pueblo, que no tiene capacidad de discernir".

Enojada, defiende a sus criaturas y hace notar que ella misma (adoradora de las letras y la dicción perfecta) escribe libretos que en el caso de Catita implementan el artilugio de que el interlocutor la interpela ante cualquier error y le enseña la pronunciación y el significado exactos. Catita escribe como habla y habla como hablan las catitas del barrio. Niní contesta lo irracional con argumentos sólidos. Su línea de trabajo se despega de la carroña del tiempo en el que le toca vivir; de otro modo no es posible demarcar un hito estético. La didáctica coloquial entre Catita y su interlocutor viene de fábrica y no por encargo burocrático. A continuación, el extracto de una audición en radio El Mundo:

> *CATITA —Mamá pensó que lo habían ojiado a mi hermano, el Mingo. Entonce lo llevamo a casa de don Pepe, un viejito de la vuelta, que conoce enseguida, y cura, pero dijo que no era mal de ojo, sino que un empacho, y en tre día se lo va a quebrar.*

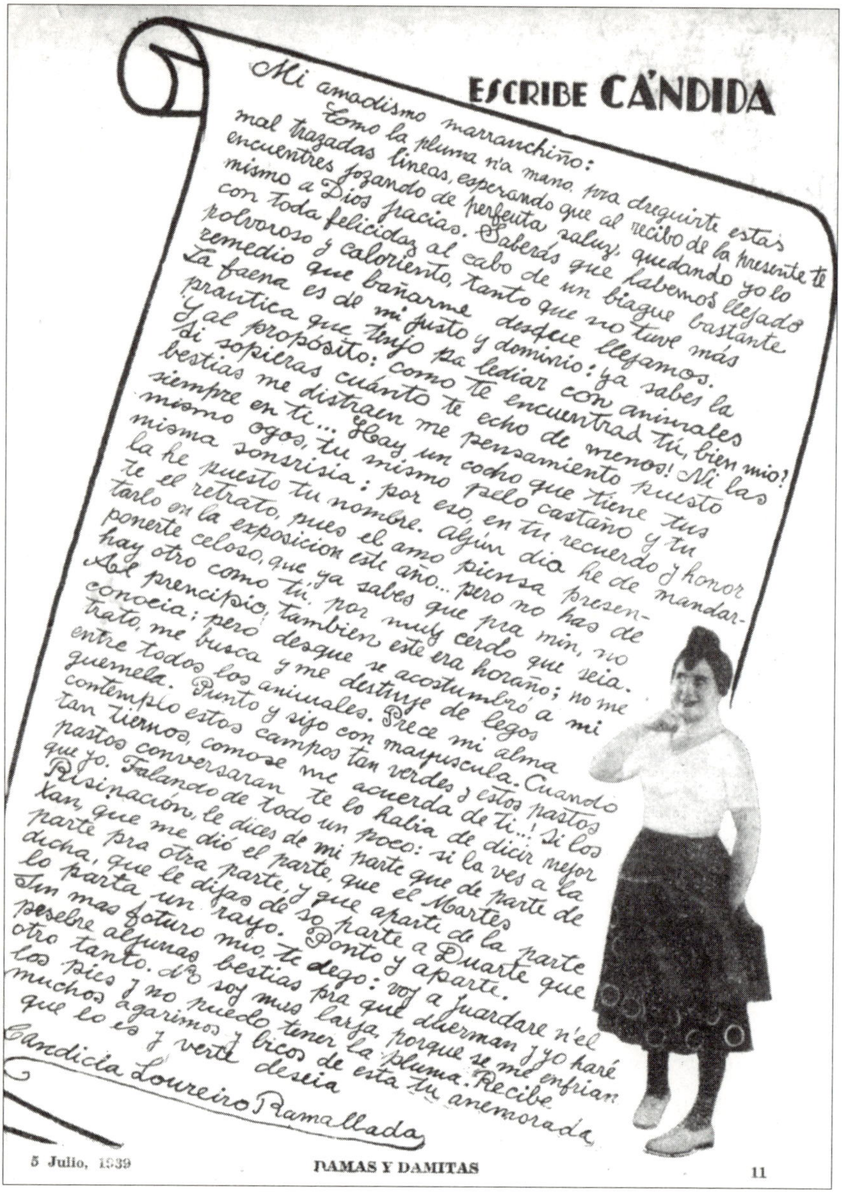

ESCRIBE CÁNDIDA

Mi amadisimo marranchiño:
Como la pluma n'a mano pra dreguirte estas
mal trazadas lineas, esperando que al recibo de la presente te
encuentres gozando de perfeuta saluz, quedando yo lo
mismo a Dios gracias. Saberás que habemos llegado
con toda felicidaz al cabo de un biague bastante
polvoroso y caloriento, tanto que no tuve más
remedio que bañarme desque llegamos.
La faena es de mi gusto y dominio: ya sabes la
prauctica que tengo pa lediar con animales
¡Y al propósito: como te encuentrad tú, bien mío!
Si sopieras cuánto te echo de menos! Ni las
bestias me distraen me pensamiento puesto
siempre en ti... Hay un cocho que tiene tus
mismo ogos, tu mismo pelo castaño y tu
misma sonrisia: por eso, en tu recuerdo y honor
la he puesto tu nombre. Algún día he de mandar-
te el retrato, pues el amo piensa presen-
tarlo en la exposicion este año... pero no has de
ponerte celoso, que ya sabes que pra min, no
hay otro como tú. Por muy cerdo que seia.
Al prencipio, tambien este era horaño; no me
conocia; pero desque se acostumbró a mi
trato, me busca y me destinge de legos
entre todos los animales. Prece mi alma
guemela. Pronto y sijo con mayuscula. Cuando
contemplo estos campos tan verdes y estos pastos
tan tiernos, comose me acuerda de ti...! Si los
pastos conversaran te lo habia de dicir mejor
que yo. Falando de todo un poco: si la ves a la
Resinación, le dices de mi parte que de parte de
Xan, que me dió el parte, que el Martes
parte pra otra parte, y que aparte de la parte
dicha, que le digas de so parte a Duarte que
lo parta un rayo. Ponto y aparte.
Sin mas goturo mio, te dego: voy a guardare n'el
pesebre algunas bestias pra que duerman y yo haré
otro tanto. Ya no soy mas larga, porque se me enfrian
los pies y no puedo tener la pluma. Recibe
muchos agarimos y bicos de esta tu anemorada
que lo es y verte deseia
Candicia Loureiro Ramallada

5 Julio, 1939 DAMAS Y DAMITAS 11

ARCHIVO PERSONAL DE NINÍ

Letra, firma y primera caracterización de Cándida, en la revista "Damas y Damitas".

THORRY —¿De qué manera?

CATITA —Mire; el primer día hay que envolver al ibah...! Al..., ¿cómo es?

THORRY —Al paciente.

CATITA —Lo qué?

THORRY —Al paciente...

CATITA —No, al enfermo; hay que envolverlo con hoja de repolio todo cocinado que se hirve con la calor del mal. Entonce viene que hay que decir una palabra, pero, claro, yo no la sé, porque si el que cura la enseña, pierde la fuerza... Sólo la puede decir pa la noche de San Juan... Entonce sí, ve? Entonce no pierde nada. Despué, por tre día viene que agarra ceniza caliente en una cuchara grande y le frota el espinazo hasta la cintura, no? Y frota, frota y frota hasta que se viene colorado... Y al día tre, viene que le da una taza de té de yuyos, y ya está.

THORRY —El chico curado...

CATITA —Si no se muere, seguro que se salva.

THORRY —Y Mingo, ¿se salvó?

CATITA —A lo meno, hasta ahora, gracia a Dio y a la Virgen... Lo que sí dicen que alguno chico saben quedar sonsos...

THORRY —¿Sí?

CATITA —Diga, Thorry, a usté nunca le quebraron el enpacho?

Y Cándida reproduce en su andar las huellas dejadas por sus ancestros y la costumbre propia de subir y bajar laderas en su pueblo rural gallego. Lo mismo ocurre con su acento, el nivel de instrucción adquirido antes de haber pisado un país abierto a la inmigración y las dificultades para superar añoranzas causadas por el desarraigo. Sobre esto último, una carta suya, publicada el 5 de julio de 1939 por la revista *Damas y Damitas:*

Mi amadismo mamarrachiño:

Tomo la pluma n'a mano pra deguirte estas mal trazadas lineas esperando que al recibo de la presente te encuentres jozando de perfeuta saluz, quedando yo lo mismo a Dios jracias. Saberás que he-

mos llejado con toda felicidaz al cabo de un biague bastante polvoroso y caloriento, tanto que no tuve más remedio que bañarme desque llejamos.

La faena es de mi justo y dominio: ya sabes la prastica que tenjo pa lediar con animales y al propósito: como te encuentrad tú, bien mío?

Si sopieras cuánto te echo de menos! Ni las bestias me distraen de me pensamiento puesto siempre en ti... Hay un rocho que tiene tus mismo ogos, tu mismo pelo castaño y tu misma sonsrisia: por eso en tu recuerdo y honor le he puesto tu nombre. Algún día he de mandarte el retrato, pues el amo piensa presentarlo en la exposición este año... pero no has de ponerte celoso, ya que sabes que pra min, no hay otro como tú, por muy cerdo que seia.

Al prencipio, tambien este era horaño; no me conocia; pero desque se acostumbró a mi trato, me busca y me destinje de legos entre todos los animales. Prece mi alma guemela. Punto y sijo con mayuscula. Cuando contemplo estos campos tan verdes y estos pastos tan tiernos, como se me acuerda de ti...! Si los pastos conversaran te lo habia de dicir mejor que yo. (...) Ponto y aparte.

Sin mas foturo mio, te dego: voy a juardare n'el pesebre aljunas bestias pra que duerman y yo haré otro tanto. No soy mas larja porque se me enfrian los pies y no puedo tener la pluma. Recibe muchos agarimos y bicos de esta tu anemorada que lo es y verte deseia.

Candida Loureiro Ramallada

A menos de un mes del golpe militar Niní se entera de la respuesta verticalista. Sus compañeros Carlos Ginés e Iván Casadó la esperan en la emisora con la mala nueva: su audición ha sido suspendida debido a que dos de las tres partes del libreto resultan rechazadas por Radiocomunicaciones. A Catita y Cándida les tapan la boca; Belarmina, salvada. Niní propone a la radio una salida rápida y hace el sketch de Belarmina; en el espacio restante imita a Libertad Lamarque, Margarita Xirgu y Berta

MUSEO DEL CINE

Augusto Codecá, Tato Bores y Carlos Ginés la saludan por su vuelta a la radio.

Singerman, despidiéndose entonces: "Hasta el viernes... si nos dejan". El moño irrita a los irritantes. Splendid quiere retener a Niní. Le piden que le encuentre una vuelta al asunto y ella accede. Catita sufre un ataque de catalepsia: cuando despierta, hace uso de la palabra con los términos más estrafalarios que Niní toma del diccionario, y Cándida, refinada, es la criada que asiste a su patrón en sus intenciones suicidas. El texto —una obra en verso— resulta prohibido el 24 de junio por José Ramón Mayo, a cargo de la oficina Preventiva (¿?) de Radiocomunicaciones. Entre sus considerandos sostiene que la autora "demostró que sabe manejar con habilidad el género alegórico y simbólico en tono de farsa. Reincide en aquél, desde luego con ingenio, pero sin pizca de respeto o acatamiento a las directivas de Radiocomunicaciones"...

Bueno, ya no es uso correcto del idioma sino alegorías y

simbolismo. Es contenido. Es metamensaje. Es lo que subyace. Es lo que cree leer el que lee. Es la quinta pata que no existe en el gato. El tal Mayo lee una parodia, según sostiene, de cómo Catita está "maniatada" por Radiocomunicaciones. Y lo de maniatada es un término que corre por cuenta de Mayo, quien parece fascinado por el ingenio —propósito de la obra de Niní— pero censura el texto leído y previene a la autora: "Cualquier reincidencia de esa índole la hará acreedora de las medidas a que haya lugar".

Niní dice basta. Acuerda con la emisora la rescisión de su contrato. Al menos le alegra que su público proteste contra el abuso de poder. En adelante, desde 1948 y hasta su exilio, en determinadas zonas de Buenos Aires se escuchan sus audiciones por radio Carve de Montevideo, donde debuta Mónica Bedoya Hueyo de Picos Pardos Sunsuet Crostón.

Pasan doce años antes de su retorno a la radio argentina, hasta la recordada bienvenida que Splendid le organiza el 28 de julio de 1954. La transmisión especial desde el Consejo Nacional de Mujeres despierta una de las mayores ovaciones. El director artístico de Splendid, Pablo Osvaldo Valle, agasaja:

"Señoras y señores: Los pueblos felices son generosos de su dicha y la derraman en simpatía sobre sus artistas predilectos. En el centro mismo del corazón de nuestro público, en el corazón de su corazón está Niní Marshall. Acercar nuevamente a sus innumerables amigos esta voz representativa de la simpatía porteña es un regalo de alegría que el público argentino está dispuesto siempre a agradecer.

"Radio Splendid quiere dejar constancia de un motivo que determina su particular gratitud: este año se cumple su vigésimo año de existencia y esta reaparición de Niní Marshall es su cordial adhesión como artista que nos ha acompañado durante mucho tiempo. Su actuación abarcará solamente ocho representaciones. Niní Marshall renovará sus mejores éxitos. Su aparición ante el micrófono será muy breve y reeditará con tal motivo una selección de sus libretos anteriores.

"Al decir una selección, comprendemos el alcance cabal de la palabra: selección de calidad y de intención, porque los personajes de Niní no son una imitación ni una parodia; mucho menos, una burla. Niní tiene el don extraordinario de observación pero tiene también una fina cultura y una delicada comprensión humana. Así, Catita, al repetir expresiones que suponen una deformación idiomática, no pone en la picota a quienes le sirvieron de modelo ni invita a su imitación; hace sí risueña crítica benévola, que aconseja: 'He aquí lo que no debes copiar'. Y Cándida, humilde, inculta, quiere ser la expresión de esa generosidad gallega que alcanza a las capas más modestas. Con Cándida, Niní nos obliga a no conformarnos con juzgar sobre la apariencia de las gentes, a apreciar los quilates del corazón. Y así los personajes, de quienes todos hemos aprendido algo y que a nadie han ofendido.

"Por eso entiendo que la reaparición de Catita no supone una transgresión de loables disposiciones tendientes a depurar el idioma, sino una colaboración por el camino accesible del humorismo de buena ley. Me es particularmente grato aproximarla a nuestro micrófono y decirles a sus innumerables amigos: aquí está Niní Marshall, ábranle ustedes camino a ese lugar de su corazón que desde hace tanto le está especialmente destinado."

Entre los reconocimientos que la esperan en su país a la vuelta de México, el académico aparece reflejado en las siguientes cartas inéditas:

La Plata, Mayo 11 de 1956

Estimada señora:

El Instituto de Filología dependiente de la Facultad de Humanidades de La Plata ha proyectado la formación de un Archivo Sincrónico del Habla actual argentina, que permitirá el estudio de particularidades sintácticas, lexicográficas y fonéticas en diferentes estratos sociales y culturales. La creación de algunos de sus personajes demuestra una detallada observación del habla argentina; considerando que su colaboración podría ser altamente valiosa para nuestro trabajo, nos permitimos pedirle una entrevista, a efectos de conversar personalmente sobre el tema.

Saludo a usted con mi más distinguida consideración.

Roberto de Souza
Departamento de Filología
Plaza Italia nro. 121
La Plata

* * *

La Plata, Julio 17 de 1956

Estimada señora:

Conforme a lo convenido, y para facilitar nuestra entrevista en forma tal de no abusar de su valioso tiempo, queremos anticipar a usted algunos de los detalles relacionados con la tarea que nos proponemos.

El archivo sincrónico del habla argentina actual deberá registrar dicción, entonación y vocabulario representativos de los estratos culturales del país en todas sus zonas y, como usted sabe, juzgamos de mayor interés para la confección de ese archivo los tipos que usted ha compuesto, reveladores de una fina y penetrante observación lingüística práctica.

Como ese archivo estará formado por las grabaciones de

corta duración (quince minutos en total) y hay un tema común a todas ellas, desearíamos encarar la posibilidad de que usted lo utilice desde el punto de vista de Catita.

En otros casos, el sujeto de investigación es el propio hablante y es imprescindible la espontaneidad de su relato. En el caso de usted, la grabación difiere de las demás, por tratarse de personajes: Mónica, Jovita, Belarmina y Catita. (Entre esos cuatro personajes deberá usted distribuir los quince minutos de que disponemos, dedicando cinco minutos a Catita y tres a cada uno de los otros.) Para los primeros son perfectamente aprovechables los libretos ya difundidos, los que usted juzgue más representativos de las respectivas clases sociales. Los cinco minutos de Catita, en cambio, tal vez alcanzan para relatar el tema común a todas las grabaciones del archivo, que es el tema de Edipo.

Layo y Yocasta, reyes de Tebas, han sido prevenidos por un Oráculo: el hijo próximo a nacer dará muerte al padre y desposará a la madre. Compadecido de la criatura, el criado la confió a unos campesinos establecidos lejos de Tebas, y éstos se la entregaron a Pólibo, rey de Corinto, que no tiene hijos y la cría como hijo propio. (...)

Ésta es la línea elemental del argumento, de la que usted seleccionaría motivos más apropiados para la interpretación, reduciéndola a voluntad. Se adjunta copia de la síntesis que utilizamos como modelo universal.

El profesor Hernando Balmori se halla en La Plata hasta el 30 del corriente y dentro de este término desearíamos que usted nos fije día y hora para la entrevista.

Saluda a Ud. con la mayor consideración

Roberto de Souza

* * *

La Plata, 20 de octubre de 1956

Sra. Niní Marshall
Guido 1551

Estimada señora: el Director del Instituto de Filología se hace el grato deber de renovar a la señora Niní Marshall las expresiones de agradecimiento por la generosa y valiosa cooperación brindadas.

Al propio tiempo augura a la distinguida actriz los sucesivos éxitos que merece su talento.

La saluda con alta consideración

Profesor Clemente Hernando Balmori
Director del Instituto de Filología

Con gusto Niní graba las cintas que sirven como ejemplo en clases sobre usos del idioma en los claustros universitarios. Catita desarrolla la temática sobre Edipo en una de sus conferencias más conocidas en la radio. El original de otra de ellas permanece bajo el resguardo de la actriz y cantante Cecilia Rossetto, a quien Niní le obsequia varios libretos porque confía en su capacidad interpretativa. A los estrenos de la Rossetto los aplaude desde la primera fila en la platea. Rossetto sólo los incorpora a sus bienes más adorados, teme profanarlos, pero en la intimidad de su hogar, al revisar el texto en voz alta, recrea la pronunciación exacta de una catita.

Conferencia:

"La inorancia de la persona"

La inorancia de la persona,es el defeto mas triste que puede sufrir el cuerpo humano.Si no sería la inorancia,no esistirían tantos alfabetos,que no saben leer,cuanti meno ni escribir. Esisten también los inorantes de nacimiento,y los inorantes por culpa suya,o sea los que no leen ni la guía de taléfano,sabiendo leer,lo cual es como si no sabieran,porque gastarse los ojo en aprender las síbalas,pa después no usarla,es como un manco doble,que aprendería a tocar el piano. Parece mentira que haiga tantas inorancia inoradas en el mundo!...

Otra clase de inorantes,son las personas refrataria de los miclobio,que se piensan que son animales que no esisten,porque no los ven,y solo creen en los miclobios del queso,liamados gusanitos en Roquefor,porque los ven,los tocan y los comen como tienen la costumbre muchos asquerosos.

En vez,si uno les dice de que el tifo produce miclobios,porque no los ven ni los tocan,no los creen anque mas de cuatro vece,se los haigan comido con aguas infestadas,ensaladas crudas y encétera.

Tamién las vacuna,tiene sus contreras,pero muy bien que si un parro los muerde,hasta los mas refratarios,corren al estituto,a que les dean inyeciones patoruzadas contra la rabia.

Asimimo,muestran su inorancia,los padres que castigan a sus tiernos hijuelo,pegandolés,No digo de que alguna vez les venga bien uno que otro coscorrazo,y hasta una patada o un palo,pa que aprendan a no ser inorantes,pero ya,pegarles a diario,no está bien,porque no les hace ningún efeto;en vez el efeto,se les hace en las manos a los padres marvados,lo cual es una severa leción,pa que otra vez, aprendan a usar un palo,en vez de las mano.

Otras inorancias muy común,es la custión de los bilietes de dinero modernos. Hay seres humano,que se hacen un lio con los vueltos,como ser:si un ojebto vale 3000 pesos,se piensan de que vale 3000... y en vez,no,porque hay que agregarle dos ceros,y quedan 300.000 cientos miliones de los antiguos.

Otra inorancia muy creticable,es cruzar la carzada,sin oservar los semáforo. Cruzan de vedera a vedera,con la luz colorada,y se hacen bolsa aplastados por los autos,los coletivos y otros vínculos veloces.

También son inorantes los que largan la basura en la calie,en lugar de rejuntarla en su bolsita,atada con un moñito,pa que los camión recoletores la lieven al cinturón escológico que rodea de basura a la ciudá,hingienizándola. Si la basura se rejunta en las calies,de noche las ratas se comen los desperdicios...¿No sería mas humanitario ponerles un platito con comida y agua pa que se alimenten hingiénicamente,como es endebido?

Y cómo éstos hay mil enjemplos de inorancia,los cual son necesarios de combatir por razones de coltura y salubridá pública.

En el original escrito a máquina, a un costado del título aparece la anotación a mano: 4'. Es el tiempo empleado por Catita para la lectura de su texto. La señalización de Niní existe en muchos de sus libretos preparados para la radio o el teatro. En cuanto a la ignorancia con los vueltos del dinero, hace referencia a una época en la que en la Argentina convivían una vieja y una nueva numeración monetaria. ¡Qué barullo para Catita habría significado manejarse con el entuerto de pesos, dólares, patacones y bonos varios disparados a partir de la crisis de 2001!

¿Habrá alguna igual?

Mientras reside en México, se entera de un arrebato oportunista. En Buenos Aires, asegura la autora Niní, actrices y actores sacan provecho de sus personajes. "No eran simples parecidos ni consecuencias de inspiraciones sospechosas. Se hacían en teatro, televisión o radio vulgares plagios de Catita, Cándida y otros. Hubo quienes llegaron a copiar mis libretos con una impunidad que me subleva." Niní resguarda sus escritos, a los que siempre registra en la entidad correspondiente. No acepta que los interpreten segundos o terceros y sólo cede hacia el final de su vida al pedido del director Alfredo Arias y la actriz Marilú Marini, quienes la homenajean en París y en Buenos Aires. Sí los regala a algunos travestis que conoce en los 80.

Dada la magnitud de su obra y el éxito de público obtenido parece natural que Niní haga escuela. Pero estricta como es con ella misma para procurarse una identidad creadora, suma de las identidades de sus personajes, no entiende los casos en que la cuestión de trascendencia pasa por igualar a un semejante, sin correr con el disfrute y los riesgos de la inventiva. Cómo engañarla, si concibe la cadena completa de la caracterización: el habla, la voz, los gestos, la personalidad, la historia, el vestuario y el maquillaje. A leguas identifica —por minúscula que fuese— la usurpación. "El plagio y la imitación"; así se llama la ponencia que envía al Primer Congreso de Autores Radiales de la República Argentina, organizado por Argentores en 1951. Una mujer pequeñita alza una protesta enérgica. El tono del mensaje constituye, tal vez, una rareza. La hace aparecer en público tan seria como nunca:

> *Bien saben ustedes, con acatamiento de la Real Academia Española, que plagio significa apropiarse de obras ajenas y darlas por propias, y que imitación significa hacer una cosa a semejanza de otra.*
>
> *El plagio, condenado por leyes de los países cultos se encubre, en su forma más artera, de despojo de legítimos derechos, bajo la denominación de imitación. Y así, en nombre de la imitación, se usufructúa desembozadamente la creación literaria, artística e interpretativa de quienes, con paciente actividad y tesonera observación de léxico, tipos y costumbres, entregan a la consideración pública libretos originales de auténtica pertenencia, que saben del beneplácito popular.*
>
> *El delincuente profesional no espera para consumar su acto punible a un ciudadano cualquiera. Escoge premeditadamente al pudiente, así su atraco rendirá óptimos beneficios. El imitador, como el delincuente, escoge siempre para actuar, como hasta ahora impunemente, a los mejor dotados.*
>
> *La legislación argentina no ha sido sorda a esa manifestación delictuosa y también ha estructurado un cuerpo de leyes que el ciudadano damnificado puede utilizar cuando lo estime justo y conveniente a sus intereses y derechos atropellados. Pero surge entonces el sentimiento de compañerismo y el respeto a la profesión en sí.*
>
> *Debemos respetarnos para que nos respeten.*
>
> *¿Hasta cuándo no levantaremos la mano contra otro colega*

inescrupuloso, en nombre de delicados sentimientos de fraternidad por el núcleo?

Se hace evidente que ha llegado el momento, en este resurgir de todos los ideales argentinos largamente abotagados, para poner las cosas en su lugar. Nunca mejor oportunidad que ésta, brindada por Argentores, para dejar sentada la siguiente ponencia:

1) Constituir un Tribunal de Honor de Autores Radiales Argentinos, nombrado en debate público por este mismo Primer Congreso, que entenderá en todos los casos de litigio entre colegas, con referencia a plagios e imitaciones.

2) Dicho Tribunal de Honor deberá expedirse dentro de los 30 días a petición del autor demandante que haya aportado pruebas fehacientes que substancien su reclamación. Si el autor demandado resultare culpable a juicio del Tribunal de Honor, será observado amigablemente, en la primera ocasión, haciéndose constar en Acta.

3) Si el mismo autor fuere objeto de observación por parte del Tribunal de Honor por tercera vez, en la próxima reincidencia sería eliminado del nomenclador social dejando de percibir los beneficios que acuerda la entidad a sus asociados.

ARCHIVO PERSONAL DE NINÍ

Convocada por Manolo Fábregas, vuelve al teatro mexicano en 1961.

ARCHIVO PERSONAL DE NINÍ

Afiche de la obra con la que regresa a la ciudad que la ampara.

4) En todos los casos, el Tribunal de Honor, surgido de las filas del Primer Congreso de Autores Radiales Argentinos, normará su criterio por las disposiciones de la ley 11.723 de Propiedad Intelectual y el Código Penal.

5) Todos los veredictos del Tribunal de Honor se harán de público conocimiento para la mejor información de los autores y para la orientación del auditorio, que al grado de confusión a que hemos llegado no sabe a ciencia cierta "quién es el imitador de quién".

Podría abundar en otro tipo de consideraciones, pero en la seguridad de que la Asamblea soberana dictaminará honradamente sobre lo que mejor convenga a su dignidad e intereses, hago propicia la ocasión para testimoniar la seguridad de mi consideración más distinguida.

La ponencia consigna además los artículos de la ley de Propiedad Intelectual y del Código Penal referidos a plagios, imitaciones, estafas y defraudaciones.

Sin embargo poca repercusión obtiene Niní, a juzgar por las siguientes ocasiones en las que busca amparo. Fechada el 18 de octubre de 1965, su carta enviada a Roberto Tálice, presidente de Argentores, reafirma la preocupación e incorpora datos inequívocos. A pesar de su pedido formal y advertencia, ella no constata resultados concretos. En adelante, decepcionada, opta por lamentarse sólo ante sus allegados.

Escribe Niní:

> *De mi mayor consideración. Tengo el honor de dirigirme a usted y, por su intermedio, a los Consejos que corresponden, para hacer de su conocimiento lo que sigue:*
>
> *1) Desde hace años el señor Delfor y su audición* La revista dislocada *viene realizando reiterados despojos de mis creaciones originales como autora e intérprete. Mis personajes Catita, Mónica, Jovita y otros son el blanco de esos plagios, tanto en su jerga, sus acentos y su modalidad; sus dichos y sus reacciones características.*
>
> *2) No ignoro que puedo apelar a la Justicia a través de la ley*

GENTILEZA: HUGO LAZARIDIS

Sigue en contacto con Libertad. Aquí, en su casa, para su cumple del 83.

11.723 de Propiedad Intelectual y, por extensión, al Código Penal; puesto que son muy graves las sanciones para "el que roba una gallina". Y a mí, el señor Delfor me lleva substraídos "muchos gallineros".

3) No lo toleraré más y antes de apelar a las leyes vigentes, por solidaridad con la ética que rige nuestras actividades a través de Argentores, recurro a la entidad para que pulse los resortes morales que estime más convenientes.

Si así no fuera, de hoy en más me reservo todas las acciones que juzgue pertinentes, pues la decencia profesional debe ser norte de nuestro quehacer y nuestra obligación, el preservarla.

Pendiente de sus comentarios, pláceme saludar a usted con mi consideración distinguida, como atenta consocia, amiga y s.s.

Delfor es Delfor Amaranto Dicasolo, conocido popularmente por su primer nombre de pila. Forma elenco propio en radio Argentina y se traslada a Splendid en la misma época en que Niní regresa de su exilio. En *La revista dislocada* parodia a personas reconocidas —entre ellas, a Luis Sandrini y Niní Marshall—, firma sus libretos con el seudónimo de Armando Libreto en colaboración con Aldo Cammarota para el programa transmitido por los canales 7, 13 y 11 de televisión.

Niní no define su trabajo como el producto de la mera imitación. En realidad en pocas oportunidades repite sin variantes, con gestos y modismos del lenguaje, a puntuales personas. Existen familiares y amigos suyos muy deseosos de servirle de modelo, a los que explica su desinterés por las monerías a pedido. A la manera de muchos creativos, mantiene mañas inamovibles. Imita durante su infancia, y sobre escenarios teatrales en los '40 parodia a Libertad Lamarque, Margarita Xirgu y Berta Singerman. La de Singerman debe suspenderla por solicitud expresa que le hace la actriz, poco gustosa de verse retratada. A la de Libertad apela durante la audición de radio Splendid del '43, cuando le prohíben hacer Catita y Cándida. Niní instala caracterizaciones abarcativas originales. Esa veta creadora aminora, de paso, su exposición ante situaciones conflictivas, lo cual no resulta garantía —ya se vio— para cuando el poder omnímodo actúa bajo los dictados del resentimiento.

Hija mía

ARCHIVO PERSONAL DE NINÍ

"Angelita (la favorita del sultán) y Niní (la envidiosa). Alcázar de Granada, 1950." Epígrafe original escrito por Niní.

La vida stá muy difícil!... Hay que sufrir austeridad!... Ya disfrutaremos prosperidad!...

Mi hijo Móishele le preguntó ayer al padre:

—Pápele, qué es prosperidad, y qué es austeridad?

Marido mío le explicó:

—Mirá: prosperidad es lindo!... Ejemplo: tenés sed? Champagne francés!... Precisás viajar?... Mercedes Benz. Querés amor?... Brigitte Bardot...

—Y austeridad pápele? Qué es austeridad?

—Austeridad es feio!... Ejemplo: tenés sed?... Sifón... Precisás viajar?... Colectivo... Querés amor?... Tu mamá.

(DOÑA POLA KOHAN,
EN EL UNIPERSONAL "Y SE NOS FUE REDEPENTE".)

Su espíritu viajero, capaz de situarla a miles de kilómetros de donde pisan sus pies, la pone seriamente en riesgo durante un verano en la playa, a fines de los '30. Niní agudiza la mirada hacia un cielo repleto de nubes multiformes, imagina objetos, animales, rostros conocidos o especímenes recién moldeados por el viento. Se deja llevar libre, independiente. Su cuerpo —panza arriba, plancha liviana— va transportado sobre una ola del Río de la Plata, del lado oriental, que la aleja del balneario Carrasco. El peso de la lana mojada de su traje de baño (negro en la parte inferior, a rayas blancas en la superior cerrada, discreto) le da la primera alarma. Niní atina a asirse de otro veraneante, cierto hombre asustado que le mete un puntapié a la náufraga y acude en busca del guardavidas. Ella no recupera la flotante posición horizontal; a manotazos aguanta hasta el heroico rescate. Tanta agua traga la pobre que el susto le provoca terror a nadar. Lo ocurrido luego del episodio, observado con preocupación desde la costa por Angelita, de once años, ejemplifica la entrañable relación madre-hija. Así como Angelita la acompaña en posteriores ocasiones a la playa, quedándose a cuidarla del lado del mar a modo de mojón o de reparo, mantiene su presencia cercana para asistirla en todo. Privilegiada primera lectora de guiones originales, vestidora en muchas ocasiones, compinche, vecina en el edificio de la calle Paraná (golpecitos en la pared que separa los departamentos son la señal, cuando una requiere la presencia de la otra.). Anfitriona en el departamento en el que Niní

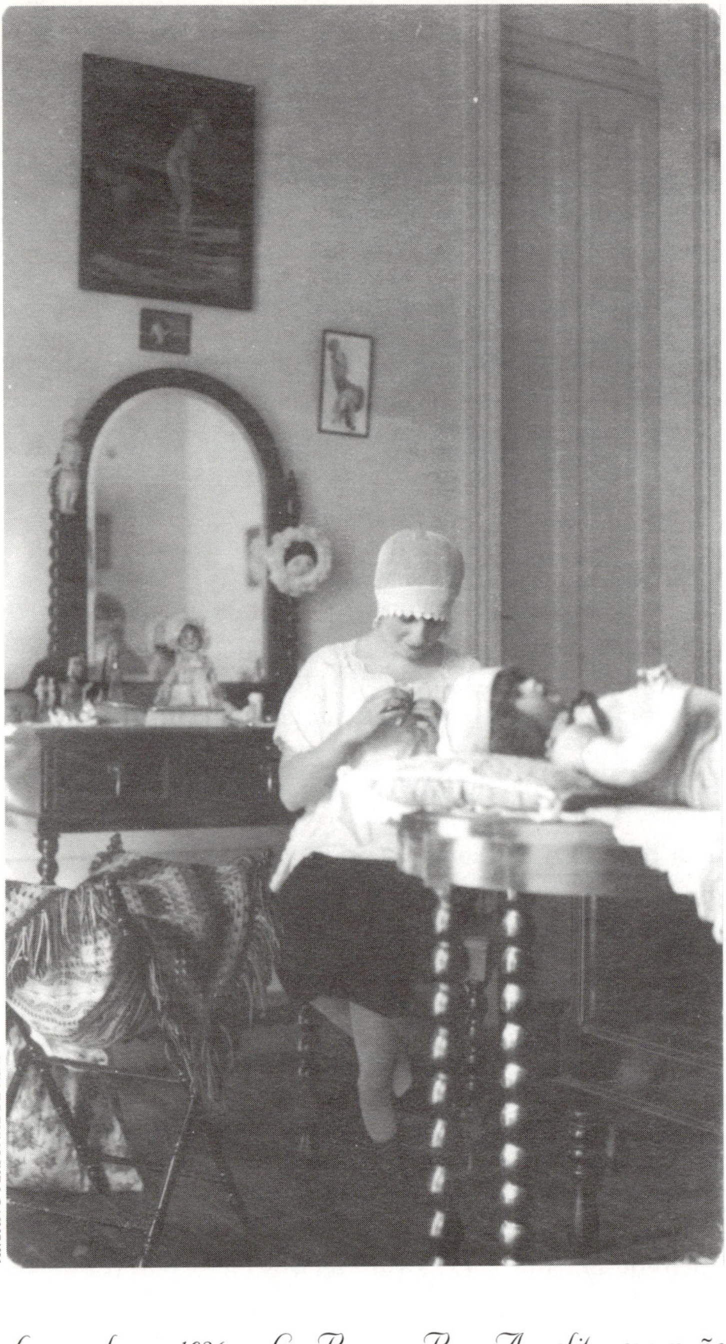

ARCHIVO PERSONAL DE NINÍ

Embarazada, en 1926 en La Pampa. Para Angelita, esa muñeca.

mora en sus últimos tiempos, acompañada por su segundo marido, Juan Carlos Abregó, le provee la máxima atención requerida para una mujer longeva a la cual la prensa, los amigos, los colegas, los admiradores, reclaman constantemente.

El parecido físico entre ambas y la perfecta dicción de Angelita para hablar a la manera de cualquiera de los personajes estimulan al productor Lino Patalano a tentar a la hija para que reemplace en cierta oportunidad a la madre sobre un escenario, frente a un imprevisto. Angelita toma su propio rumbo laboral, el profesorado de inglés que la ubica como presidenta del instituto de la Asociación de Ex Alumnas del Lenguas Vivas. Su amor por el arte se traduce en apoyo a la carrera de Niní o Mimina. A lo sumo junto a su madre —por insistencia de ésta— acepta en los 70 integrar el elenco de *La señora Barba Azul,* adaptación de Niní de la comedia española *Madame Verdoux,* de Adrián Ortega, dirigida por Miguel Mileo en el teatro Buenos Aires. Sólo pocas personas saben que la debutante Angelines Gam usa seudónimo; de veras es Angelita, casada entonces con Rubén Gamallo. Esporádicas experiencias son puestas privadas en la casa materna y el espectáculo musical en el teatro Coliseo, *Buenos Aires de seda y percal,* con Mariano Mores, Mirtha Legrand y elenco. Niní aporta sus sketches; la primera vedette Dorita Burgos expone un cuadro playero ideal para mostrarse en biquini y está impedida, por compromisos con la televisión, de concretar la función los miércoles. La reemplaza una vez a la semana Angelita. Ella no se siente vedette; pisa el escenario tapada con una salida de baño y para cuando le toca un diálogo con Niní la tentación cómplice de las dos es inevitable. (Un miércoles, Niní hace una pausa en su parlamento más larga que la pautada. Angelita la mira, piensa que le dan pie para su turno, queda desorientada y comenta: "Y ahora, ¿qué digo?". De la risa se tapan la cara con las manos y no terminan el libreto. Cómplices, eso son.)

Angelita anticipa la pregunta que, cree, abre la entrevista.

No es cierto —asegura— que nunca corta el cordón umbilical. "Sí admito con orgullo que mi madre era mi mejor amiga." La relación guarda mucha similitud con el nexo establecido entre Niní y Mamá Ángela, alentadora de las travesuras. Mamá Ángela concurre a una fiesta en la escuela de su hija, la maestra que está a su lado no la conoce y le anuncia el número siguiente: "Ahora vendrá el perejil de la salsa"... En escena entra el condimento, la alumna Marina Esther Traveso. Mamá Ángela, encantada, pero su hija mayor Blanca entiende en cambio que las ocurrencias de Niní pueden contribuir a hacer quedar mal a la familia. Blanca acepta las inclinaciones artísticas de su hermana recién cuando ésta se convierte en Niní Marshall y demuestra que el camino elegido le significa un medio de vida y reconocimiento.

Angelita no alcanza a conocer a Mamá Ángela, fallecida por una embolia cerebral al igual que, más tarde, su tía Ana. De todas maneras la habilidad de Niní para el asiduo relato oral permite que Angelita sepa pormenores de los hechos y personas pertenecientes a las etapas de la niñez y la juventud de su madre: "Yo debo ser la nieta que más ama a la abuela Ángela, la quiero a través de las anécdotas. Aprendí de memoria las características de compañeras y profesoras del colegio de Mimina, que fue muy querida. Hasta en algunas materias pueden haberla aproba-

ARCHIVO PERSONAL DE NINÍ

Casi se ahoga en esas vacaciones de diciembre del 36, en Carrasco.

do por ello. En Matemáticas, por ejemplo, le iba mal. Decía que no sabía hacer ni las cuentas del panadero; algo evidente para cuando administra su carrera. Aun así su trabajo nos banca a las dos". (Una frase de Niní para Angelita: "Si yo no hubiera sabido hacerme la graciosa, no sé qué habría sido de nosotras".) La poca expectativa —producto del consabido inconformismo— ante el estreno de sus obras vuelve pesimista a Niní a la hora de calcular ganancias. Nunca acuerda ir a porcentajes; prefiere la cifra menor pero segura. Nunca cobra aportes autorales en cine; ni ella ni sus herederos disfrutan desde el punto de vista rentable el auge de "las películas de Niní Marshall" que el público continúa viendo en televisión o alquila o compra en video. De su experiencia como productora la amarga el fracaso de 1944: invierte grandes sumas para montar la comedia *Un lío de millones o un millón de líos* dirigida por Narciso Ibáñez Menta padre. La crítica no acompaña; aparte, la exigencia para la escenografía aumenta el presupuesto nunca recuperado. Al menos la escalera enorme usada en el teatro Astral es aprovechada en la remodelación de la quinta de Moreno.

Cada vez que descansa en la quinta invita a su Pipón, el perro enamorado de su dueña, causando celos a Angelita; a su vez Sara, la ama de llaves, siente celos de Angelita. Las dos ayudantas trabajan codo a codo, por ejemplo, en *Y se nos fue redepente*. El unipersonal demanda sucesivos cambios de atuendos en cuestión de minutos; nada más el ropaje de La Niña Jovita implica peluca, enagua, medias, zapatos, dentadura especial sobre la propia, el sombrero y la jaula con el loro Romeo. Entre bambalinas el equipo trota atléticamente.

Una anotación descriptiva de los elementos necesarios para cada caso, realizada por Niní para que el Museo del Cine recree los personajes con los atuendos originales donados, destaca que Cándida "lleva vestido de paño marrón, debajo (asomando) el refajo de paño amarillo con bandas de terciopelo negro, los calzones

ARCHIVO PERSONAL DE NINÍ

Inseparables en el agua y la tierra. Aquí, en la quinta de Moreno.

(asomando), un delantal sobre el vestido a cuadros rojo y blanco, pañuelo floreado en la cabeza y las botas negras. Carmen, el vestido de gitana con el mantocito blanco; aparte el abanico y el mantón azul. Madame Sans-Gêne, el vestido de corte, en seda, y el abanico chiquito. La Mata Hari, *robe manteau* de terciopelo amarillo, el sombrero de plumas y los zapatos dorados". Allí, en el Museo del Cine Pablo Ducrós Hicken, el vestuarista Arialdo Giménez, quien supo entablar amistad con Niní en los '90 y la visitaba varias veces para recibir todo lo que compone la muestra permanente y conversar sobre el cine y la vida, es el guardián especial. "Muchas veces he llevado los vestidos para lavarlos; en casa nos peleamos para hacerlo porque nos emociona", comenta. Alhajas de La Bella Loli, anteojos de Gladys y de La Niña Jovita, nariz de Doña Pola Kohan y el zorro apolillado de Catita, donado en realidad a Niní por una amiga —existen fotografías de la presencia de la artista en el casamiento de la comedida dama—.

Antes de casarse con Carmelo Santiago, quien la asesora en menesteres de producción, Niní acude a un representante. Angelita señala que con él viaja Catita para su debut en 1949 en el barrio latino de Nueva York, y que, años después, es despedido por lo siguiente: Niní escucha en la radio a la Tía Valentina reprenderla por falta de ética, dado que supone que ha cobrado un importante cheque por una actuación a beneficio. Estupefacta, Niní averigua y descubre que alguien pide y retira, invocándola, ese cheque. Encara entonces al representante, lo echa y ruega que éste no haya repetido la maniobra en veces anteriores. Dice Angelita: "Era muy confiada y el episodio le dolió porque destinaba mucho tiempo para colaborar con distintas causas. Hace poco mi marido revisó papeles y descubrió enormes donaciones en dinero. Ella vivía cómodamente aunque no ahorraba. Recuerdo, sí, que tampoco olvidó sus épocas difíciles y por ello en casa era de aprovechar al máximo los ingredientes para la comida". Las anécdotas de la hija abarcan la correspondencia en ocasiones en que los viajes o la estadía en México la mantienen alejada de su madre, quien en sus cartas pinta situaciones o paisajes, haciéndola partícipe de cada recorrido. Angelita se siente en deuda porque proporcionalmente son más las esquelas re-

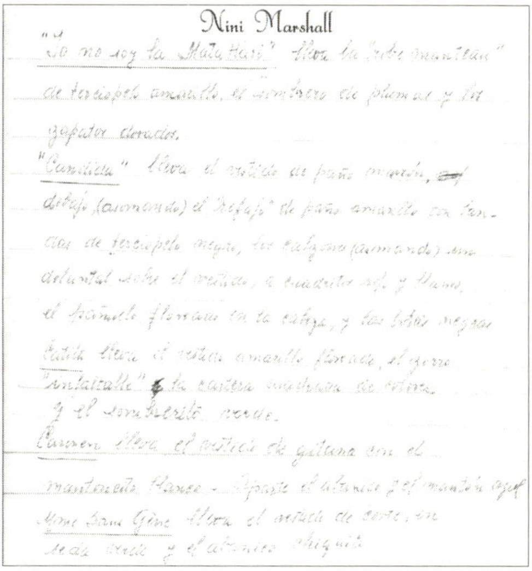
Nini Marshall

"Yo no soy la Mata Hari" lleva la "robe manteau" de terciopelo amarillo, el sombrero de plumas y los zapatos dorados.

"[illegible]" lleva el vestido de paño marrón, debajo (asomando) el "refajo" de paño amarillo con tiras de terciopelo negro, los calzones (asomando) un delantal sobre el vestido, a cuadritos rojo y blanco, el pañuelo floreado en la cabeza, y las botas negras.

Catita lleva el vestido amarillo floreado, el gorro "[illegible]" [illegible] la cartera [illegible] de [illegible] y el sombrerito verde.

Carmen lleva el vestido de gitana con el mantoncito blanco – Aparte el abanico y el mantón rojo.

Mme Sans Gêne lleva el vestido de corte, en seda verde y el abanico chiquito.

ARCHIVO PERSONAL DE NINÍ

Anotaciones sobre diversos vestuarios.

ARCHIVO PERSONAL DE NINÍ

Con Codecá, Mihanovich y Angelita, vestidos para una función a beneficio.

cibidas que las enviadas. "Mami mandaba una por semana, contándome el día a día. Era una fiesta abrirlas. Yo respondía con una o dos por mes (si es que en el medio no 'perdía' alguna), lo cual estaba mal; sabía cuánto ansiaba ella saber de mí; me remuerde la conciencia. Con el tiempo descubrí que mi vagancia tenía un origen. Mami nunca me habló mal de mi padre ni tampoco me contó qué había sucedido entre ellos; de eso me enteré ya de grande. Pero me obligaba a escribirle a él semanalmente. En ocasiones sentí esa constancia como un peso."

A México vuela Angelita de visita. Niní la presenta a Libertad Lamarque, que vive dos pisos más arriba en el edificio. Angelita conoce a Mirtha, la hija de Libertad; las amigas salen a pasear por la ciudad. Durante posteriores giras por el exterior, una vez resuelto su regreso a la Argentina, Niní relata nuevas experiencias, como las cubanas, para cuando filma *Una gallega en La Habana:*

Mi Angelita adorada:

Hoy terminamos por fin la dichosa película, aunque el lunes las regrabaciones que debemos hacer completen el acabado, pero ese trabajo ya no exige madrugones, ni maquillaje, ni actuación frente a los focos, ni todas las molestias que significa filmar, de modo que me sien-

to libre de tan fatigosa carga, y feliz por haber cumplido, sin graves contratiempos, mi compromiso.

El viernes debuto en radio y en un show de teatro en la misma C.N.Q, que es uno de los más importantes. Si impresiono igual que por televisión, me habré metido al público cubano en el bolsillo. Ésta será mi segunda satisfacción, después de haber conseguido volver a actuar en la Argentina, que era mi ambición máxima de los últimos tiempos. Tenía la espinita de Cuba, que se mostraba un poco indiferente, y me la voy a sacar.

Y luego... a casita otra vez y gracias a Dios. Así es que, para dentro de tres semanas, espero estar con ustedes.

Me toca aquí el carnaval, que dicen que es precioso. Ya te contaré. Hay corso, desfile de carrozas, reina del carnaval y comparsas afrocubanas. Vienen de los colegios americanos chicas, como se ven en las películas, dirigiendo la batuta al frente de vistosos conjuntos.

El ruido de La Habana es ensordecedor. Pobre mi sueño y pobrecitos mis nervios!... Chillan los claxon, la gente habla a gritos, las radios suenan a toda orquesta y los vendedores callejeros atruenan voceando los más diversos artículos... Qué bochincheros son!...

A cada paso me paran en la calle, con la consabida frase: Oye, Niní, yo he visto toas tus películas. Tú eres muy queria aquí en La Habana, sabe?...

Entre las cosas curiosas que te puedo contar, aquí va ésta: los negritos, cuando no tienen monedero o bolsillo, se guardan las monedas... en las orejas!...

Anteayer filmamos en una auténtica fábrica de tabaco, una de las más importantes, y al ser anunciada mi llegada, todos los obreros me reci-

ARCHIVO PERSONAL DE NINÍ

En épocas de la primaria guarda parecidos con su hija.

bieron golpeando, con la hoja de acero con que cortan las hojas de tabaco, sobre la mesa de armado, a manera de aplauso. No te imaginas mi emoción. Me invitaron a hablar por el micrófono, y así lo hice (la necesidad me ha puesto canchera), con lo que acabé de entusiasmarlos. Son muy cariñosos!

En el set, me proclamaron la artista más simpática, buena y dulce (textual) que ha pisado los estudios cubanos. Todos los muchachos del equipo me abrazaron, entre hurras, y me regalaron una medallita de oro con el número 13, para que recuerde a los chicos del staff. Te aseguro que se me asomaron las lágrimas!...

Bueno, mi vida: perdona este desorden de carta. Estoy cansadísima, y sin ganas de cuidar mi redacción, pero no quiero que pasen más días sin contestar tu cartita, que por fin llegó. También me vino una de Niguina, que dentro de unos días contestaré. Espero que todos estén bien, especialmente tú, y ardo en deseos de saber con certeza que me vas a hacer abuela... en la flor de la edad!... Sabes que las otras noches soñé que tenías un varoncito precioso de pelo negro, pero con la carita un poco angosta, en lugar de la de torta como la que tú tenías y que es mi ilusión para el nieto que espero.

Hasta la próxima, amor mío. Cariños a Rubén y a la Niguina, y para ti, un abrazo, que no por cuidadoso, sea menos efusivo.

Tu Mimina

Por fin en 1969 surge la posibilidad de un viaje de Mimina junto a su hija y sus nietos Marinita y Carlitos, de doce y ocho años. Todos a Europa. Durante un crucero por el Mediterráneo hasta Casablanca el vaivén del barco los marea. La abuela sale por el pasillo haciendo como que empuja las paredes y recorre el pasillo cual sonámbula embriagada. La familia ríe, unos turistas alemanes se asustan.

A dúo con la Rossetto

ARCHIVO PERSONAL DE NINÍ

Bromea en el barco como en el filme "Hay que educar a Niní".

El esquema de entrevista resulta elegido por la dramaturga Patricia Zangaro para guiar el encuentro público mantenido por Angelita y la actriz y cantante Cecilia Rossetto, una de las cómicas preferidas de Niní Marshall, en ocasión de la megamuestra *Niní. As noches muchachos...* realizada en la Fundación Banco Patricios en 1998. El guión de la charla "Esa otra Niní" preparado por Zangaro comienza con los acordes del bolero de María Grever, *Alma mía,* interpretado por Rossetto:

CECILIA: *Alma mía...* Yo cantaba esta hermosa canción en *Bola de nieve,* el espectáculo que hice en homenaje al gran músico cubano. La había escuchado en sus discos, y me parecía que con ella podía evocar al duende del Bola sobre el escenario. No fue poca mi sorpresa, y mi emoción, al descubrir que cuando actuaba como cantante internacional, con el seudónimo de Ivonne D'Arcy, también la cantaba Niní Marshall. Por eso me dije que, tal vez, con *Alma mía* sería posible convocar sobre este escenario al duende de Niní.

¿Por qué convocar a Niní? Sin duda, para volver a aplaudirla, como lo hice desde niña cuando disfrutaba de sus películas. Sin duda, para volver a decirle cuánto la admiro; para repetirle, aunque fuera demasiado humilde para aceptarlo, y demasiado sensible para escucharlo sin largarse a llorar, que la considero la artista popular más grande que parió este país... Pero todo eso ya se lo había dicho todas las veces que tuve la dicha de estar cerca de ella. (Siempre fui partidaria de los homenajes en vida.) Si pudiera convocar a Niní... Si la hiciera emprender un viaje tan largo, obligándola a peinarse, perfumarse y vestirse de punta en blanco —¡con lo coqueta que era!— sería para conocer a esa otra Niní, la que no estaba en la pantalla o en el escenario. Esa Niní diminuta y pudorosa que a puro talento y empeño se hizo paso en un mundo de hombres. Niní... una mujer... "con"... cabeza...

Pensaba que si alguien tenía que llevarnos de la mano hasta aquella Niní misteriosa, no podría ser por un simple dato de filiación. Repasando las memorias de Niní, encontré una foto de un bebé, y un epígrafe escrito por Niní que decía: "Angelita, la causa y la razón de mi lucha". Cuando nació su hija Angelita, Niní sufrió la pérdida de su madre. Poco tiempo después se divorció... Y es por aquella niña, que después se transformó en su principal consejera y en su sostén afectivo, que Niní Marshall echó mano de lo que sabía para lanzarse a trabajar. Es por el amor de aquella niña que Niní hizo público su enorme talento y se transformó en Niní Marshall... Con ustedes, Angelita Edelmann...

REPRODUCCIÓN: VERÓNICA IGLESIA

(ACORDES DEL PIANO. SUENA *SIBONEY*. UN HAZ DE LUZ SOBRE ANGELITA, QUE SE ACERCA A CECILIA Y LA ABRAZA. JUNTAS SE SIENTAN CERCA DEL PÚBLICO, PARA CONVERSAR.)

CECILIA: ¿Es cierto, Angelita, que fuiste la causa y la razón de la lucha de Niní?

ANGELITA: Sí, pobre mami, desde que nací fui la causa de su lucha: nací con fórceps... y mamá sufrió tanto que se le quitaron las ganas de tener otro hijo... Fue en la casa de su hermana, en Boyacá y Yerbal.

ARCHIVO PERSONAL DE NINÍ

La nena y la adolescente Angelita dibujadas con lápiz por su madre.

CECILIA: A tu abuela no llegaste a conocerla...

ANGELITA: No, ella murió dos meses antes de haber nacido yo. Fue un golpe muy duro para mi mamá.

CECILIA: ¿Cómo era la abuela Ángela? ¿Influyó mucho en la vida de Niní, verdad?

ANGELITA: Mi abuela era asturiana... y una mujer muy moderna. Se había divorciado de mi abuelo... imaginate, principios de siglo... Quería que sus hijos estudiaran... Mami decía que mi abuela era mucho más graciosa que ella. Me contaba que a veces se levantaba con ganas de salir y llevarla a pasear; entonces le decía: "Hoy me levanté con espíritu atorrantil"...

CECILIA: ¿Niní te contaba los recuerdos de su infancia?

ANGELITA: Sí, le gustaba aquella etapa de su vida. Fue muy mimada y muy querida. Mami siempre se acordaba de su casa de la infancia, en la calle Defensa. Yo la llevé un día a visitarla. Me contaba muchas cosas divertidas. Por ejemplo, que nunca usaba las escaleras, porque bajaba colgándose del pasamanos. Mami tenía mucha destreza corporal. Podía rodar o caerse para atrás como muerta, sin el menor esfuerzo. Me contaba que jugaba con sus muñecas, sus cinco "hijos", y que los hermanos la cargaban porque no podía tener hijos si no tenía marido. Entonces colgó un cartel en la puerta del cuarto que decía: "Viuda de Achával"... y agregó "modista". Sin embargo, tenía terror de un cuñado suyo que cada vez que la visitaba le decía que le iba a hacer los agujeritos de las orejas. Para cuando se casó, el cuñado le regaló un par de aros de brillantes para que se hiciera los agujeritos, y ella los usó con dos gomitas que disimulaba con el jopo.

CECILIA: ¿En la escuela era así de revoltosa?

ANGELITA: Mami era una buena alumna. Y también una gran bromista, que hacía reír a todas sus compañeras. Imitaba muy bien a las profesoras, como fue el caso de Miss Chisbrook.

(ANGELITA RECREA ANTE EL PÚBLICO LA IMITACIÓN DE SU MADRE.)

ANGELITA: Había inventado un personaje, Tomasito Nicolasito Rodríguez, un perrito que solfeaba, con el que se divertían sus compañeras. Como dibujaba muy bien, había hecho un dibujo de una hojita de afeitar. La imitación era tan perfecta que cuando sus amigas querían sacarle punta al lápiz, Niní les pasaba la hojita de papel...

CECILIA: Tal vez en su carrera como actriz haya conservado ese espíritu de estudiante divertida y transgresora. Quizá sea por eso que los chicos jóvenes la adoran y siguen divirtiéndose con sus películas. Vos conservás la carpeta de la escuela de Niní...

ANGELITA: Aquí está, sí. A mami le gustó siempre dibujar. Cuando estaba en el Liceo se pasaba el fin de semana dibujando para la escuela...

CECILIA: Mostranos el dibujo del langostín... A mí me divierte mucho, porque entre los originales de los monólogos que Niní tuvo la generosidad de regalarme... hay uno sobre la langosta... Seguramente Niní debe haberlo escrito pensando en sus épocas de estudiante... Tal vez el público no sepa que Niní escribía con la misma dicción de los personajes...

ANGELITA: Y la letra... hay una caligrafía propia de Catita...

CECILIA: Es decir que no dejaba nada librado a la improvisación... A mí esto me parece importante, porque siempre se insiste en el talento natural y la indudable genialidad de Niní, pero detrás de eso había una artista rigurosa, con una sólida formación...

ANGELITA: Claro, mamá aprendió a amar la literatura gracias a una profesora del Liceo, La Rossi, que le enseñó etimología. Esos conocimientos fueron muy importantes en las recreaciones que hacía del lenguaje a través de sus personajes. Pensaba ingresar a Filosofía y Letras. Si antes no se hubiera casado... Estudió canto, pintura, danzas clásicas... Cuando filmó *Mujeres que bailan*, por ejemplo, tomó clases de baile para recuperar lo que había estudiado en su niñez... Cuando creó el personaje de

ARCHIVO PERSONAL DE NINÍ

Charlando y de paseo por los Estados Unidos.

Giovanina Regadiera se preparó con un profesor de italiano... Bueno, mamá sabía francés y alemán... Tenía enorme facilidad para la versificación...

CECILIA: Vos me permitiste acceder a un álbum que Niní había armado como si fuera La Niña Jovita, donde hay poesías muy simpáticas sobre el loro...

ANGELITA: Aquí está...

CECILIA: Me gustaría que se lo mostraras al público... y que leyeras la poesía... ¿puede ser como La Niña Jovita?

(ANGELITA LEE LA POESÍA CON LA DICCIÓN DEL PERSONAJE.)

CECILIA: Niní hacía esto para divertirse...

ANGELITA: Y para divertir a su familia y a sus amigos...

CECILIA: ¿Con vos era divertida? ¿Jugaba en casa?

ANGELITA: Todo el tiempo. Yo me acuerdo de cuando mamá se había separado y decidió venirse a Buenos Aires a trabajar... Vivíamos en una pensión y a veces, a la noche, inventaba historias cuando nos sentábamos a tomar el café con leche... ahora pienso que hacía eso porque eso era lo único que teníamos para la cena por entonces... Pero yo no me daba cuenta, y me gustaban sus historias... algunas no mucho, porque eran cuentos de terror: "Imaginemos que estamos las dos solitas en una cabaña rodeada de lobos afuera, donde ruge el viento"... A mamá le gustaban los juegos con un poquito de miedo. A veces jugaba a quedarse quieta, como si estuviera muerta... eso no me gustaba mucho...

CECILIA: No debe haber sido fácil para una mujer sola y con una hija chiquita abrirse camino en esos tiempos...

ANGELITA: No. Imaginate que en el '37, cuando empezó a escribir sus libretos en radio El Mundo, tuvo que vencer una cerrada resistencia porque le decían que ser humorista no es cosa de mujeres. Mamá empezó como periodista gracias a un contacto de Delfín Rabinovich, un amigo de la familia. Escribió publicidad en la revista *La novela semanal,* chimentos en *Sintonía.* Después, como Ivonne D'Arcy, trabajó en la radio como cantante internacional... Mamá cantaba en cinco idiomas...

CECILIA: ¿Qué canción le gustaba más?

ANGELITA: Y... *Parlez moi d'amour... La paloma...*

(SUENAN LOS ACORDES EN EL PIANO. CECILIA CANTA LA CANCIÓN Y ANGELITA TARAREA ALGUNA ESTROFA.)

CECILIA: ¿Por aquella época conoció a su segundo esposo?

ANGELITA: Marcelo Salcedo, sí, mi padrastro. Ahí Marina Esther Traveso pasó a ser Niní Marshall: Mar de Marcelo, y Shall... bueno, de Shallcedo, ¡qué sé yo! Estuvieron juntos dieciséis años. Fue un verdadero padre para mí. Me celaba un poco, pero no mucho más que mamá...

ARCHIVO PERSONAL DE NINÍ

En los 80, junto a Jorge Luz y Cecilia Rossetto.

CECILIA: ¿Niní era severa como mamá?

ANGELITA: Bastante. Supongo que era la moral de la época. No me dejaba usar tacos altos; me acuerdo que los tenía que medir al comprarlos ¡y que no fueran ni un centímetro más alto de lo convenido! Cuando era adolescente tuve un pretendiente que me invitó a salir. Mami me dejó, ¡pero me prohibió que subiera con él a un taxi! ¡Qué pensaría que podría suceder en un taxi! Yo era tan dócil que aunque el muchacho llamó un taxi y no me animé a decirle que no, me quedé dura como una estatua: él en una punta, y yo en la otra... Después, nunca más me llamó.

CECILIA: ¿Niní prestaba atención a tus cosas? ¿Cómo era en los momentos de trabajo intenso?

ANGELITA: Incansable. Volvía de filmar y se ponía a hacerme las láminas para el colegio. Mami era muy habilidosa. Me había hecho el traje de la muñeca Marilú todo a mano, con los zapatitos y la cartera... Cocinaba muy bien, y me enseñó a cocinar. Recuerdo que me dijo que me iba a enseñar las tres cosas básicas que debía saber preparar una mujer: mayonesa, salsa blanca y dulce de leche. Hoy todo eso se compra en el supermercado. Cuando mami tenía un espacio en Radio Municipal y personificaba a *La Manteca Argentina* preparaba las recetas que sabía hacer en casa. Lo que más recuerdo son los sonidos que inventaba para imitar los pasos de la receta: por ejemplo, hacía los de la fritura con dos papeles de lija...

CECILIA: ¿Niní compartía con vos las cosas del trabajo?

ANGELITA: Mami me llamaba su Jaime Potenze. Desde que tuve doce años, consultaba mi opinión sobre sus libretos. Había mucha afinidad entre nosotras.

CECILIA: ¿Cómo vivieron ustedes el exilio de Niní en México? Debe haber sido muy duro separarse...

ANGELITA: Fue menos duro para mí, porque ya estaba grande y me había puesto de novia... A mamá le fue bien, y filmó varias películas en México y en La Habana. Pero se sentía muy sola; como se aburría empezó a tomar clases de guitarra. Fue muy duro para ella estar alejada de su público, sobre todo porque nunca supo por qué la prohibieron...

CECILIA: Qué país intolerante el nuestro, y qué injusto con su gente. Pienso en todos los artistas que a lo largo de nuestra historia fueron víctimas de la intolerancia de uno u otro signo: Niní en su momento, Hugo del Carril después... y luego tantos otros...

ANGELITA: Mamá siempre lidió con la censura, y buscó trampas para sortearla.

CECILIA: Esa mirada piadosa que tenía Niní sobre sus personajes ¿se correspondía con una mirada de Niní sobre la realidad social del país?

ANGELITA: Era muy sensible al dolor de los demás, y muy generosa. Es sabido que hacía donaciones, como otras figuras del ambiente. Pero mami, además, iba a visitar personalmente a los enfermos para llevarles alegría. Hizo muchas funciones a beneficio. Ella siempre decía, hablando de su sensibilidad: "Yo sufro más que otra gente, pero también disfruto más". Y de verdad disfrutaba de las cosas: era muy cositera, le gustaba rodearse de objetos de arte. Cuando podía, visitaba las casas de antigüedades, y a los vendedores que ya la conocían les preguntaba: "¿Puedo entrar a darme un baño de belleza?".

CECILIA: ¿Niní era melancólica?

ANGELITA: Un poco, sí. Y también solitaria. Pero en familia se divertía mucho. Siempre tenía cosas para hacer. Pintaba. Disfrazaba a los chicos. A mis hijos les había construido un retablo con sus títeres donde preparaba obras que después representaba. Cuando le dejaba a mis chicos, para que los cuidara, terminaba agotada y ojerosa porque no paraba de jugar: hasta se ponía la malla para entrar en la bañera con ellos.

CECILIA: ¿A vos te hacía reír?

ANGELITA: Mucho. Una vez me hicieron un encefalograma. Mamá tomó la placa y, haciéndose pasar por un tal Dr. Serapio

Joso, que hablaba y escribía como Catita, inventó un graciosísimo informe médico. Debe haber pasado horas escribiéndolo, sólo para hacerme reír...

CECILIA: Hay una frase de Niní, Angelita, que me causa gracia. Ella decía que, de haber tenido diez centímetros más de altura, habría sido actriz dramática. Tal vez me hace reír porque yo digo lo mismo... si tuviera diez centímetros menos... ¡Qué cosa ésta del actor que, cuando sale de los parámetros establecidos, es segregado, pero a la vez, si tiene talento y pasión por lo que hace, puede transformar en virtud esa limitación...! Recuerdo que cuando filmó en México se quejó porque el director no la había fotografiado bien, y él le dijo: "Usted no está para salir linda, usted es una cómica"... ¿Cómo vivía esto Niní, siendo una mujer bonita, y tan coqueta?

ANGELITA: Ah, mamá cuidaba mucho su imagen. Ahora pienso que en todas sus fotos, no en aquellas donde aparecía caracterizada como sus personajes sino en las de Niní Marshall, siempre posaba un poco como vampiresa... Incluso cuando hizo *Coqueluche* aparece en las fotos mostrando unas lindas piernas... ¡y mamá tenía setenta años!

CECILIA: ¿En casa también era tan coqueta?

ANGELITA: Mi marido dice que a mamá nunca la vio desarreglada. Es verdad. A mí me llevó años convencerla de que se sacara la peluca... el sombrero de pelos, decía ella... ¡Pero es que todo el mundo iba a pensar que ella era pelada! Se cuidaba mucho: era muy metódica en las comidas, e hizo gimnasia siempre. En los últimos tiempos, cuando ya estaba muy viejita, se apoyaba en el respaldo de una silla, en el living de casa, y con mucha dificultad pero con empeño, practicaba sus ejercicios. Para ir más lejos... a mamá la velamos a cajón cerrado... respetando su voluntad. Decía: "No quiero que me cuenten las arrugas". De todos modos, tenía días, bastante excepcionales, en los que no sentía ganas de arreglarse. Entonces decía: "Hoy vamos a hacer un día de campo". Y se quedaba en camisón y chinelas.

CECILIA: ¿A vos también te inculcaba esa coquetería?

ANGELITA: ¡Ah, sí! Cuando yo era chica mamá se desesperaba porque yo era muy gordita... Me enseñaba a pararme derecha, a disimular la panza. Una vez, entramos a una casa de alta costura y a mí me gustó mucho un vestido. Mamá no me lo quiso comprar porque me hacía gorda. Cuando salimos del negocio, yo le dije: "Mami, me hace gorda pero me hace feliz". Entonces volvió al negocio, y me lo compró. Cuando me casé, ella quiso encargarse del vestido de novia. Como estaba en México, tuvimos que mandarle por correo las medidas. ¡Me hizo el vestido el modisto de María Félix! Y me quedó fantástico porque para mi casamiento, ¡felizmente yo había logrado dejar de ser gorda!

CECILIA: ¿Cómo fueron, Angelita, los últimos años de Niní?

ANGELITA: Mamá se retiró a tiempo porque, como decía ella: "No quiero asistir a mis propios funerales". Creo que a pesar de esa convicción y del profundo nerviosismo que le producía actuar en la última etapa, mami siempre extrañó el escenario. Se emocionaba mucho cuando la llevábamos al teatro, en parte porque disfrutaba de todo lo que fuera artístico, en gran medida por el cariño que recibía del público que la veía en la sala, pero creo que en el fondo lloraba por no poder estar en el escenario. Muchas veces me decía: "Yo quisiera poder estar ahí"...

CECILIA: Y esa Niní ya viejita...¿cómo era en la intimidad?

ANGELITA: En los últimos tiempos, cuando ya no estaba bien, la llevé a vivir a casa... Quería cuidarla de cerca... Traté de que fuera feliz hasta el último día de su vida... pero mami estaba cansada de vivir... su salud estaba muy deteriorada...

CECILIA: ¡Estuviste tan cerca de tu mamá! Es una relación tan especial...

ANGELITA: Yo creo que fui un poco... la mamá de mi mamá.

Cuando yo era chiquita, jugábamos a cambiar los roles: yo era la mamá y ella era una nena que se llamaba Ursulina... una nena terrible que se portaba mal y hablaba incorrectamente... Yo tenía que corregirla... Cuando mamá estaba grave, en la clínica, un médico muy desagradable me dijo: "Señora, va a tener que prepararse para llevarla a un geriátrico o... atención domiciliaria"... Y yo le respondí con un fallido muy significativo: "No la cuidé noventa y dos años para que termine en un geriátrico".

CECILIA: ¿Y ahora que Niní ya no está?

ANGELITA: Yo quise y admiré mucho a mi madre. Mis amigas me cargaban, decían que estaba siempre pendiente de ella. Me decían: "¡Cómo vas a sufrir cuando te falte!"... Y la verdad es que no es así porque yo me he desarrollado como profesional, porque tengo un marido que es un gran compañero... unos hijos maravillosos... y porque fui feliz mientras mi mamá vivió, y ella fue feliz con nosotros.

CECILIA: Una vez le preguntaron a Serrat si no sufría por no poder olvidar a su madre, y él respondió que no quería olvidarla porque su recuerdo le hacía mucha compañía... ¿Cómo quisieras recordar a Niní hoy, entre estos amigos?

ANGELITA: Estando con vos... con una canción de las que ella cantaba... *Siboney*, por ejemplo, una de las que cantaba en México, cuando empezó a estudiar guitarra porque se aburría...

(SUENAN LOS ACORDES DE *SIBONEY*, UNO DE LOS CLÁSICOS TEMAS DEL CUBANO RAÚL LECUONA.)

COMPLEMENTOS

En compañía de Angelita, Rossetto lee al público la famosa conferencia "La madre", pronunciada por Catita el Día de la Madre en el "Sentro Coltural, Poetas y Prosaicos". Comienza así:

REPRODUCCIÓN VERÓNICA IGLESIA

Madre e hija en casa, en los '80.

La madre es el ser que los ha dado el ser y cuida de nuestro ser como debe ser, a saber: de pequenios, alementándonos personalmente, o sea dándonos el busto, y de adúlteros, dándonos sabios consejos, pa' efetuar la másima que dice: "Manzana en córpore sanos" (...)

Hay varias clases de madre: la madre ligítima, que es la de endevera; la madrastra, que es la postiza, y la madre putativa (con perdón de la palabra) que es la de emitación. Esto en el seso humano; en el seso animal, hay madre-perlas; en el vegetal, hay madre-selvas y en el mineral, hay ma dre cincuenta variedade...

Angelita menciona el informe médico acerca del encefalograma que le realizan a ella, profesora de inglés y amiga de gesticular grandilocuentemente al hablar.

Se lo lee del original, en esta página.

El doctor Serapio Joso, médico, profesor especialista en Mentales, Craniales y Celebrales, y adjunto a la cátedra del doctor Colifatti (para más datos: su matrícula es la número 16.738), debido a la gravedad observada le extiende a su paciente Angelita una certificación para el faltazo, firmada pomposamente:

Sertifico por la precente, de que mi paciente, Donia Angela E. De Gamayo, ha devido faltar a sus obligaciones profesorales, por allarse atacada de una fuerte sefalagia a la cabesa, probocada por los fatores descubiertos en la rayografía de cráneo que se le practicara y que pa mallor claridá, acompaña a esta nota.

Sin mas porel momento, saludo a ustede con mi consederasión mas destinguida.

ARCHIVO PERSONAL DE NINÍ

ESAMEN RAYOGRAFICO DEL CELEBRO ALTRABES DEL CRANEO DE DONIA ANGELA E.de GAMAYOS.

N.1: Sentro del oído: Daniado por la mala prenuncia de los alunos analfabestias que no agarran la honda.

N.2: Sentro de la bista: Deteriorado por el eseso de espionaje que ejerce la susodicha,en el luable afán de vejilar a su alunado.

N.3: Sentro del orfato: Perturbado por las potentes emanasiones de los alunos que no se banian.

N.4: Sentro del gusto: En perfeto estado,lo cual le permite morfar a toda hora,todo lo que haiga.

N.5: Sentro del tato: Estropiado por el esezo de alemanes que caraterisa su sistema de enseniansa.

N.6: Sona de la memoria: Sobrecargada en la tarea de armasenar las cuentas de los alunos morosos en el pago de las mismas.

N.7: Sona de los afetos: Ipertrofiada,o sea desenrrollada,a causa de los alunos olfas que la coimean con mansanas,flores y otros ojebtos.

CONCLUSIONES:QUE SUSTENTAN MI DIANOSTICO:

Se deduse de este estudio rayografico,que,sacando el sentro del gusto(el único que funsiona perfetamente) al resto de las sircunvalasiones,si no están podridas,poco les falta.

Original del informe de Serapio Joso.

La eterna chispa de Niní aparecería, bajo la lupa de alguna visión psicoanalítica, como excepción a las alteraciones del carácter que sufrimos los humanos cuando a medida que avanza el tiempo aprisionamos la ternura —original en el envase— entre barrotes de insana osquedad y agrio humor.

Hasta siempre

Autorretrato al óleo realizado en México.
Durante el exilio también estudia guitarra y hace radio y cine.

Adiós ríos, adiós fontes
adiós regatos pequenos.
adiós vista de meus ollos
non sei cando nos veremos.

Miña terra, miña terra,
terra onde me eu criei,
hortiña que quero tanto,
figueiriñas que plantei.

¡Adiós gloria! ¡adiós contento!
¡Deixo a casa onde nacín,
deixo a aldea que conoso
por un mundo que non vin!

Deixo amigos por extraños
deixo a veiga polo mal,
deixo, en fin, canto ben quero...
¡Quen puidera non deixar!

(VERSOS DE "CANTARES GALLEGOS", DE ROSALÍA DE CASTRO,
QUE NINÍ RELEE EN SUS ÚLTIMOS DÍAS.)

Escena repetida hasta la actualidad: estudiantes de teatro y de cine acuden asiduamente a lo de Angelita, para charlar con ella sobre su madre y pedirle libretos.

Escena de principios de los '90: Cecilia Rossetto comenta a la revista *Página/30* la relación que mantiene con su pequeña hija Lucía. "Yo la acurrucaba en su cama y la besaba toda mientras ella empezaba a ponerse bizca por el sueño. Una noche, con vocecita de bebé, me dijo: 'Cuando yo sea grande, quiero ser linda como Greta Garbo y graciosa como Niní Marshall'. Hacía poco ella había descubierto un libro de fotografías de la diva sueca que yo había comprado en Nueva York. Y de Niní me escuchó hablar toda su vida. Juntas, mi hija y yo veíamos sus películas por la tele y Lucía se hizo fanática de 'La muerte del cisne', un segmento maravilloso del filme *Yo quiero ser bataclana.* Hasta creo que había insistido en comenzar las clases de danzas clásicas para poder, un día, hacer algo así".

Escena de 1999: la autora de este libro viaja en taxi por el barrio de San Telmo. El conductor aparenta unos cincuenta años, imprevistamente frena debido a que una señora cruza por la mitad de la cuadra. El hombre, molesto, le grita: "¿Qué me hacés, Catita?". Luego mira a la pasajera y dice: "Por la edad, vos no debés saber qué es una catita"...

Escena del 2 de marzo de 2001: como presentador de la cantante Chavela Vargas, el cineasta español Pedro Almodóvar declara desde el escenario del teatro Gran Rex de Buenos

Aires su orgullo de encontrarse visitando "la tierra de Niní Marshall".

Escena del 7 de septiembre de 2001: en el teatro Coliseo de Buenos Aires complace el regreso de la cantante japonesa, residente en Canadá, Marguerite Camille Natalie Choquette. En su espectáculo precedido de ovaciones y premios internacionales —*¿Quién dijo que la ópera es aburrida?*—, Choquette ablanda la clásica atmósfera ceremoniosa lírica, respetando la calidad y la belleza de las arias. Considerada "diva cómica" —antidiva en serio, más bien— homenajea a catorce *prima donne* a través de su personaje La Fetuccini. Su Carmen es habanera viejita y tambaleante transformada en descollante gitana cuando aparece un galán sobre el escenario. El cuadro máximo, a la hora de *Nessun Dorma:* la Fetuccini vestida antojadizamente mal exhibe en vez de perlas pelotas de ping pong enhebradas en un elástico común alrededor del cuello, y está sentada a la mesa. A lo largo de una versión ajustada a las exigencias de la composición de Giacomo Puccini para su ópera *Turandot*, come un plato de fetuccini con manteca y hace gárgaras de vino tinto, a modo de entonado efecto de sonido gutural. Después del show un grupo de amigos conversa sobre las habilidades de Choquette. Según alguien recuerda, Niní Marshall hace de una cantante de ópera y utiliza recursos semejantes. En efecto: ella idea a la extravagante y extrovertida Giovanina Regadiera para mofarse de los tics presentes en los estilos de intérpretes como la italiana Claudia Muzio y la española María Barrientos, sopranos frecuentes en la programación del Teatro Colón de Buenos Aires. Giovanina nace en la radio y debuta en 1941 en el cine, dentro del elenco de *Orquesta de señoritas*.

Escena del 17 de septiembre de 2001: en la ribera de La Boca la Fundación Proa inaugura la muestra "Diego Rivera". A un bar temático contiguo, puesto de artesanías portuarias llamado Corsario, entra antes del evento una pareja de mujeres que compran un ojo de buey de bronce con el vidrio espejado. Lo quieren para su teatro-bar El Hábito apostado en el D.F. mexicano, espacio sólo abierto para espíritus desprovistos de autocensura donde Chavela Vargas retoma su carrera tras un largo *impasse* y Hanna Shygulla abre la programación 2002. Niní hubiera querido conocerlo; sobre todo habría coincidido con la ética, la estética y esa capacidad avasallante de trabajo que genera numerosas propuestas reconfortantes a la vez. Una de esas mujeres, la argentina Liliana Felipe, está a punto de actuar en Proa su performance *La Catrina*. (Hace de la muerte exquisita salida del mural "Sueño de una tarde dominical en la Alameda Central".) La otra, Jesusa Rodríguez, mexicana, anda preparando el montaje de una versión alucinante, por lo que cuenta, del *Macbeth*. (De la descripción que hace sobre su lectura de esta obra de Shakespeare se desprende que Jesusa coincide con Niní en la inquietud, transformada por ellas en denuncia, acerca de la injusticia que padecen las criadas o empleadas domésticas.) Un encuentro mágico sucede. Apenas intercambiadas pocas palabras, la autora de este libro se entera de que las visitas andan buscando material sobre Niní. De puro gusto nomás, porque cuando lo disfrutan, ríen "como idiotas". Una amiga y asistenta durante el viaje relámpago les consigue algunos elementos; la actriz Alejandra Flechner, ex integrante de las reinas del *under* porteño Gambas al Ajillo que, junto a numerosos cómicos, en 1989 homenajea a Niní en el acto de nombramiento de Ciudadana Ilustre de Buenos Aires. Las muchachas del bar de La Boca regresan a México munidas de películas y compactos. En el marco de una charla, Jesusa describe semejanzas entre el periodismo y el cabaret mexicano, al encontrarlos dispuestos a hurgar en los desechos esparcidos por la coyuntura socio-política. El cabaret mexicano adopta el desparpajo, la irreverencia y la parodia a modo de herramientas básicas para la recreación de hechos y personajes reales, devueltos como ejemplares que pintan el costado menos digerible de la esencia de una comunidad. El efecto de espejo multiforme así logrado, de la mano de la complicidad del público, adquiere dimensión costumbrista semejante al planteo creativo de Niní. Cuando en abril de 2003, tras un nuevo *chou* de la Felipe, Jesusa conoce en persona a Angelita, le dice: "Tu madre es fuente de inspiración para muchas actrices mexicanas".

Renacimiento

La empatía de Niní con las nuevas generaciones se advierte en su interés por rodearse constantemente por gente joven. Cuando ella casi ha bajado los brazos, en 1972 sucede un hecho que la contacta con un grupo de nuevos artistas motivadores para emprender un merecido exitoso corolario. La historia del inicio de la última zaga de obras está contada por el productor Lino Patalano:

"Luego de una puesta de Cipe Lincovsky, mi socio Elio Marchi y yo necesitábamos reprogramar la cartelera de El Gallo Cojo. Mirando la revista *TV Guía* nos enteramos de que Niní había anunciado su retiro y decidimos llamarla. Estaba cansada, pero yo creo que decretó no trabajar más porque no la excitaba lo que venía haciendo. Accedió a una cita y pasaron seis meses de idas y venidas hasta que la convencimos. Mientras tanto conoció el teatro y disfrutó de las actuaciones de Marilina Ross y de Edda Díaz. Nos anunció una especie de café-concert con cuatro personajes, más o menos como lo había realizado en Chile. Empezamos entonces a concretar la apertura de El Gallo Cojo en Mar del Plata para la temporada de verano. Un día llegamos a su casa y ella leyó un textito, dijo, 'sobre una fiesta que nunca me dejaron hacer'. Era el fascinante libreto de *Y se nos fue redepente*. De inmediato elegimos cambiar lo planeado, con el resultado de que esta obra compitió por el primer puesto de recaudación veraniega con las grandes compañías. Lo maravilloso es que su estructura iba cambiando para mejor. Durante una cena en Edelweiss, Niní contó la historia de la catalepsia que sufre Catita cuando la censuran en la radio. Yo no lo podía creer y le sugerí que adaptara el desenlace. En la historia original que llevamos a Mar del Plata, Don Pascual no resucita. Pero después padece una catalepsia y este final resulta más sabroso para el público a partir del debut en Buenos Aires, en el momento en que en La Gallina Embarazada, nuestra segunda sala, Enrique Pinti estrena *Historias recogidas*. En aquel momento, Niní era una de las pocas espectadoras de Pinti; creía en él, lo apreciaba. Hasta que ocurrió lo del problema de su pasaporte en Uruguay, nadie imaginaba sus setenta años cuando concretaba hasta nueve funciones semanales para los carnavales, por ejemplo. A veces, para cuidarla fue necesario frenarle un

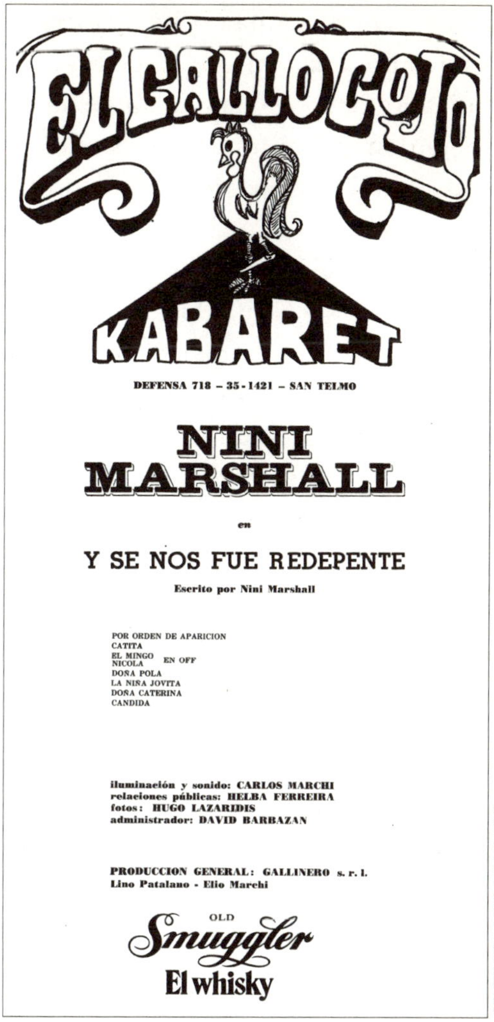

GENTILEZA: LINO PATALANO

Afiche del unipersonal exitoso.

poco la energía: una noche de tormenta demoró el coche que iba a buscarla; ella viajó en colectivo al teatro con el loro Romeo en su jaula. Tampoco bajó la autoexigencia: nunca improvisaba, no se perdonaba un furcio, un pequeño error, y lo asumía frente al equipo, a diferencia de otros actores que buscan echarle culpas a terceros.

"Como empresario y como persona, para mí hay un antes y un después de Niní. Durante las giras, compartió con nosotros muchas salidas a la manera de una señora recatada promovida por un espíritu transgresor. En Rosario fuimos a un pub del puerto. La veo ahora, a las tres de la mañana sentada para disfrutar del show de Rita la Salvaje, una mujer de más de 60 años que hacía striptease. Niní usualmente era enemiga de que la fotografiaran fuera de su hábitat, y sin embargo dejó que la retrataran junto a Rita porque le fascinaba ese ambiente. En los años '74 y '75 hubo un poco de libertad en el país; estaban de moda los transformistas, a los que ella apreciaba, hasta llegó a regalarles algún libreto suyo. Se sumaba al grupo para las partidas hacia Hidrógeno y Can-can, boliches típicos de ese entorno en Buenos Aires. Así conoció a Hugo Chaparro, el primer bailarín de Nélida Lobato y

ARCHIVO PERSONAL DE NINÍ

Afiche del unipersonal interpretado por Marilú.

ARCHIVO PERSONAL DE NINÍ

Marini y Arias, que acaban de estrenar "Mortadela" con textos suyos, la saludan desde París.

Nélida Roca que hacía sus playbacks con el nombre de Anita Lúpez. Anita Lúpez y la Orquesta de Señoritas actuaron en el cóctel-baile-show para el festejo de las quinientas cincuenta y cinco funciones de *Y se nos fue redepente.*

"Durante esta etapa, Niní se mostró muy entusiasmada. La he visto renacer cada día. Del problema de salud que tuvo antes del estreno de *El pequeño Marshall-Luz ilustrado* se repuso en menos de seis meses. De pronto retomó su unipersonal en el Embassy y el Odeón, agotando las entradas durante dos o tres semanas, y ya empezamos a preparar *Una noche en la radio* en el San Martín y un especial de televisión. Cuando le propuse, medio inseguro de su aceptación, que cediera sus libretos a Marilú Marini para el espectáculo-homenaje *Niní*, ella me sorprendió reprochándome por qué no se lo había preguntado antes. Prometió y cumplió con no morirse antes de que se estrenara ese unipersonal. Cuando el final le llegó, yo contribuí con la organización de un velatorio que permitió que su público la pudiese despedir. Al teatro Cervantes le mandé, como siempre, un canasto de rosas que le enviaba a sus estrenos. Yo también cumplí lo prometido en la clínica donde la visitaba cuando sabía que ella dormía porque conocía su coquetería y su pudor. Le hablaba de nuevos proyectos, en fin... Íntimamente sentía la necesidad de creer que ella renacería nuevamente. Me satisface haberla ayudado a que volviera a disfrutar de su trabajo, algo necesario más allá de que se divertía con su hija y sus nietos, y con su asistenta Sara, con la cual, además, se peleaba y reconciliaba a menudo."

Angelita agrega que para el estreno de la obra *Niní* su madre aparece en público por última vez. Debido a la multitud amuchada en el hall del Maipo, y al delicado equilibrio de una Niní muy viejita, Patalano la entra casi en andas al teatro. En la ocasión está presente la periodista Catalina Dlugi, conductora en Canal 13 y TN de programas sobre noticias de espectáculos. Entre los colegas, rememora Catalina, existía el acuerdo tácito de no intentar conversar con Niní, a pesar de que su presencia resultaba un atractivo particular, porque en los últimos años advierten cuánto la asustan los micrófonos y las cámaras. "Se le había acentuado la timidez, daba una apariencia tan frágil que preferíamos no molestarla. Yo la entrevisté en el departamento de la calle Paraná alguna vez y la grata recepción me conmovió. Ella estaba atenta a que el invitado tomara su cafecito y conversara cómodo. La vi como una señora muy de su casa, hablando de cosas sencillas. Alguien que no conociera su obra jamás hubiera sospechado de su mundo creativo. A mi entender, Niní fue única. Antes que ella, no hubo ninguna otra mujer tan completa para la producción de su obra humorística. Y después, habría que situar las circunstancias sociales y políticas en que aparecen nuevas estéticas en este país. Me hubiera gustado que Las Gambas al Ajillo, autoras de sus libretos, ampliaran su radio de acción en el cine o en otros ámbitos, fuera del *under*. El circuito marginal a lo estrictamente comercial permite un despliegue arriesgado pero demanda un esfuerzo a pulmón que pocos superan sin desgastarse."

La gloriosa entrada en el palco, el magnífico recibimiento de la concurrencia despierta en Niní la necesidad de agradecerle a Patalano: "He vuelto a vivir", le dice.

Odas contagiosas

La comunicación vía esquelas y odas a cargo de Catalina Pizzafrola prende de lo lindo entre el grupo de gente joven que rodea a Niní, quien guarda los originales en su archivo. De regreso de un viaje, por ejemplo, ella les trae un recuerdo a sus productores, acompañado por un texto:

Traer las manos vacías
de las sierras cordobesas,
donde ponchos y alfajores
de los turista hacen presa,
me pareció grosería,
mas usando la cabeza
me dije: lievo alfajore?
al gordino Pascualino
le estropearían la silueta,
y si al Elio le lievo un poncho
le va a parecer muy mersa.
lo qué les lievo? Se no hay
en las sierras cordobesas
más que esculturas folclóricas
taliadas por manos diestras
que no las van a apreciar
a pesar de lo que cuestan?
y así endecisa y podrida

recorrí mil y unas tienda
sin encontrar un osequio
pa darles una sorpresa…
mas en esas una luz
se me encendió en la moliera
y pensando que los burros
tanto abundan en las sierra,
no busqué más y gososa
esclamé triunfal ¡hureka!
y un par de burros serranos
me traje conmigo a cuestas
pa que el Elio y Pascualino
presente siempre me tengan,
y que al mirarlos senlienen
de la emoción más sincera,
y digan: Gracia a estos burros,
tus amigos te recuerdan.

Y se nos fue redepente cumple doscientas funciones; hay jolgorio en El Gallo Cojo y ella habla a la concurrencia:

Celebrando el onomástico,
tan senialado ésito,
del dire del Gallinero,
Pacualino Patalano,
gentil, oferta un puchero,
a todos los companieros
que están de cuerpo presente,
prestidigiando el evento.
Es un amable agapito,
o sea un ágape pequenio,
pequenio por su tamanio,
pero grande por su ojebto,
ya que su ojebto es mostrarles
todo su síncero afeto.

Afeto que se han ganado
los muchachos de la prensa,
que los nombro a los primero,
pasando por manyaoreja,
porque conviene quedar
siempre muy bien con la prensa,
para atajarse los palos,
los brulotes y otras yerbas
mas o menos velenosas,
que los críticos espetan...
Pero esta vez, oh sospresa!
ninguno los ha atacado:
en sus notas han volcado
elogios al por mayor,
enlienando al Gallinero,
de honda sastifación!...
Gracias! Cronistas amigo,
en nombre del Gallinero,
mas si las gracias son poco,
atránquensén de puchero,
y prendansén del tintilio,
porque,si no me equivoco,
enlienarse gratarola
hace alegrarse el bolsilio.
También quiero a los artista
agradecer su presencia...
Y a los diletos amigos
que engalanan esta fiesta...
Y tamién a los colados,
que aprovechando la puerta
abierta del Gallinero
se metieron sin tarjeta.
A todos un jipipurra!!
les pido por las doscientas...
Levanten alto los vasos,

dicho sea sin indireta,
Y al unisono sonmigo.
Diegan a toda orquetsa...
Jipipurra!!!
Jipipurra!!!
Jipipurra!!!

Brindis por el debut actoral de Elio Marchi en 1981, en el espectáculo *Una noche en la radio:*

"Al Elio, que hace su escursión primera a las tabla"

Al firmamento del arte.
una estrelia apareció,
una estrelia que enceguece,
con refurgente furgor.
Es el Elio,que a Talía
se entrega con devoción
pa mostrarnos en la eccena
sus abtitude de histrión.
Ojala el ésito premie
tus fatiga y tu tesón
y que estruendosos aplausos
te enlienen el corazón.
Y si un sirbido estridente
acompania tu labor,
hacete el endiferente...
Hijos de la envidia son!...
Mas si un tomate maduro,
te estreliara argun bribon,
no lo tirdes de bolu... ble
y aprovecha la ocasión,
que al precio que está el tomate,
no hay que restarle valor!...
Rejunta las hortalizas

que coseches con fervor,
en este plato pintado
que te osequio con amor,
pa pintarte en un osequio
mi sincera almiración!...

Brindis por el 40º cumpleaños de Carlos Perciavalle, comediante de cuerpo muy delgado, quien en el '77 comparte con Niní el sketch de presentación del especial de televisión, transmitido por Canal 13:

Quedría ser belia flor
de aroma fuerte y losano
pa imprenarte con olor
tu robusto cuerpo humano.

Quedría ser mariposa
con polvo dioro en las ala
pa revolotiar graciosa
alrededor de tu mirada.

Ser ruisenior yo quedría
de voz armoniosa y cálida
pa estampar mis melodía
en tus orejas escuálidas.

Mas no siendo belia flor
ni mariposa dorada
ni cantante ruisenior
qué puedo ofrecerte? Nada!

Tan sólo este corazón
que en el fiel pecho trémola
de tu amiga que lo soy
Catalina Pizzafrola.

Tengo el onor de derijirme a V. por encargue
de donia Eletra viuda del finado, pa invitarlo
a las esequias o sea, en buen cayetano, al
belorio de Don Pascual, su esposo efetivo, za-
patero del barrio y manánimo benefator
de nuestros pieses, que se realisará el prósimo
dia 7 de julio a las 19 oras que no se sus-
penderá ni que llueva.
A lo que un belorio tiene de ser un gran
espetáculo, con perdor de la palabra, se
elijió pa el ebento susodicho, el Café conce
"La Capilla" de Suipacha 842, cuias
infracstructura, posee las medidas apsro-
~~pista~~ piadas pa la istalasion del caca- (desculpen)
-falco mortuorio y la cabida de la cun-
currensia que a mas de los colados, son
los amigos, los familiar y hasta los
cueteros de la pirotenica de enfrente.
Ojo!! Se han tomado las precausiones
¡¡ endebidas, pa que no pase lo del belorio
anterior, que Don Pascual no se murió nada
porque le abia venido la catalesia osea la muer
te de grupo, y que tubimo de estar a pico seco,
sifon gracia, y de comer sanguiches vacios y ma
sitas usadas, lo cual resulto una rasposidá. En
vez chosa, tendremo comida abundante y bebidas
seleta pa todo los anfitrione.

Así que venganse que lo festeja-
remo juntos Catalina Pizzafrola

desde hoy
una amiga
más

Se ruega no enviar
coronas, pero si son
gustosos envíelan de
plástico que duran más

ARCHIVO PERSONAL DE NINÍ

Original de la invitación de Catita a las exequias de Don Pascual.

Los invitados a la presentación del disco de *Y se nos fue redepente* reciben la siguiente convocatoria en 1986:

Tengo el onor de derijirme a U. por encargue de donia Eletra viuda del finado, pa envitarlo a las esequias o sea,en buen cayetano,al belorio de Don Pascual,su esposo efetivo,zapatero del barrio y manánimo benefator de nuestros pieses,que se realisará el prósimo dia 7 de julio a las 19 oras que no se suspenderá ni que llueva.

A lo que un belorio tiene de ser un gran espetaculo,con perdon de la palabra,se elijió pa el ebento susodicho,el café concer 'La Capilla' de Suipacha 842,culias infraestrutura,posee las medidas apropiadas pa la istalasion del caca —(desculpen)— falco mortuorio y la cabida de la cuncurrensia que a mas de los colados,son los amigos, los familiar y hasta los cueteros de la pirotenica de enfrente. ¡¡Ojo!!—Se han tomado las precausiones endebidas,pa que no pase lo del belorio anterior,que Don Pascual no se murió nada porque le abia venido la catalesia osea la muerte de grupo,y que tubimo de estar a pico seco,sifon gracia,y de comer sanguiches vacios y masitas usadas,lo cual resulto una rasposidá. En ves ahora,tendremo comida abundante y bebidas seleta pa todo los anfitrione.

Asi que vengansen que lo festejaremo juntos
Catalina Pizzafrola, desde hoy una amiga más

Se ruega no enbiar coronas,pero si son gustosos enbielan de plástico que duran más

Las odas contagian. Para cuando cumple noventa, Niní vuelve a parar la máquina del tiempo y anuncia sus ochenta y nueve. Durante el festejo, Patalano le entrega un saludo de parte suya, de Elio Marchi, Julio Bocca y todo su equipo.

Querida Niní:
Es la edad de la mujer
un secreto bien guardado
que quien ose descubrir
es por cierto mal mirado...

Pero andan por ahí
lenguas extrañas, malvadas,
diciendo que son noventa
¡qué pavada! ¡qué pavada!

ARCHIVO PERSONAL DE NINÍ

Durante el festejo de sus 90, con Patalano, Sara y Favio.

Hemos de decir entonces,
aunque nos duela y moleste
la fecha en que bien sabemos
para nosotros naciste.

Mil nueve setenta y tres
(cómo olvidar esos días)
fue el año en que redepente
¡irrumpiste en nuestras vidas!

Por eso es que te deseamos
con el pecho bien henchido
felicidad en tus veinte
pues veinte es lo que has cumplido!

Dos potencias comen panchos

Julio Bocca vuela en los escenarios y viene dando pasos agigantados en los '80. A los veinte ya es primer bailarín del Colón de Buenos Aires, medalla de oro del Bolshoi de Moscú y *principal dancer* del American Ballet Theatre de New York, nombrado por Mikhail Baryshnikov. Su propósito de un repertorio de música popular lo decide a pedirle a Lino Patalano que se convierta en su manager. Y la meta, insólita a los ojos del sector más ortodoxo del ambiente de la clásica, le rinde beneficios artísticos y personales que él disfruta. Ahorita, quince años después de esa etapa a la que pertenece la anécdota que se apresta a contar, vuelve de Córdoba. Allí baila divertido en el concierto de La Mona Giménez. Baila cuarteto, por supuesto. Hombre muy viajado, saludado en galas por reyes y reinas, por príncipes y princesas, felicitado por la Plisetskaya y Vasiliev, seguido de cerca por la crítica internacional especializada, Bocca dice algo importante: "Yo comí un pancho con Niní Marshall"...

Enseguida se explaya. Cierta tarde concurre con Niní y Patalano a ver una muestra plástica en el Palais de Glace de Buenos Aires. Ante la larga cola de gente aguardando entrar, ellos prefieren apartarse hasta un barcito cercano y piden los famosos hot-dogs y gaseosas. Esa imagen, la de Niní en un barcito sentada junto a él comiendo un pancho le queda grabada, mientras la mira en silencio. ¿Puede ser, así de simple, que una grande coma panchos? ¿Puede ser que una grande tenga comportamiento de persona normal? Niní está igual de pensativa. (¿Come panchos un bailarín así de prestigioso?) Una foto autografiada del "pibe" al que venera y quiere mucho cuelga en la puerta de su habitación. ("Para Niní: agradeciéndole todo el cariño y alegría que nos brinda, siendo para mí la más admirada entre 'las grandes'. Con Amor. Julio Bocca." 14/10/85.) Una postal de *Il Duomo (notturno)* retiene otro mensaje. ("¡Hola Niní! Sólo escribo para saludarla y contarle que estoy en Milán bailando. Siempre me acuerdo de usted. Con todo mi amor. Su amigo Julio Bocca". 3/93.) Entre los dos, salen naturalmente mejor las palabras escritas.

Bocca le envía a Niní la reproducción de su pie izquierdo tallado en peltre, ella responde con una carta, la última que escribe en su vida, a los 92 años:

Mi querido Julio: sos una bestia, ya tengo como noventa y un años. Poco y nada escribo. Con los años me he puesto llorona y vaga, fijate vos. Te escribo para agradecerte aquella foto tuya, la del pie, la que me mandaste dedicada. Me impresionó mucho tu pie, y no te digo tu soberbio dedo gordo. Por eso se me salió una oda, una oda escrita a la manera de uno de mis personajes más queridos, Catita, es decir, Catalina Pizzafrola. Julito, si la oda no te gusta, no te enojes conmigo; enojate con Catalina, que es más bestia que yo...

Hablando de bestia, vuelvo a mí. Quiero pedirte disculpas, Julito, por lo que hice hace algunos años. ¿Te acordás cuando los artistas me hicieron ese homenaje terrible en el teatro Cervantes? Vos bailaste en mi honor aquella noche. Yo me quedé con la boca abierta viendo las maravillas que hacías en el suelo y el aire, entre el aire y el suelo... Fue tanta la emoción que no pude aplaudirte. Qué habrás pensado, Julito... Después, cuando el homenaje terminó, yo estaba en los pasillos del teatro, rodeada por mucha gente... De repente dije con un aullido, como corresponde: "¡Ayyy, pero qué bestia que soy: no lo saludé, no le agradecí a Julio Bocca! Dios mío, qué va a pensar ese muchacho de mí...". Dije eso y vi que todos se quedaban mirándome. El silencio puso el hielo en el aire ... Y no era para menos: resulta que vos, Julio Bocca, estabas ahí, delante de mis narices y yo no te había reconocido; te confundí con esa gente que se acerca para estar un poquito con los artistas, para pedir un autógrafo. Tenerte ahí y no darme cuenta de que eras el mismo que volabas un rato antes en el escenario... Han pasado algunos años y quiero pedirte perdón por eso... Jamás hubiera dicho que vos eras el bailarín. No, no, no, no quiero decir que abajo del escenario parecés un cachivache. No, por favor, si abajo del escenario sos un pibe encantador... Mirá, mejor la corto aquí. Porque no termino de meter la pata con vos. Sólo quiero decirte, mi Julito, que te quiero mucho, pero mucho, ¿eh?

Niní

ARCHIVO PERSONAL DE NINÍ

La foto que le autografía su querido "Julito" Bocca.

GENTILEZA: DORA CERATI

Tarjeta de la presentación de una serie de CDs con sus grabaciones de radio (2002).

Niní se refiere al homenaje que le brindan en 1988, dentro del ciclo "Grandes humoristas", Gogó Andreu, Cipe Lincovsky, Margarita Padín, Enrique Pinti, Tania, Edda Díaz, Rudy Chernicoff, Cecilia Rossetto, Héctor Malamud, Carlos Perciavalle y Julio Bocca. En el mismo Teatro Nacional Cervantes, en 1996 se realizan sus exequias. Julio guarda la oda y la hace imprimir en un afiche, a un costado de la foto de Jack Mitchell que toma desde su pie erguido hasta su pantorrilla musculosa. Igualmente conserva el dije de oro antiguo con forma de globo terráqueo regalado por Niní. Dice Julio: "Ciertos personajes te alimentan aunque no digan nada, y comen panchos sin caer en la ridiculez del divismo, que no es un requisito para triunfar." Vaya pues, la última oda:

"Oda al dedo gordo de Julio Bocca"

Tus piernas escultorales
que se mueven al compás
de seletas melodías
con tu echiso, con tu gracia

que a las patadas dominas
cuando de punta te paras
y el dedo gordo castigas
sin demostrar tu dolor
con seráfica sonrisa.

Si cogiendo a la doncelia
que te acompania en el ato
de alsarla cual una pluma
aunque pese dies arrobas
y se te escape un caracho
que en el silencio no se oiga,
miles de ojos almirados
siguen tus inboluciones
aplaudiendo con delirio
a bailarín tan mentado

Julio Boca, Julio Boca
no hay otro igual de afamado.
Que se escuenda Nureief
que se escuenda, que se escuenda...
que se olviden de Paulova
que al lado de nuestro Julio,
que ni pincha, que ni corta.
Recuerdensen de Niyinsqui
que en vida fue otra pavada
no siendo como cabalio
sino bailando en las tablas.

Por eso que a la final
saludando sudoroso
al público que lo aclama
con un estruendo espantoso,
por doquier le gritan ¡bravo!
¡no te mueras nunca, encanto!

Y yo le grito isofato...
si feneses yo me mato
hasta que estalle mi gola
te lo juro en este ato.

Catalina Pizzafrola

En bata rosa

Por esas vueltas del destino, el médico personal que asiste a Niní desde 1990 porta el apellido Duarte... Daniel Guillermo Duarte, especialista en clínica médica, ni sospecha a quién en-

ARCHIVO PERSONAL DE NINÍ

Sigue viendo a Carmelo Santiago, quien la visita en su cumpleaños número noventa.

contrará en el sanatorio Metropolitano. Le toca una paciente de la obra social de actores llamada Marina Esther Traveso; dentro de la habitación, sentadita sobre la cama, una señora mayor acompañada por su hija. Cuando la revisa comprende que hay "bastante trabajo por delante". La edad ha causado una delgadez extrema en Marina, aunque a él lo alienta la constatación de una "gran fuerza intelectual" demostrada por ella. A la salida de la consulta, un compañero anoticia a Duarte: "¿Sabés quién es? ¡Niní Marshall!" En esos momentos Duarte apenas acaba de comenzar su práctica profesional. Siente una responsabilidad enorme pero pronto sabe, por Angelita, que Niní lo prefiere a él, con independencia del equipo de especialistas necesario. Ya sumado al grupo de jóvenes esparcidos alrededor de la artista, Duarte emprende, dice, "una etapa hermosa", y destina para el caso a la enfermera de su mayor confianza, Elsa Prado. "A Niní le costaba mucho asumir el deterioro físico. Siempre me preguntaba ¿para qué tanto? Se comparaba con su amiga: ¿por qué estoy más delgadita que Libertad? Pero nunca bajó la guardia. No quería mostrarse viejita y la recuerdo coqueta, perfumada, maquillada por Angelita —no se puede valuar el apoyo de Angelita— y siempre esperándome vestida con una bata rosa. Yo iba a su casa una vez por mes, y me llamaban en casos puntuales. Había que convencerla de que comiera, estaba muy mimosa. Me queda presente una expresión suya. No decía, como es habitual, 'doctor, se lo prometo'; en cambio repetía 'procuraré'. Creo que yo me excedí un poco y terminé siendo una suerte de psicólogo suyo. Al despedirnos, charlábamos mucho. Contaba cosas de su infancia, la familia, los nietos, los personajes, sin caer en detalles de todo lo público. Me mostró una oda que le escribió a Julio Bocca y hasta vino de visita a mi casa una vez para el cumpleaños de mi hijita Florencia, algo para mí muy valioso.

"Niní sufría de fragilidad. No presentaba patología maligna ni cuadro de arterioesclerosis senil. La internábamos por temporadas, en el Metropolitano y finalmente en la Bazterrica, donde respetaron mi aporte profesional. En esas situaciones, la cuestión de la prensa y los admiradores dificultaba un poco el trabajo, parecía aumentar nuestro compromiso. Una tarde yo aguardaba un coche en la terminal de colectivos cuando de repente leí en un diario que Niní se encontraba grave, en terapia intensiva. Me preocupé. Había estado con ella un sábado y la noticia era del lunes siguiente. ¿Qué habría pasado? Retorné al sanatorio y me enteré de que la médica de guardia, asustada por una

ARCHIVO PERSONAL DE NINÍ

Ella en bata rosa, en compañía de su enfermera Elsa y su asistenta Sara.

Su yerno y su hija la asisten muy de cerca.

descompensación, la había derivado. Bajo mi absoluta responsabilidad la sacamos. El problema era controlable desde la habitación; además, de terapia una persona con esa sensibilidad no saldría. El resultado fue que al otro día despertó consciente, charlamos sobre su decaimiento, empezó a comer y se fue de alta. En otra oportunidad le querían hacer un estudio hematológico agresivo, yo respondí que no. Lo mejor era evitarle grandes sufrimientos."

El médico, la hija, el yerno, los nietos, los amigos aceptan la cercanía del desenlace, ocurrido en la Bazterrica a causa de un paro respiratorio a las 10.30 del 18 de marzo de 1996. Angelita retiene aquella bata color rosa.

Una estrella nueva sube ahora al firmamento de La Botica del Ángel, valioso museo kitsch mantenido gracias al esfuerzo de su mentor, Eduardo Bergara Leumann, quien pinta en la pared de la terraza su propia versión, esperanzadora, de la apoteósica letra del tango *Cambalache*. ("El mundo fue y será una maravilla, ya lo sé"...) Los sabios, laburantes, *dotaos,* dispuestos y *animaos* mencionados son artistas; entre ellos aparece Niní. En el Patio del Fondo de las Artes construye un balcón con hierro forjado al estilo español para elevar el óleo firmado por Borla en este 1996, retrato de una Cándida enorme, presentada como una continuación en el tiempo de un Charles Chaplin pequeño. A la gallega la resguardan "los ángeles de Niní" hechos en cerámica.

Sobre una pared de enfrente, la prueba fotográfica y textual de una actuación en el lugar:

Y en medio de la buliente bataola
Ay! Se me atasca la vos justo a la gola
Bergaraléman!! Tu fama aureola
La grito a gritos...
Catalina Pizzafrola

A Eduardo, gran persona, gran artista y gran amigo!..
Con admiración sincera, Niní.

Sin duda, la Galería Boggiano de la Botica contiene el testimonio más preciado del sitio: el colage pintado y armado por Niní que enmarca un escrito de Catita, quien de corrido repasa en paralelo los cambios climáticos anuales y la transformación del cuerpo humano a lo largo de la vida. Con ustedes, el "Trítico de las cuatro estacione: primabera, berano":

PRIMABERA
Comparo la primabera,
la infancia de la criatura,
pues cuando empieza a crecer
en nuestra Madre Natura,
los árbole,las plantita,

los pastos y las verduras,
igualmente en los infantes
se les crese la estatura,
y si brotan los pimpolios
y las yema en los arbustos,
al ninio las erusiones
se le brotan que es un gusto,
en forma de sarampiones,
varisela,escarlatina,
orticarias y otros males,
que no son pestes malinas,
son brotes primaberales!!

BERANO

El berano es en la vida
del ser umano la cumbre
ande su cuerpo curmina
el cresimiento y se funde
en adúltero sujeto
listo para enamorarce
y cumplir así su ojebto:
"Creser y multiplicarse".
Estasion de los amores,
los pimpolios rebentones
estalian en belias flores,
los pajarilios culecos
ponen güevos a montones,
los cuadrupedos,sus crias,
echan al mundo gososos,
y hasta los peses del mar
fabrican cabiar sabrozo.
Por eso, pa no ser meno,
cuando liega el berano,
se dedica con ferbor
al amor,el ser umano!!

OTONIO

Tras el berano,el otonio,
muestra istintos criminales,
al arrancarle las ojas
a los indefensos árbole,
que desnudo,a la entemperie
sin foliaje y sin abrigo,
cual si sería un estritís,
se quedan en cueros bibos.
asi el otonio en el ombre,
de su adorno lo despoja,
arrancándole el cabelio
lo mismo que oja por oja,
pues cual las oja,los pelos
se los pianta de uno en uno,
hasta dejarle a la bista
todo el cuero cabeliudo,
combirtiendo en un melón,
al que antes fue melenudo.
Cuan triste berse pelado,
el que ayer fue tan peludo!!

INBIERNO

Y por fin,liega el inbierno,
la estasión mas desgrasiada
del candelario,por sierto,
y la mas angustianada
en el pobre ser umano
que cual la naturalesa,
al ocaso de su vida,
es puro achaque y tristesa!...
en efeto,si el inbierno,
sufre bientos,liuvias,niebes,
lombre tiene que aguantarse

cualquier cantida de pestes,
ya sean larteriousquerosi,
la cardiaca,el rumatismo,
las toses y las artrocis,
sin contar con la sordera,
la caida de los dientes,
la chicatés y otras yerbas
que me calio por prodente.

La autora real del tríptico elige no callarse. Para el placer de todos apuesta a la expresión pública de sus fascinaciones íntimas y queda prendada en el corazón como una amiga más, de las que se echan de menos con frecuencia.

ARCHIVO PERSONAL DE NINÍ

El Gaturro del dibujante Cristian Dzwonik (Nik) la despide desde el diario La Nación el 19 de marzo de 1996.

Vida y obra (anexo)

1900

❦ Nace el 1º de junio de 1903, a las 9 horas, en el barrio de Caballito, con el nombre de Marina Esther Traveso. Es la sexta hija de un matrimonio de asturianos, el de María Ángeles Pérez (Mamá Ángela) y Pedro Traveso.

❦ Su padre fallece dos meses más tarde. La familia se muda a Defensa 219, casona de Monserrat (hoy museo) en la que pasa una infancia feliz, disfrazándose y participando de tertulias de canto y baile.

❦ En 1908 ingresa a la escuela Juan José Paso. Para su confirmación, agrega los nombres Dora Ilse después de Marina Esther.

❦ En la casona nace Haydée Rabinovich, hija de una amiga de Mamá Ángela y una de las tres amigas más cercanas de Marina.

❦ Recitando, acompañada por panderetas y castañuelas, debuta en las tablas del Centro Asturiano, impulsada por su presidente, Pedro Murias.

1910

❦ Emplean a la gallega Francisca en la casona y Marina se convierte en su niña mimada. Con sus modismos, inspira el futuro personaje de Cándida.

❦ Su madre contrae segundas nupcias con Eugenio Lasala.

❦ La familia se muda a un edificio de Libertad 174 y aviva los deseos de la pequeña por aprender los secretos de la danza. Recurrentes idas al teatro, primeros libretos escritos para sketches interpretados por Los Arribeños del Norte, grupo que forma con amigos.

❦ Cuando su hermana Ana se casa con el ingeniero alemán Pablo Riesenkamp, quien dirige la construcción del Dock Sud de Buenos Aires, éste la alienta a estudiar alemán con Frau Amalia Von Bornemann de Wieprich.

❦ Cursa el secundario en el Liceo de Señoritas N°1 José Figueroa Alcorta, donde aprende francés. Conoce allí a sus otras dos entrañables amigas Nela y Fedora. Por esas épocas aspira a ser una aplicada ama de casa y no manifiesta otros anhelos.

❦ Primer flirteo, a los 15, con Jaime.

1920

❦ Conoce al ingeniero Felipe Edelmann —nacido en Rusia y educado en Alemania— con quien enamoradísima se casa en 1924. Aprende algo del idioma ruso.

❦ Por el trabajo de Edelmann, la pareja reside en distintas provincias del país.

❦ El 14 de septiembre de 1926 muere Mamá Ángela.

❦ El 1° de diciembre de 1926 nace su hija Angelita.

1930

❦ Sucede su primera "catástrofe sentimental y económica", tal como la recuerda. Edelmann es jugador compulsivo y pierde todos sus bienes. Marina se separa y con Angelita se refugia en lo de su hermana Blanca, en Rosario, provincia de Santa Fe.

En 1932 madre e hija regresan a una pensión, en Buenos Aires. Se mantienen gracias al primer trabajo de Marina Esther: escribe una página de publicidad para el hogar en la revista *La novela semanal.*

Ingresa a la revista *Sintonía.* Con el seudónimo Mitzi redacta *Alfilerazos,* comentarios críticos sobre actrices y cancionistas. Sus clases de dibujo la ayudan a lograr las caricaturas que ilustran los textos.

En 1934 gana el concurso radial de cantantes internacionales.

Debuta en el programa *La voz del aire* bajo el seudónimo Ivonne D'Arcy, con temas en los idiomas estudiados, aparte de otros en portugués, italiano e inglés; estos últimos, idiomas que "sospecha".

Separada de Edelmann, fuera del país se casa (por civil vía México y luego en la iglesia argentina de Pompeya) con Marcelo Salcedo, de nacionalidad paraguaya. De la unión de las primeras sílabas de tales nombre y apellido, más una letra hache y una ele final que le suma la prensa, surge el apellido Marshall que adopta como artista. Escucha con atención la asesoría de Salcedo en cuestiones de su carrera artística.

Su interpretación musical es emitida por las radios Nacional, Fénix y Belgrano, a la par que toma clases de canto con Quercia, profesor también de Maruja Pacheco Huergo.

Josefina Cano Raverot, quien con el seudónimo de Pipita Cano conduce por radio Municipal *El chalet de Pipita,* escucha en la trastienda a una Niní divertida que imita a una gallega. Atraída por la gracia, la suma a su staff. Niní interpreta a la mucama, empleada de Pipita, con sus propios libretos.

Paralelamente en 1936 la misma emisora produce un micro, *La Manteca Argentina,* en segmentos de publicidad. En este espacio ella es una ecónoma que ofrece recetas de su propia cosecha. Allí conoce a Augusto Codecá, uno de sus partenaires en el cine.

Hace papeles secundarios en un par de radioteatros, junto a Marcos Caplán, Tito Lusiardo, Pepe Iglesias, Encarnación Fernández, Carmen Valdés y Paquito Bustos, en radio El Mundo.

El director de radio El Mundo, Pablo Osvaldo Valle, rechaza su idea del programa *Lechería La Preferida (menutas a todas horas)* —que hubiera significado el debut protagónico de Cándida— aduciendo que Niní no es actriz ni autora conocida. Además pone reparos en que una mujer escriba libretos humorísticos; no es algo usual en esa época.

En marzo de 1937 Niní consigue el patrocinio del industrial Roberto Llauró para hacer Cándida por cinco minutos dentro de la audición de la orquesta de Francisco Canaro, presentada por el galán Juan Carlos Thorry en radio El Mundo.

Debido al alto rating alcanzado, Cándida obtiene su propia media hora, dos veces por semana, acompañada por Thorry, cuyas admiradoras inspiran el nacimiento de Catita y su familia.

La audición crece: sale cuatro días por semana. Se incorporan El Mingo y La Bella Loli, quienes junto a Cándida y Catita salen de gira desde mediados de año por salas y cines de los barrios porteños y el Gran Buenos Aires. En el escenario, sus personajes adquieren la caracterización de vestuario y maquillaje. Como ardid publicitario se venden los pañuelos de Cándida, realizados en crêpe marocaín, y dos muñecas parecidas a Cándida y Catita.

Niní es consagrada revelación radial del año, por la revista *Sintonía*.

Estrena el personaje de Catita en el filme *Mujeres que trabajan* (Lumiton) de Manuel Romero, con Mecha Ortiz y Tito Lusiardo.

En 1939 estrena, como Catita, el filme *Divorcio en Montevideo* (Lumiton), de Romero, con Sabina Olmos y Enrique Serrano.

Estrena el filme *Cándida* (E.F.A.) de Luis Bayón Herrera, con Thorry y Codecá.

La conmueve una carta de Lilian Lilianne, joven francesa

urgida de trabajo, y la toma como secretaria. Durante su exilio en México, se entera del fallecimiento de Lilian en Buenos Aires.

1940

En 1940, a través de distintas productoras, estrena cuatro filmes. Como Catita, *Casamiento en Buenos Aires* (Lumiton), de Romero, con Olmos y Serrano. *Los celos de Cándida* (E.F.A.), de Bayón Herrera, con Codecá y Aída Luz. Como Niní Reboredo, *Hay que educar a Niní* (Argentina Sono Film), de Luis César Amadori, con Francisco Álvarez, Olga Zubarry, Nury Montsé, Pablo Palitos y las debutantes Mirtha y Silvia Legrand. Como Catita, *Luna de miel en Río* (Lumiton), de Romero, con Lusiardo, Serrano y Thorry.

En 1941 estrena tres filmes. Como Catita, *Yo quiero ser bataclana* (Lumiton), de Romero, con Olmos y Thorry. Como Niní Reboredo y Giovanina Regadiera, *Orquesta de señoritas* (Argentina Sono Film), de Amadori, con Francisco Álvarez, Pedro Quartucci, Zully Moreno y Semillita. Y *Cándida millonaria* (E.F.A.), de Bayón Herrera, con Alberto Bello, Osvaldo Miranda, Armando Bo y la actuación especial de Pedro Vargas y el trío Los Rancheros.

La Casa de Galicia en Buenos Aires le envía una carta de felicitaciones, fechada el 25 de septiembre, anunciándole un homenaje a la actriz Niní Marshall, al director Bayón Herrera y al escritor Pedro Pico, con motivo de *Cándida millonaria*, por creer que el filme "ha cuidado el personaje gallego como hace tiempo que lo esperaba la colectividad, llenándolo de una humanidad tal, que enorgullece a los que nacieron en aquella tierra y a sus descendientes".

En 1942 se produce su histórico pase a radio Splendid. Por razones de exclusividad con El Mundo, Thorry no puede acompañarla. La secundan el animador Juan José Piñeyro y el locutor y pianista

Carlos Ginés. Su contrato, además de significar una cifra récord para un cachet radial, la beneficia con una importante donación de analgésicos debido a que su ciclo es auspiciado por Geniol.

Estrena el filme *La mentirosa* (Argentina Sono Film), de Amadori, con Miguel Gómez Bao, Juan José Piñeyro y Pablo Palitos.

En 1943 estrena dos filmes. *Cándida, la mujer del año* (Argentina Sono Film), de Enrique Santos Discépolo, con Codecá y Alfredo Jordán; *Carmen* (Argentina Sono Film), de Amadori, con Manolo Perales, Carla Tajes, Juan José Padilla y Adrián Cúneo.

Durante el gobierno de facto de Ramírez, el Ministerio del Interior de la Nación, a través de la dirección de Radiocomunicaciones, le prohíbe la representación de Cándida, Catita y El Mingo. El argumento: el lenguaje utilizado por esos personajes "deforma" el idioma castellano. Niní intenta, con cambios en sus guiones, evitar la censura previa: le hace sufrir a Catita un ataque de catalepsia del que se recupera "hablando en fino". Pero la fiscalización los rechaza. Presionada, rescinde su contrato con la emisora.

En 1944 es la famosa que más recauda en la colecta callejera que se hace a beneficio de las víctimas del terremoto de San Juan. Por ello resulta condecorada por el secretario de Trabajo y Previsión, Juan Domingo Perón. Poco es lo que se sabe sobre el destino cierto de esos fondos.

Mantiene un "idilio epistolar", según cuenta, con un internado del Hospicio de Mercedes. Ella actúa allí para los enfermos y uno de ellos, el viejo catalán Roig, le declara su amor. Los dos intercambian cartas. Niní le envía también caramelos y cigarrillos, y luego descubre que Roig los revende entre sus compañeros.

Asiste a Rubens, actor y transformista que se encuentra enfermo y sin recursos. Él le escribe contándole su situación y ella, que no lo conoce, lo visita donde está internado, entrevista a su médico para acelerar una intervención quirúrgica, organiza una colecta entre sus colegas, los cómicos, y solicita al director Amadori un papel para Rubens, quien fallece dos años después de ese último trabajo.

Produce y actúa en teatro, como Nené, Catita, Ursulina y una anciana española con aires de la todavía inexistente Niña Jovita, *Un lío de millones o un millón de líos,* comedia de Corma y Napy, dirigida por Narciso Ibáñez Menta (padre), con Felisa Mary, Elina Colomer, Rufino Córdoba, Juan Serrador, Carlos Castro y José Castro. Estrenada en el Astral, la pieza obtiene críticas unánimes poco elogiosas y la puesta dura sólo un mes, por lo cual Niní pierde el dinero invertido.

En 1945 estrena dos filmes. Como la baronesa de Lefevre, *Madame Sans-Gêne* (Argentina Sono Film), de Amadori, con Eduardo Cuitiño Cúneo y Delfy de Ortega. *Santa Cándida* (Argentina Sono Film), de Amadori, con Álvarez, Cúneo y Semillita. Como Dionisia, *Mosquita muerta* (Argentina Sono Film), de Amadori, con Enrique de Rosas, Francisco Charmiello y Cúneo.

Integra la revista de la compañía de Pepe Arias. Dirigida por León Alberti, con Arias, Elena Lucena, Diana Montes y cantantes, como Jean Sablon, que van rotando. Éxito de crítica y de público. Teatro Casino.

Recibe el premio 1945 a la mejor actriz cómica, otorgado por la Asociación de Cronistas Cinematográficos de la Argentina. En 1947 obtiene el mismo galardón.

En 1947 estrena tres filmes. Como Niní, *Una mujer sin cabeza* (Argentina Sono Film), de Amadori, con Angelina Pagano y Charmiello. Como Loli, *Buenos Aires canta* (Sucesos Argentinos), de Antonio Solano, con Hugo del Carril, Azucena Maizani y Francisco Amor. Como Catita, *Navidad de los pobres* (Argentina Sono Film), de Romero, con Irma Córdoba, Lusiardo, Miranda y Semillita.

Toma clases de dibujo y pintura con el maestro Vicente Puig. Trabaja con modelos vivos y concreta otros talleres con Raúl

Mihanovich, quien también la tiene de modelo y la retrata. Pinta óleos, pasteles y acuarelas; dibuja a lápiz y hace escultura.

❦ En las tertulias del sótano de los Mihanovich ofrece declamaciones y obras de teatro a beneficio. Inspirada en las mujeres de la concurrencia, idea el personaje de Mónica Bedoya Hueyo de Picos Pardos Sunsuet Crostón.

❦ Todavía prohibida en las emisoras argentinas, en 1948 encuentra refugio en radio Carve de Montevideo, Uruguay, que también se escucha en Buenos Aires. Debut del personaje Mónica.

❦ Estrena, como Catita, el filme *Porteña de corazón* (Argentina Sono Film), de Romero, con Codecá, Jorge Salcedo y Betty Lagos.

❦ Muere su hermana Ana, cuya hija Ana Marina pasa a vivir con su madrina Niní durante diez años, convirtiéndose en una hermana para Angelita.

❦ En 1949 estrena tres filmes. Como Catita, *Mujeres que bailan* (Argentina Sono Film), de Romero, con Fanny Navarro, Fidel Pintos y José María Gutiérrez. Como Cándida, *Una gallega en México* (producción mexicana), de Julián Soler. *Yo no soy la Mata Hari* (producción española), de Benito Perojo, con libreto de Miguel Mihura.

❦ Actúa en la sala Puerto Rico del barrio latino de Nueva York, Estados Unidos, acompañada por Pedro Quartucci. Luego, en el Casino Follies de México.

❦ Recibe el premio a la actriz más taquillera del año, otorgado por la Asociación de Periodistas Mexicanos, por el filme *Una gallega en México.*

❦ Al regreso de sus filmaciones en México y España se entera de que, además de la censura que existía en la radio, personalmente Eva Duarte de Perón condiciona su permiso a Sono Film para importar celuloide a cambio de que a Niní se le rescinda el contrato por los cinco años siguientes.

1950

Sin posibilidad de trabajo en la Argentina, en agosto se exilia en México, donde retoma el micrófono radial, con Cándida, Doña Pola y dos nuevos personajes, Miss Barbara Mac. Adam y La Lupe.

En el momento previo a su salida del país, cuenta con su casa de tres plantas de la calle Guido, una quinta en Moreno, una casa en Punta del Este, Uruguay, además de un edificio de departamentos en la calle Juramento. Antes de partir, malvende o alquila a bajo precio la mayor parte de su patrimonio.

Estrena dos filmes. *Una gallega baila mambo* (producción mexicana), de Emilio Gómez Muriel, con Joaquín Pardavé, y *La alegre casada* (producción mexicana), de Miguel Zacarías.

Consolida su amistad con la actriz y cantante Libertad Lamarque, su vecina en México.

Estudia guitarra con la profesora Margot.

En 1951 estrena el filme *Mi campeón* (producción mexicana), de Chano Urueta.

Participa, en 1952, por radio X.E.W., del *Homenaje a la Argentina,* junto a Pedro Vargas, Ortiz Tirado y Arturo de Córdoba, entre otros.

Estrena el filme *Los enredos de una gallega* (producción mexicana), de Fernando Soler.

En 1953 estrena dos filmes: *Amor de locura* (producción mexicana), de Rafael Baledón, en el que interpreta a Irina Caballereff, vampiresa rusa, además de los roles de mesonera castellana y trastornada al estilo Juana La Loca, y *Dios los cría* (producción mexicana), de Gilberto Martínez Solares.

Se presenta en la cárcel de mujeres de Santiago de Chile, el hospital de veteranos San Patricio de Puerto Rico y en Ciudad Trujillo

(Santo Domingo) y San Cristóbal de República Dominicana, donde decide no continuar ante el estupor que le produce conocer la opulencia en la que vive el "generalísimo benefactor" Rafael Leónidas Trujillo frente a la pobreza de los habitantes del país.

De gira, en 1954 actúa en Colombia, Ecuador, Perú y, otra vez, Chile. Luego, en radio Carve de Uruguay. Mientras filma, actúa en la emisora CMQ de La Habana, Cuba.

Primeras grabaciones para la televisión, en México.

Su hija Angelita se casa en la iglesia San Martín de Tours con Rubén Gamallo. Niní viaja a Buenos Aires por ese motivo.

Tras la muerte de Eva Perón, el gobierno nacional levanta la prohibición. Niní regresa definitivamente a la Argentina. Ovacionado debut de bienvenida a sala repleta, junto a Carlos Ginés, con un especial de radio Splendid transmitido el 28 de julio de 1954 desde el Consejo Nacional de Mujeres (edificio del actual teatro Del Globo).

En 1955 estrena *Una gallega en La Habana* (producción cubano-mexicana), de René Cardona, con Luis *El Che* Tejada, Tony Aguilar, Las mulatas de fuego y Diplo.

El 19 de setiembre nace su nieta Marina.

Su vecino en México, el productor, periodista y ex actor Carmelo Santiago ("Un chaparrito feo, pero simpático", según Niní) se le acerca luego. Se casa por tercera vez en 1956, después de haberse divorciado de Salcedo. Como luna de miel, la pareja elige un tour por Hollywood. Santiago es su nuevo representante artístico.

Graba sketches para la televisión cubana, con Adrián Cúneo como partenaire.

Con el fin de integrar el "archivo sincrónico del habla actual argentina", las voces de Catita, Belarmina, Mónica y La Niña Jovita son grabadas para el Instituto de Filología de la Facultad de Humanidades y Ciencias de la Educación de La Plata, Buenos Aires.

Recibe la medalla de oro de la Asociación de Lucha contra la Parálisis Infantil (ALPI) por sus actuaciones y sus colectas callejeras a beneficio.

Estrena el filme *Catita es una dama* (A.A.A.), de Julio Saraceni, con argumento de Abel Santa Cruz y elenco integrado por Carlos Estrada y Semillita.

En 1957 hace una función en el teatro Colón de Baradero, provincia de Buenos Aires, a beneficio del Hogar Agrícola Arturo Figueroa Salas, donde el padre Berti asiste a chicos abandonados. En años sucesivos se presenta a beneficio en escuelas, asilos y otras instituciones.

En la cárcel de Olmos conoce a La Raulito —que inspiró la película homónima protagonizada por Marilina Ross—. En varias oportunidades Niní lleva su humor a la Colonia de Leprosos de General Rodríguez y al asilo San Juan de Dios en Haedo, del que es nombrada madrina.

En 1958 se produce el debut y la repentina despedida de Don Cosme en su galería de personajes, por recomendación médica: la impostación de esta voz podría afectar las cuerdas vocales de la actriz.

El 13 de octubre de 1959 nace su nieto Carlos Eduardo Gamallo.

1960

El 1° de junio de 1961 estrena la obra teatral *Cosas de papá y mamá*, comedia de Alfonso Paso dirigida por Manolo Fábregas, con Niní en el papel de Elena. Teatro de los Insurgentes de México D.F.

Recibe la medalla de oro de la Asociación Israelita.

Concreta cuatro meses de audiciones radiales en México.

❧ Lanzamiento del disco *Cuentos y canciones para niños.*

❧ En 1962 estrena en la Argentina *Cosas de papá y mamá*, dirigida por Fábregas, con Enrique Serrano —a quien reemplaza luego Raimundo Pastore—, Fina Basser —a quien reemplaza Hilda Rey—, Alberto Berco, Ricardo Argemí y Marina Duclós, su ahijada. Teatro Odeón de Buenos Aires. La comedia sale de gira por todo el país y, en el verano, sube al escenario del Atlantic de Mar del Plata.

❧ Recibe el premio a la mejor actriz del año por *Cosas de mamá y papá.*

❧ En 1964 estrena el filme *Cleopatra era Cándida* (Carmelo Santiago producciones), de Saraceni, con Lusiardo, Juan Verdaguer, Amelita Vargas y Johnny Tedesco.

❧ En sucesivas temporadas participa con sus personajes en *Sábados circulares*, el programa ómnibus de Nicolás Pipo Mancera, dirigida por Carmelo Santiago (hijo). Su media hora alcanza el rating más alto del ciclo televisivo de Canal 13.

❧ Recibe el premio Circular de Oro 1965, otorgado por *Sábados circulares.*

❧ Regresa a radio El Mundo, acompañada por Thorry, en audiciones que luego se convertirán en CDs.

❧ Recibe la Copa de Plata de 1966 otorgada por la colectividad brasileña en la Argentina.

❧ El 22 de agosto, la Casa Argentina en Israel, Tierra Santa, en la Semana del Actor, le agradece la "valiosa colaboración prestada a la obra que se ha propuesto llevar adelante". Se trata de una cena-baile-show a beneficio, a realizarse el 11 de octubre en el Hotel Castelar de San Justo.

❧ En 1967 estrena dos filmes. En el papel de Loli, *Escándalo en la familia* (coproducción argentino-española), de Julio Porter, con Juan Carlos Altavista, Alberto Olmedo, Fidel Pintos y las mellizas Pili y Mili, su primera película en colores. Como Doña Sofocación, *Ya tiene comisario el pueblo* (Argentina Sono Film), de Enrique Carreras, con Ubaldo Martínez y Rafael Carret.

❦ Participa en el ciclo televisivo *Teatralerías* de Canal 9.

❦ En 1968 estrena el filme *La novela de un joven pobre* (Carlos García Nacson), de Enrique Cahen Salaberry, con Leo Dan, Erika Walner y Guillermo Battaglia.

❦ Se separa de Carmelo Santiago y decide cerrar con esta nueva ruptura la "página sentimental" de su vida.

❦ En 1969 estrena *Recuerdo del viejo Buenos Aires*, versión musical de *Las de Barranco,* de Gregorio de Laferrère. La dirige Carlos Petit, con Susana Mayo, Aída Luz, Ricardo Lavié y Peggy Sol. Teatro Cómico.

1970

❦ Su hija Angelita se divorcia de Rubén Gamallo.

❦ En 1971 estrena, en el papel de Victoria Valdor, *Coqueluche*, comedia de Roberto Romero dirigida por Walter Mautone, con Thelma Biral y Ricardo Bauleo, en Mar del Plata y posterior temporada en la sala Blanca Podestá de Buenos Aires.

❦ Toma a Sara Canal Echeverría como ama de llaves. Sara convive con ella, la asiste durante las giras, le ayuda con el vestuario en sus obras y está presente hasta el día de la muerte de Niní.

❦ Estrena *Buenos Aires de seda y percal,* espectáculo encabezado, además, por Mirtha Legrand, Antonio Prieto y Mariano Mores y su orquesta. Participan, entre otros, Rafael Carret, Susy Leiva, Néstor Fabián, El Chúcaro, Norma Viola, Enrique Dumas y Raimundo Pastore. Teatro Coliseo.

❦ Estrena, como Ana, el filme *Vamos a soñar con el amor* (Argentina Sono Film), de Carreras, con Alfredo Barbieri, Enzo Viena y Susana Campos.

Estrena *La señora Barba Azul,* adaptación suya de la comedia española *Madame Verdoux,* de Adrián Ortega. Dirigida por Miguel Mileo, con Ángeles Martínez, Raimundo Pastore, Guido Gorgatti, Roberto Blanco y el debut de Angelines Gam (seudónimo de su hija Angelita). Teatro Buenos Aires.

Estrena el ciclo televisivo *Catita Super Star.* Los sábados por la tarde en Canal 9.

Hace dos revistas: *Escándalo en Mar del Plata* y *Vos que la tenés, cuidala.* Con Pepe Arias, Tito Lusiardo, Don Pelele, Vicente Rubino, Dorita Burgos y Maruja Montes.

El 4 de enero de 1973 estrena el unipersonal *Y se nos fue redepente.* Libreto, vestuario, maquillaje y dirección de Niní. Producción a cargo de Lino Patalano y Elio Marchi. Personajes: Catita, Doña Pola, Doña Caterina, Cándida, Mónica y La Niña Jovita. En off, El Mingo y El Nicola. En El Gallo Cojo de Mar del Plata. En abril sube en El Gallo Cojo de San Telmo, Buenos Aires. La obra sale de gira por el interior del país durante casi tres años. También por Uruguay, Chile y Perú.

En 1976 la obra *El pequeño Marshall-Luz ilustrado,* de Niní, Jorge Luz y Enrique Pinti, programada en El Nacional, no alcanza a ser estrenada porque en enero, un día antes del debut, Niní sufre una trombosis leve que le impide trabajar por un tiempo.

Repone en octubre *Y se nos fue redepente* en el teatro Embassy. Luego sale de gira y en abril de 1977 retorna con la misma pieza al Odeón.

Y se nos fue redepente. Programa especial que lleva a la televisión el café-concert. A modo de presentación, Niní hace un sketch con Carlos Perciavalle. Canal 13.

Su hija Angelita se casa en segundas nupcias con Juan Carlos Abregó.

Recibe el Martín Fierro como homenaje de la Asociación de Periodistas de Televisión y Radiofonía Argentinas (APTRA).

Estrena *Una noche en la radio. La broadcasting de los '40,* ciclo de monólogos de su autoría. Con Juan Carlos Thorry —reemplazado luego por Hernán Rapela—, Jorge Vaccari y Elio Marchi. Coordinación general: Lino Patalano. Personajes de Niní: Cándida, Catita, Belarmina, La Niña Jovita, Doña Pola, Gladys, Mónica y Doña Caterina, abuela de Catita. Teatro General San Martín. Más tarde, en el Bauen y en gira por el país.

En 1979 recibe el premio a la artista de todos los tiempos, otorgado por Canal 9.

1980

Estrena el filme *¡Qué linda es mi familia!* (Argentina Sono Film-Chango producciones), de Palito Ortega, con Luis Sandrini, Rolo Puente y Ortega. Estrella invitada: Diego Maradona. Es su última película y también la de Sandrini.

El humor de Niní Marshall, espectacular de televisión. Con Niní en el papel de todos sus personajes, inclusive Don Cosme (el suspendido en 1958 por prescripción médica). Colaboración de Jorge Luz y Osvaldo Pacheco, entre otros. Canal 13.

Recibe el reconocimiento como figura de la primera década del cine nacional, otorgado por el Museo Municipal del Cine Pablo Ducrós Hicken. (Compartido con Mecha Ortiz, Libertad Lamarque, Delia Garcés y Tita Merello.)

En 1981 recibe el premio Konex de Platino.

Ciclo radial de treinta programas con Antonio Carrizo, por Rivadavia.

Participa con sketches en *Mónica y Andrés,* programa televisivo de los sábados, conducido por Mónica Cahen D'Anvers y Andrés Percivale y producido por Eduardo Metzger. Canal 9.

Reestrena la pieza de su autoría *Una noche en la radio. La broadcasting de los '40,* con Andrés Percivale como partenaire, para la temporada de verano de Mar del Plata. La obra vuelve al teatro Bambalinas de Buenos Aires, con Jorge Luz, Elio Marchi, Raúl Monti y su trío y el debutante Miguel Ángel Cherutti. Posterior gira por el país.

❦ En 1983 recibe una distinción especial, por su aporte al cine argentino, de la Asociación de Cronistas Cinematográficos de la Argentina.

❦ En 1984 recibe la distinción Glorias de la Cultura Nacional, otorgada por la Municipalidad de la Ciudad de Buenos Aires.

❦ En 1985 publica *Niní Marshall. Mis memorias,* con la colaboración de Salvador D'Anna.

❦ El lunes 7 de julio de 1986 se lanza la versión en disco del espectáculo *Y se nos fue redepente.* La ocasión resulta un jolgorio muy particular, ya que se monta un velatorio ficticio en el espacio cultural La Capilla.

❦ El taller coreográfico del Teatro Colón estrena *Sexo débil,* dos sketches humorísticos de Carlos Baldomedo dedicados a Niní.

❦ En 1988, como doña Caterina, actúa en el estreno del programa *El mundo de Antonio Gasalla.* Por Argentina Televisora Color (ATC).

❦ Dentro del ciclo de Grandes Humoristas se realiza el *Homenaje a Niní Marshall.* Participan, entre otros, Gogó Andreu, Cipe Lincovsky, Margarita Padín, Enrique Pinti, Tania, Edda Díaz, Rudy Chernicoff, Cecilia Rossetto, Héctor Malamud, Carlos Perciavalle y Julio Bocca. Teatro Nacional Cervantes.

❦ En 1989 recibe el título de Ciudadana Ilustre de Buenos Aires, otorgado por la Municipalidad. En el acto en el Teatro San Martín participan humoristas de nuevas generaciones como Batato Barea y las Gambas al Ajillo.

❦ Recibe el premio Martín Fierro Especial otorgado por APTRA, por su notable trayectoria artística.

❦ El ciclo televisivo *Historias con aplausos,* dirigido por Clara Zappettini, le dedica uno de sus capítulos. Argentina Televisora Color.

❦ Recibe un homenaje en el marco del festival "La Mujer y el Cine".

1990

❦ En 1991 abre sus puertas el club de video "Catita", en la avenida Díaz Vélez 4710, Buenos Aires.

❦ El 12 de septiembre de 1992 se estrena *Mortadela, Revue argentine*, espectáculo dirigido por Alfredo Arias, a cargo del Grupo Tse, con dirección musical de Freddy Vaccarezza. Entre otros, Cecilia Rossetto canta en distintos idiomas. Por primera vez Niní cede sus libretos para una versión actoral libre en francés, interpretada por Marilú Marini, premiada con el prestigioso Moliére. Teatro La Cigale de París.

❦ Niní recibe el premio Podestá 1992 a la trayectoria honorable, otorgado por la Asociación Argentina de Actores.

❦ En julio la Xunta de Galicia publica en España, en ocasión del quinto centenario de la llegada de Cristóbal Colón, *Galicia & América. Cinco siglos de historia.* El personaje Cándida y la obra de Niní aparecen remarcados como parte de la relación estrecha que entablan las dos culturas. El libro se presenta en la exposición montada en la Sala de Representantes. Bernardino Rivadavia, Raúl Alfonsín y Domingo F. Sarmiento son también homenajeados por la comunidad gallega.

❦ Se estrena *Las pequeñas patriotas. Divertimento familiar en un acto largo de 20 escenas,* obra teatral dirigida por Helena Tritek, con Norma Aleandro y Adriana Aizenberg, dedicada a Niní "con amor y veneración".

❦ En 1993 se publican dos libros sobre su obra. *Niní Marshall, artesana de la risa,* de los periodistas Laura Santos y Diego Russo, y *Niní Marshall. Desde un ayer lejano,* de Abel Posadas, dentro de la colección Signos y Cultura dirigida por Eduardo Romano.

❦ En abril de 1994 se estrena en Buenos Aires el espectáculo *Mortadela,* la "revista musical argentina" que incluye sketches de Marilú Marini sobre textos de Niní Marshall. Teatro Lola Membrives.

❦ Los artistas plásticos Víctor Fernández y Fernando Piccone pintan un mural en su homenaje, instalado en la estación de trenes de Banfield, provincia de Buenos Aires.

❦ Se publica el libro *Las travesuras de Niní,* dentro de la colección "La mandíbula mecánica". Contiene la transcripción de libretos originales de Niní Marshall.

❦ Como salutación de fin de año, la empresa de publicidad Ayer Vázquez confecciona una tarjeta que, para remarcar el crecimiento exitoso, agrupa las fotografías de los niños Juan Manuel Fangio, Hillary Clinton, Steven Spielberg, Pablo Picasso, Paul McCartney, Louis Armstrong y Niní Marshall.

❦ En febrero de 1995 se estrena en París el unipersonal *Nini,* dirigido por Alfredo Arias, con la colaboración de Enrique Pinti y René de Ceccatty en la adaptación. La actriz Marilú Marini interpreta los textos cedidos por Niní. Teatro Petit Montparnasse.

❦ En agosto, el unipersonal *Niní* se estrena en Buenos Aires, con producción de Lino Patalano. Niní concurre como espectadora al estreno, lo cual desata una ovación histórica para el ambiente cultural. Teatro Maipo.

❦ El 18 de marzo de 1996 a las 10.30, a los 92 años de edad muere en la clínica Bazterrica de la ciudad de Buenos Aires, a causa de un paro cardiorrespiratorio. El velatorio se realiza en el Teatro Nacional Cervantes. Los restos de Niní permanecen en el cementerio de Olivos, provincia de Buenos Aires.

En 1998 se realiza, con excelente respuesta de público, la megamuestra *Niní. As noches muchachos...* Fotos: Annemarie Heinrich. Producción fotográfica: Alicia Sanguinetti, Ricardo Sanguinetti y Pedro Roth. Radio: Carlos Ulanovsky. Cine y televisión: Martín Andrade y Carmelo Santiago (h). Desfiles de moda: Sergio De Loof. Teatro: Carlos Gamallo —nieto de Niní— y Gustavo Schraier. Exposición: Nora Hochbaum. Puesta en escena: Matilde Besinger. Fundación Banco Patricios.

En 1999 se lanza la colección *Niní Marshall.* Compilación en CDs de las últimas audiciones de radio El Mundo (Gogni).

El premio Clarín Novela recae sobre *Inglaterra. Una fábula.* El autor, Leopoldo Brizuela, dedica su libro a Niní Marshall, debido a que un encuentro con ella termina animándolo para la escritura del trabajo.

2000

En diciembre queda inaugurado el pasaje *Niní Marshall,* frente al complejo teatral Candilejas, en Villa Carlos Paz, Córdoba.

Se abre *Simplemente Niní,* muestra permanente del Museo del Cine. Filmes, objetos originales, vestuarios, afiches, joyas y otros elementos. En enero de 2001 parte de la instalación se exhibe en Villa Gesell, Rosario y otras ciudades del interior.

En febrero de 2001 se le rinde homenaje en La Botica del Ángel, museo donde se exponen en forma permanente algunos trabajos de y sobre Niní, quien tiene asignada una de las famosas estrellas del cielo creadas por Eduardo Bergara Leumann.

El 2 de marzo de 2001 se produce un reconocimiento importante: el director español Pedro Almodóvar presenta en Buenos Aires a la cantante mexicana Chavela Vargas y cuenta al público que está orgulloso de visitar la tierra de Niní Marshall. Teatro Gran Rex.

❦ El 10 de marzo el Festival Internacional de Cine realiza un homenaje a las principales mujeres del cine argentino. Tras la evocación del especialista Claudio España, un grupo de actrices y actores escenifica dos fragmentos de *Mujeres que trabajan*, en memoria de Niní. Teatro Colón de Mar del Plata.

❦ Se estrena *Mil y un cuentos,* unipersonal de Ana Padovani cuyo repertorio incluye relatos de Silvina Ocampo, Roberto Fontanarrosa, Ray Bradbury, Woody Allen y Niní Marshall. En La Biblioteca.

❦ En octubre, para la conmemoración de los 50 años de la televisión argentina, distintas síntesis de los momentos más importantes incluyen el aporte de Niní. El maratón del Canal Volver repone el especial *Y se nos fue redepente.*

❦ En enero de 2002, evocación de su vida y obra en el programa *Los expedientes Teleshow,* de Canal 13.

❦ En septiembre, la actriz Patricia Palmer rebautiza a su teatro Taller del Ángel con el nombre Niní Marshall. Calle Mario Bravo 1239, ciudad de Buenos Aires.

❦ El 3 de septiembre se presenta *Niní Marshall. Rescatemos la risa,* nueva colección de grabaciones radiales en CD, en seis volúmenes (Diamel Producciones). Participan en el evento, entre otros, Antonio Carrizo, China Zorrilla, Thelma Biral, Pinky, además de la productora Dora Cerati. En el Palais de Glace.

❦ Para el cierre del año filatélico 2002, el Correo Argentino lanza la serie de estampillas "Personalidades", con Niní, Roberto Arlt, Beatriz Guido y Luis Sandrini.

❦ El 2 de marzo de 2003 nace Felipe Gamallo, hijo de su nieto Carlos Gamallo; es decir que nace su primer bisnieto.

❦ 1° de junio de 2003. Se organizan distintos eventos para recordarla en el centenario de su nacimiento.

Por sus apoyos espirituales y trabajo,
muy agradecida a . . .

Juan Carlos Abregó, Argentores, Nuria Armesto, Ángela Edelmann de Abregó, Eduardo Bergara Leumann, David Blaustein, Julio Bocca, Leopoldo Brizuela, Hilda Cabrera, Mónica Cahen D'Anvers, Irma Córdoba, Enrique de Boero Baby, Catalina Dlugi, doctor Daniel Duarte, Liliana Felipe, Heloisa Fernandes, Cipe Fridman, Marina Gamallo, Carlos Gamallo, María José Gassó, Arialdo Giménez, Michele Guillemont, Verónica Iglesia, Paula Jiménez, Hugo Lazaridis, Miriam Lewin, Aída Luz, Jorge Luz, Lucrecia Martel, Sandra Mihanovich, Sonia Mihanovich, Museo del Cine, Lino Patalano, Enrique Pinti, Haydée Rabinovich de Schluselberg, Gloria Rodrigué, Jesusa Rodríguez, Cecilia Rossetto, Silvia Teijeira, Patricia Zangaro y Paula Viale.

Especial gratitud hacia . . .

Edith Rodríguez de Narváez, corresponsal destacada en San Juan.

Indice

Esta edición de 4.000 ejemplares
se terminó de imprimir en
Cosmos Offset S.R.L.,
Cnel. García 442, Avellaneda, Bs. As.,
en el mes de mayo de 2003.